幼儿园危机管理案例与评析

如何有效应对和科学预防危机

王立群／主编

中国轻工业出版社

图书在版编目(CIP)数据

幼儿园危机管理案例与评析：如何有效应对和科学预防危机/王立群主编. —北京：中国轻工业出版社，2024.8

ISBN 978-7-5184-4707-7

Ⅰ.①幼… Ⅱ.①王… Ⅲ.①幼儿园－管理 Ⅳ.①G617

中国国家版本馆CIP数据核字（2024）第053132号

保留所有权利。非经中国轻工业出版社"万千教育"书面授权，任何人不得以任何方式（包括但不限于电子、机械、手工或其他尚未被发明或应用的技术手段）复印、拍照、扫描、录音、朗读、存储、发表本书中任何部分或本书全部内容（包括但不限于光盘、音频、视频等）。中国轻工业出版社"万千教育"未授权任何机构提供源自本书内容的电子文件阅览、收听或下载服务。如有此类非法行为，查实必究。

责任编辑：张天怡　　　　责任终审：张乃柬
文字编辑：李芳芳　　　　责任校对：刘志颖
策划编辑：吴　红　　　　责任监印：吴维斌

出版发行：中国轻工业出版社（北京鲁谷东街5号，邮编：100040）

印　　刷：三河市鑫金马印装有限公司

经　　销：各地新华书店

版　　次：2024年8月第1版第1次印刷

开　　本：710×1000　1/16　印张：18.25

字　　数：175千字

印　　数：1—5000

书　　号：ISBN 978-7-5184-4707-7　定价：66.00元

读者热线：010-65181109

发行电话：010-85119832　　010-85119912

网　　址：http://www.chlip.com.cn　http://www.wqedu.com

电子信箱：1012305542@qq.com

版权所有　侵权必究

如发现图书残缺请拨打读者热线联系调换

231837Y1X101ZBW

湖南省教育科学"十四五"规划资助课题《"互联网+"背景下幼儿园危机管理策略提升研究》的科研成果

编 写 名 单

主　编：王立群

编　委：（按姓氏笔画排列）

　　　　王立群　刘　芬　刘　菁　刘列颖　许春霞
　　　　肖　艳　罗　超　周　桑　段　轶　莫代文

推荐序

1915年，德国学者弗雷德里希·莱特纳（Fredrich Laitner）在其著作《企业风险论》中提出"危机管理"的概念，标志着危机管理理念的诞生。危机管理首先被用在企业、外交和国际政治领域，后来很多学者对危机管理进行分析与论证，并将其迁移到学校危机管理的研究中。2001年，教育部发布的《幼儿园教育指导纲要（试行）》明确指出："幼儿园必须把保护幼儿的生命和促进幼儿的健康放在工作的首位。"幼儿园作为社会组织的一部分，危机的发生不可避免，且因为其教育对象是自护能力和对危险的预见能力较弱、更易发生意外和伤害并引起社会高度关注的幼儿群体，所以危机发生的概率更高，园长与教师需要学习和掌握科学、高效的危机管理策略来实现主动管理目标，从而为幼儿的身体健康、生命安全以及园所的稳定发展保驾护航。由此可见，幼儿园危机管理领域的研究具有深刻的现实意义。

2018年，我接到中国轻工业出版社"万千教育"吴红编辑的邀请并领衔编著《幼儿园危机管理策略与实例》一书。本书从园舍建设、教育装备、队伍建设、教育活动、保育工作、安全、后勤和公共关系八个方面，对幼儿园各类危机的概念与特征、预防与应对进行梳理，并列举了一定的实例进行阐述，为幼儿园危机管理领域提供了一本理论与实践紧密结合的专业指导用书。湖南省娄底市教育科学研究所的幼教教研员王立群老师也是该书的编写团队成员之一，她撰写了其中第八章"幼儿园公共关系危机管理与实例"。我很高兴的是，王老师并没有因为该书写作任务完成就停止对幼儿园危机管理领域的探究，而是持续研究与继续深耕。《幼儿园危机管理案例与评析——如何有效应对和科学预防危机》是王立群老师2021年开始主持的湖南省教育科学"十四五"规划资助课题《"互联网+"背景下幼儿园危机管理策略提升研究》的科研成果，也是教科研机构教育研究者与幼儿园实践工作者通力合作的智慧结晶。近三年来，王老师带领来自一线的园长与骨干教师，坚持理论引领与实践检验的原则，立足基层，面向未来，扎实开展幼儿园危机管理领域的策略提升研究。她们采用我国幼儿园管理科学中倡导的个案教学模式，搜集并整理了 200 多个发生在幼儿园的真实危机管理案例。本书则精挑细选了其中的 75 个案例，从宏观和微观两方面入手，逐一对案例进行呈现与评析以引发读者思考。更重要的是其通过案例评析传递给读者直接的、有效应对与科学预防危机的管理策略，具有较强的指导性和实用性。《中国教育报·学前教育周刊》《年轻人·幼师园地》等报刊曾刊登过多篇她们撰写的案例，这些案例得到了广大幼教工作者的高度关注与好评。我相信，本书的问世可以为教师、家长以及园长等幼教管理者进一步增强危机意识、妥善处置与科学预防危机、增长危机管理智慧提供借鉴和参考。

纵观当今，人类已经进入以人工智能为标志的第四次工业革命时代，互联网与信息技术的广泛运用为传统教育赋能，幼儿园的管理也迅速融入了时代的元素，如覆盖全园的 5G 网络、数字化监控、微信平台、师幼入离园智能打卡、校车安保系统和"互联网+明厨亮灶"工程等，为我们的管理提供方便，幼儿园的危机管理可以"借网前行"。但是，网络是把"双刃剑"，互联网时代的传播载体多元化，信息传播快、影响范围广，幼儿园危机事件极易通过网络平台发酵甚至裂变，幼儿园里发生的微小事件常常会因为网络的推波助澜演变成大事故和大危机，其带来的损失往往超过事故本身。因此，在借助互联网技术进行现代化与智能化管理的同时，我们一定要牢记，教育的关键永远是"人"，管理的核心也永远是"人"，就像海恩法则[①]带给我们的启示那样，再好的科学技术，再好的规章制度，在实际操作层面也无法取代人的素质和责任心。况且，在当前人口出生率下降和部分地区出现幼儿园特别是民办幼儿园关停潮的时代浪潮中，也许我们已经感觉到行业危机的来临，那么，此刻的我们静下心来读书，从已经发生过的幼儿园危机管理案例中照镜子、取经，提高自身对危机的敏感度以及应对与预防危机

---

① 海恩法则是由德国飞机涡轮机的发明者帕布斯·海恩提出的一个关于飞行安全的法则。它不仅适用于航空领域，也被广泛应用于企业的生产管理和安全管理中。在安全管理方面，它提醒人们：当一起重大事故发生后，除了处理事故本身，还需要及时对同类问题的"事故征兆"和"事故苗头"进行排查处理，以防类似问题的重复发生，及时消除再次发生重大事故的隐患，把问题解决在萌芽状态。——百度百科

的能力，增长化危为机的管理智慧，也是"修炼内功"、以不变应万变的上上策。

湖南省教育科学研究院研究员　周丛笑

2023 年 11 月

前言

2018年,受湖南省教育科学研究院基础教育研究所副所长周丛笑老师的邀请,我参与了她领衔编著、由中国轻工业出版社出版发行的《幼儿园危机管理策略与实例》一书的编写,负责其中第八章"幼儿园公共关系危机管理与实例"的撰稿。正是这次前后差不多半年时间里对幼儿园危机管理领域的摸索与探究的经历,为我后来带领团队进一步研究幼儿园危机管理打下了基础。在此,我由衷地向我省学前教育的领军人物、专业能力与人格魅力均卓尔不群的周丛笑老师说声"谢谢!"。

虽然危机管理作为较系统的一种管理科学最早出现在西方的企业危机管理领域,但是我国的传统文化中蕴含着许许多多关于危机应对、危机预防和危机善后的管理智慧,如:"凡事预则立,不预则废"(《礼记·中庸》);"工欲善其事,必先利其器"(《论语·卫灵公》);"兵马不动,粮草先行"(《南皮县志·风土志下·歌谣》);"君子不立于危墙之下"(《孟子·尽心》);"亡羊而补牢,未为迟也"(《战国策·楚策四》);等等。这些思想大到影响国家的安全与治理,小到关系普通百姓的衣食住行与生存,凝聚着中华民族治国齐家的智慧与谋略。时代发展到今天,"互联网+"背景下的危机管理更是成为各行各业管理的一门必修课。

我在担任地级市幼教专干与教研员的十几年里,耳闻目睹幼儿园不少大大小小的危机事件,再加上作为湖南省教育督导评估专家,多次参与我省县级教育工作的两项督导评估,对我省学前教育的发展情况比较了解,我深深地感觉到:要实现《中共中央国务院关于学前教育深化改革规范发展的若干意见》提出的"普及普惠安全优质"目标中的"安全""优质"目标,就必须进一步强化幼教工作者的危机管理意识,使其提升管理素质,掌握科学有效的危机管理策略。2021年,我主持的课题《"互联网+"背景下幼儿园危机管理策略提升研究》被立项为湖南省规划资助课题,我们团队通过近三年的实践研究,探索"互联网+"背景下幼儿园各类危机事件的预防、预警、识别、应对以及善后评估等策略，遵循"客观性、典型性、价值性、时效性"四原则，搜集来自幼儿园的各类危机管理案例，本书就是该课题研究的主要内容之一。

本书的 75 个幼儿园危机管理案例，是我们从最初编写的 200 多个案例中精心挑选出来的，它们更具针对性、价值性和可读性。我们在每一章中先客观呈现每个危机管理案例的情况，再就其管理的科学性、适宜性、有效性予以评价，最后紧扣危机管理的"应对策略"和"预防策略"两方面提出管理建议，以让读者从案例中增强当代背景下的危机意识，利用信息技术辅助管理，全面掌握有效应对危机和科学预防危机的管理策略。为强化成果的社会推广价值，丰富信息传播途径，我们借助互联网技术和微信平台选取了部分具有代表性的幼儿园危机管理案例，由我市部分优秀的园长与教师录制成音频和视频进行宣讲（读者可以通过扫描书中的二维码来了解），它们也可作为园所危机管理培训的资料。

本书案例分为幼儿园的园舍建设危机管理、教育装备危机管理、教师队伍建设危机管理、教育活动危机管理、保育危机管理、安全危机管理、后勤危机管理和公共关系危机管理八大类，参与编写的都是课题组的核心成员，也是特别优秀的园长与教师，包括省级和市级的"幼儿园教育能手"4 名，湖南省幼儿园园长专业能力大赛一等奖获得者 1 名，省级和市级的示范性幼儿园园长、副园长 4 名。编写分工如下：湖南省娄底市教育科学研究所幼教教研员王立群担任主编，在编写前对课题组成员进行关于危机管理理论与案例研究法（涉及案例的类型、案例的撰写方法与呈现形式、案例的采集与改编等方面）的学习指导，确定编写思路，拟定写作提纲与体例，对全书的框架进行规划，并在编写过程中多次修改与调整，撰写前言与第三章案例 21 和案例 22、第四章案例 36 和案例 37、第六章案例 56 以及第八章案例 66—75；湖南省娄底市涟源市六亩塘街道中心幼儿园园长莫代文、副园长刘芬撰写第一章案例 1—10；湖南省娄底市涟源市幼儿园办公室主任刘菁撰写第二章案例 11—17；湖南省娄底市涟源市幼儿园园长刘列颖撰写第二章案例 18—20；湖南省娄底市直机关幼儿园副园长罗超撰写第三章案例 23—27；湖南省娄底市直机关幼儿园副园长周桑撰写第三章案例 28、第四章案例 29—35 和第五章案例38；湖南省娄底市娄星区恩雅幼儿园园长段铁撰写第五章案例39—47；湖南省娄底市娄星区新禾中心幼儿园园长肖艳撰写第六章案例48—55；湖南省娄底市涟源市现代教育技术管理中心教研室主任许春霞撰写第七章案例57—65。

最后，我想特别说明的是，在本书的编写过程中，我们借鉴了许多专家、学者的理论与实践研究成果，也基于对案例的典型性与价值性追求，在保护相关人员隐私的基础上，对案例进行了相应的调整。由于我们的学术水平有限，对幼儿园危机管理理论的研究不够深入，在分析案例时思考的深度与广度不够，因此，对危机管理策略的梳理与总结提炼尚欠精准与深刻，但我们依然相信，本书较为全面地涵盖了幼儿园各类危机管理案例，其应对策略也是合情合理、有理有据的，希望能帮助每一位为实现"安全""优质"学前教育目标而努力的幼教工作者。

王立群

2023年11月22日

目 录

第一章 幼儿园园舍建设危机管理案例与评析

案例 01　污水进幼儿园了　// 5

案例 02　一场大雪压垮一个厅　// 8

案例 03　缺失的生命通道　// 11

案例 04　小荒山"变身"记　// 14

案例 05　被法院查封处置中的房地产能用来办园吗？　// 17

案例 06　师幼因强暴雨积水被困幼儿园　// 20

案例 07　轿车冲进幼儿园　// 23

案例 08　幼儿园风雨运动场被拆除　// 26

案例 09　沉痛的教训　// 29

案例 10　幼儿入园险被撞　// 32

第二章 幼儿园教育装备危机管理案例与评析

案例 11　木地板松动，夹到孩子的下巴　// 39

案例 12　人脸识别门禁系统"乌龙"事件　// 43

案例 13　弹力球拍断裂击伤幼儿　// 46

案例 14　幼儿园因送餐电梯被罚款　// 49

案例 15　开放一个月就被关闭的监控　// 52

案例 16　钢琴凳下的长电源接线板　// 56

案例 17　翻倒的滑梯　// 59

案例 18　卡在喉咙里的小积木　// 62

案例 19　幼儿园推拉玻璃门倒塌砸伤幼儿　// 65

案例 20　劣质玩具过敏事件　// 68

第三章　幼儿园教师队伍建设危机管理案例与评析

案例 21　误发不雅视频的教师　// 75

案例 22　奖品事件　// 78

案例 23　老师把幼儿园的菜打包带回家　// 81

案例 24　体罚、殴打儿童的教师受审　// 84

案例 25　做微商的教师　// 87

案例 26　流泪的婷婷老师　// 90

案例 27　不接听家长电话的教师　// 93

案例 28　师德之殇：教师唆使幼儿打人　// 96

第四章　幼儿园教育活动危机管理案例与评析

案例 29　"飞"来横祸，谁之过？　// 102

案例 30　集体春游如何迈过安全槛？　// 105

案例 31　糖宝宝不见了　// 109

案例 32　铅笔戳伤事故何时休？　// 112

案例 33　羞于启齿的幼儿性教育　// 115

案例 34　变味的亲子手工展　// 118

案例 35　莫让童书变"毒物"　// 122

案例 36　幼儿绘画作品竞赛风波　// 124

案例 37　户外游戏活动前的咬伤事件　// 127

第五章　幼儿园保育危机管理案例与评析

案例 38　如此强制午休，是爱还是虐待？　// 135

案例 39　太阳能热水器里的水能喝吗？　// 138

案例 40　多名幼儿在幼儿园火灾中丧生　// 141

案例 41　夺命窗帘绳　// 144

案例 42　家长留错言，教师喂错药　// 147

案例 43　教师患上肺结核，传染给多名幼儿 // 150

案例 44　4 岁男童在园被噎身亡 // 153

案例 45　蹊跷发生的脑骨折 // 156

案例 46　小帅走失 6 小时后 // 160

案例 47　食物倒流致幼儿窒息死亡案 // 164

第六章　幼儿园安全危机管理案例与评析

案例 48　教科书式的撤离 // 171

案例 49　闯入幼儿园的"罪恶" // 174

案例 50　家长疏于看管，3 名幼儿溺亡 // 177

案例 51　校车倒车不当致幼儿死亡 // 180

案例 52　超市火灾殃及二楼幼儿园 // 184

案例 53　持续下暴雨致幼儿园围墙倒塌 // 187

案例 54　诺如病毒暴发后 // 190

案例 55　牙齿不见了 // 193

案例 56　幼儿在离园时骨折 // 196

第七章　幼儿园后勤危机管理案例与评析

案例 57　"毒操场事件"后遗症 // 203

案例 58　这些费用不能收 // 206

案例 59　没有"通关文牒"怎么办？ // 210

案例 60　"变矮了"的茶水桶柜 // 213

案例 61　施工场地里的"小插曲" // 216

案例 62　幼儿食用受污染的豇豆引发肠胃炎 // 219

案例 63　家长质疑某幼儿园使用自备井水 // 222

案例 64　"对不上"的伙食费退款 // 225

案例 65　某幼儿园的"感恩餐"引热议 // 228

第八章　幼儿园公共关系危机管理案例与评析

案例 66　一条微信惹的祸　// 235

案例 67　一场尴尬的座谈会　// 239

案例 68　幼儿园能私自提前放寒暑假吗？　// 242

案例 69　遇上难缠的家长　// 245

案例 70　某幼儿园公众号被起诉侵犯著作权　// 249

案例 71　幼儿园内受伤，家长索赔整容费　// 253

案例 72　幼儿举报遭遇同伴"性骚扰"　// 257

案例 73　猪肉风波　// 261

案例 74　被告上法庭的 C 园长　// 265

案例 75　朋友圈里的"烫伤图"　// 269

参考文献　// 273

第一章

幼儿园园舍建设危机管理案例与评析

概念

幼儿园园舍建设危机是指因幼儿园场地、房屋建筑、园区附属设施、建筑附属设备和幼儿园所处地理位置等物质基础或园舍环境引发的突发事件、意外事故或演变趋势。园舍建设危机有两种：一种是园舍建设方面已经发生的事实性危机，如突发事件或意外事故；另一种是还没有发生、潜藏的危机，这类危机没有外显，但有在或长或短的时间后引起突发事件或意外事故的演变趋势。

幼儿园园舍建设危机管理是指幼儿园管理者根据幼儿园园舍危机管理制度和计划，对幼儿园园舍危机进行预防、应对、恢复的过程，也是幼儿园危机管理的重要组成部分。

共性特点与危害

共性特点

幼儿园园舍建设危机的共性特点主要有以下三点。

1. 突发性

幼儿园园舍建设危机的引发点可能是强降雪、劲风、暴雨及冰雹等自然因素，也可能是外力撞击、用火不当等人为因素，还可能是建园初期园舍选址不科学、原有建筑设计与建造有缺陷等历史遗留问题，或者是白蚁、老鼠等动物的破坏、建筑材料的老化等，引发面广且防不胜防。

2. 紧迫性

园舍危机一旦暴发，其破坏性能量就会被迅速释放，并快速蔓延；如果不及时控制，危机就有可能急剧恶化。

3. 契机性

俗话说"旧的不去，新的不来"，园舍危机存在"危"中有"机"的契机性特点。危机发生后，幼儿园要有效干预、控制，吸取经验教训，争取经费以建设好园舍，优化管理，从中寻找发展契机，促使幼儿园可持续发展。

危害

幼儿园园舍建设危机的危害主要表现为以下三点。

1. 危及生命

严重的园舍危机将导致园舍建筑毁坏甚至倒塌，直接危及在园人员的生命安全。如某些幼儿园不重视消防安全通道的管理，一旦发生火灾不能及时救援，势必就会造成巨大的伤害。

2. 影响工作开展

幼儿园若发生园舍建设危机，即使没有造成房屋建筑倒塌等严重伤害，也会因需要维修整改而不能继续使用，影响幼儿园的正常运转。如某幼儿园的会议厅被强降雪压塌，虽然没有出现伤亡事故，但是会议厅的停用给幼儿园的日常活动开展带来不便，重建会议厅时的施工噪声也会影响师幼的一日生活。

3. 影响资金规划

很多幼儿园对经费投入做提前预算，而突发的园舍危机事件会直接影响幼儿园的经费使用计划。如果园舍建筑损坏严重，幼儿园就需要筹措大笔资金维修整改甚至重建，一旦财力不足，还极有可能陷入巨大的经济危机之中。

管理策略

应对策略

幼儿园园舍建设危机的应对策略主要有以下三点。

1. 应对需及时、有序

一旦危机发生，幼儿园负责人要沉着、冷静，不仅要争取第一时间出现在危机现场，还要迅速成立危机处理小组，有条不紊地组织大家展开施救。

2. 坚持专业性原则，向相关部门求助

园舍危机一般需要专业力量的支持，园方在第一时间尽力组织自救的同时，需紧急联系相关部门进行医疗救护、专业疏散、消防救援等，以最大限度地保证师幼的生命安全，减少财产损失，避免因救助不当而引发次生危机事件。例如，因园舍倒塌而裸露的水、电、气线路，以及高空施救所需的器械等，往往需要专业的技术处理和装备援助，否则极易引发次生危机。

3. 合理利用互联网技术，因势利导

紧急状态下，幼儿园可以通过微信、微博等网络平台寻求社会帮助，如

医疗救护需要特殊血液支持、紧急救护通道需要公众配合等，发挥互联网传播迅速的优势；事故发生后，面对公众的质疑和非议，可以通过媒体如实公布事件的原委，澄清误会，消除公众的担忧，恢复信任度。

预防策略

幼儿园园舍建设危机的预防策略主要有以下三点。

1. 加强监管，做到建设过程透明化

幼儿园管理者应提升自身对法律法规的认知水平，拒绝个人大包大揽，要依靠管理团队的力量，以国家颁布的园舍建设标准为标的，对新建、改建或扩建的园舍设计与施工全过程进行透明化监管。

2. 以制度为尺，实行定岗定责

园所要抓好制度建设，制定科学、完善的园舍危机管理预案，杜绝"有事无人肯管""出事无章可循"的现象。

3. 做好经费预算，保障园舍安全的财力基础

幼儿园在做发展规划时，应把园舍的定期检查、设施设备的定期维护以及员工的安全培训等列入计划，做足经费预算，合理用好经费，坚持"防胜于治"，花小钱省大钱。

案例 01
污水进幼儿园了

案例呈现

一天上午，某幼儿园园长正在办公室里整理文件，食堂工作人员急匆匆地跑来向她汇报："园长，不好啦！隔壁小区的污水排到幼儿园来了，现在厨房门口有一大摊污水，马上就要溢进厨房了！"

园长听后立即随同食堂工作人员前往查看，只见幼儿园与小区之间的那块原本完整无缺的水泥墙面上出现了一个直径约20厘米的排污洞，污水通过排污洞顺着水泥墙面流到地面上，原本干干净净的水泥墙面和地面都被污水弄脏了，还散发着刺鼻的臭味。

园长立即通知后勤处和办公室的相关人员到位，迅速进行处理：一是彻底冲洗被污染的墙面和地面并消毒，同时对距离污水近的厨房用品进行清洗和加强消毒；二是找来备用水泥、沙石等材料，对排污口进行临时性堵漏，防止污水继续流入园内；三是安排办公室主任立即赶到隔壁小区，找到物业管理负责人紧急沟通，要求立即封堵小区的排污口，后期要更换位置，坚决不能朝幼儿园的方向排污。

由于园长带领大家积极应对，污水进园一事得到妥善处理，食堂周边的地面、墙面洁净如初，排污口被彻底封堵，再也没有发生污水流入园所的事故。

（案例提供：湖南省娄底市涟源市六亩塘街道中心幼儿园　刘芬）

案例评析

食堂是幼儿园安全的"心脏"。2016年，住房和城乡建设部发布的《托儿所、幼儿园建筑设计规范》提出："厨房室内墙面、隔断及各种工作台、水池等设施的表面应采用无毒、无污染、光滑和易清洁的材料；墙面阴角宜做弧形；地面应防滑，并应设排水设施。"可见，"无毒""无污染"等是厨房重地的关键词。

案例中幼儿园的厨房建设原本符合相关标准，却发生了污水流到厨房门口的危机事件，其原因是隔壁小区在没有任何沟通的情况下私自将排污口设在幼儿园厨房围墙处，如果不及时妥善处理，极有可能引发饮食安全、疾病传染等事故。1989 年，教育部发布的《幼儿园管理条例》规定："幼儿园的园舍和设施有可能发生危险时，举办幼儿园的单位或个人应当采取措施，排除险情，防止事故发生。"在这起危机事故中，幼儿园果断采取措施应对，将损失降到最低。食堂工作人员发现问题第一时间上报园长，园长第一时间现场查看并积极处置，团队齐心协力及时对环境进行清洁与消杀，同时对污水进园事件追根溯源，迅速封堵排污口，做到了从源头上消除安全隐患。

管理建议

1. 危机应对

以上案例提醒幼儿园园长及举办者，要积极应对已经发生或可能发生的园舍危机事件，做到以下三点。

（1）"小"题"大"做，及时确认。"千里之堤，溃于蚁穴。"园舍危机应对就是要小题大做，尽早发现"蚁穴"、处理"蚁穴"。园所的一处地面凹陷、一块砖头松动、一丝燃气泄漏，全园上下人人都是主人，一旦发现，就要保持警惕，及时汇报，园所便迅速确认危机。案例中的食堂工作人员就是发现危机的第一人，正因她上报及时，危机处置才没有延误，为缓解危机和应对危机争取了宝贵的时间。

（2）"大"事化"小"，"小"事化"了"。应对危机时要尽快控制事态，防止危机扩大和蔓延，降低损失。上述案例中的园长现场处置危机有效，措施得当，通过及时清洗、专业消杀和临时堵漏使受污染的环境得到快速清洁，没有造成污染面扩大、厨房室内污染、影响师幼就餐等更大的损失。

（3）正本清"源"，杜绝后患。小区里的污水被隔壁物业人为设置孔洞、排到本该是一片净土的幼儿园，实属不应该。为了彻底解决危机，不留隐患，也杜绝类似危机事件再发生，与周围社区有着千丝万缕关系的园所，必须找到能做决策的物业管理或者小区管委会的负责人,积极沟通,妥善协调,秉持真诚原则,灵活运用好相关政策法规,有理有据,让对方不仅必须封堵这个排污口,也能在今后的工作中多替园所着想,不再影响园舍的安全和卫生,与幼儿园建立好合作伙伴关系。

2. 危机预防

很多幼儿园都建在小区内,或与小区只有一墙之隔,难免会出现污水入园、外围墙碎石滚落、噪声问题和治安问题等。幼儿园应当如何预防因园舍周边因素影响而出现的危机事件呢?

(1)*重视日常与社区的互动*。妥善处理好"邻里"关系,构建和谐的校园外人文环境,能在源头上消除很多隐患。我们可以以活动为媒介,和社区携手开展慰问老人、关爱留守儿童、公益演出等活动,增进感情,拉近彼此的距离,为预防出现类似上述案例的危机建立人际关系。

(2)*定期开展校园周边安全隐患排查*。幼儿园要定期组织人员通过巡查、入户走访等方式对校园周边的各类矛盾纠纷、治安问题和高危人群全面排查摸底,防止人为因素对园舍安全造成威胁,也要关注与园舍相邻的围墙、高楼、店铺和公共设施的安全性,提防这些场所在出现安全事故时累及园所。

(3)*服从职能部门的严格管理*。教育、公安和消防等部门定期入园检查园舍的安全,是在帮助幼儿园排除隐患、查漏补缺,可以鞭策和指导园所优化内部管理,强化安全责任。园所要无条件地接受监管,尽力配合检查和整改,若发现周边社区存在隐患也可以第一时间向有关职能部门反映情况。

"邻睦风亦暖,家和人自康。"幼儿园是幼儿和教职工温馨的家园,我们不仅要用心维护好园内的园舍安全,还应该与周边小区构建良好、和谐的邻里关系,为我们的家园提供更贴心的安全屏障。

案例02
一场大雪压垮一个厅

案例呈现

某年,某地大部分地区普降大雪,雪情严重,不仅影响了人们的正常出行,还出现了部分房屋倒塌等事故。其中,某幼儿园的会议厅屋顶因承受不了厚重的积雪而坍塌,经济损失达十万余元。所幸危情发生在凌晨,未造成人员伤亡。

闻讯赶到幼儿园的园方负责人现场查看险情,并立即向上级主管部门报告,同时主动联系施工方和质安部共同查看现场,分析和推断发生塌顶的原因大致如下:一是该会议厅为钢架结构屋顶,稳固性不够;二是屋面坡度不够,不利于积雪及时滑落;三是屋顶横跨长度过长,且中间没有承重立柱;四是材料选择与建设过程把关不严,钢材规格、型号与合同、清单中的明显不一致。

教育行政部门事后经调查还发现,园方并未按规定程序进行园舍的改建和扩建,项目未报批,竣工未验收,且园方还规避了政府采购(招投标)程序,简单认为项目小,施工简易,随意找一名社会上的包工头承建就可以。

"随意"的改建过程为事故发生埋下隐患,又因园方安全隐患排查不到位,在暴雪来临时警惕性不够,于是"一场大雪压垮一个厅"的事故发生了。

(案例提供:湖南省娄底市涟源市六亩塘街道中心幼儿园 莫代文)

案例评析

园舍建设安全直接关系师幼群体的生命安全。人命关天,安全先于一切,大于一切。这次事件表面看是雪灾所致,但根本原因是园方对园舍建设安全危机管理的缺失。首先，园方有关安全法规和危机的意识不强，未按园舍建设的合法合规程序进行。其次，改建的会议厅中央没有设置立柱，忽略了结构力学原理，为积雪压垮大厅埋下了隐患。此外，园方为节省经费，随意寻找社会上的包工头承建，建筑质量无法保障。幸运的是未发生命案，否则按终身追责机制，园所负责人和承建人都难脱干系。

幼儿园对园舍进行改建或扩建，一要事先向教育行政部门报批，经有资质的设计单位设计，聘请有资质的施工单位开工建设；二要规范建设过程，并保存好前期施工准备阶段、地基与基础施工阶段、主体结构施工阶段和建筑装饰装修施工阶段的"四施"相关资料；三要在工程竣工后，经有关部门验收合格才能投入使用。

管理建议

1. 危机应对

面对已发生的园舍坍塌事故，园所必须采取得力措施进行危机应对。

（1）紧急救治。园所要立即排查是否涉及人员伤亡，如有受伤人员，要迅速将其送往医院接受专业治疗。若有掩埋人员，要立即上报消防、应急等部门请求救援。在专业救助人员来临之前，不要随意搬动、抽取废体材料，在现场拉紧急隔离带，派专人看守，严格控制进出事故场地的人员数量。同时，可以通过对话、播放音乐等方式鼓励和安抚废墟下的师幼。此外，还要注意第一时间排查是否涉及周边园舍的安全，在邻近园舍设置警示标志。

（2）人员疏散。如果园舍事故发生在白天师幼在园时段，园所须立即妥善做好人员疏散，按照园所日常逃生演练那样冷静、有序地安排师幼离开险地。在家长来园接走孩子时，注意安抚家长的情绪，避免拥堵。如果园舍危机发生在夜间，园所就要根据实际情况做好危机评估。若倒塌的园舍十分独立，位置偏僻，不会影响正常的教学秩序，那么经教育行政部门同意后，妥善做好场地隔离，正常开展保教活动；反之，清晨得知消息的园所负责人需要立即召开视频会议，部署班级教师紧急联系每一位家长，赶在家长送孩子来园前告知其园所事故，请家长不要送孩子来园。

（3）信息公开。园舍倒塌带来的危机再小也会让家长高度紧张，其中缺乏安全感的家长会因为担心与怀疑而议论事故，因此容易滋生谣言。园所可以通过互联网平台，第一时间主动告知家长事故详情，以及下一步整改的计划与方案，以免家长群体因信息不对称而胡乱猜疑，以讹传讹，既影响园所声誉，又流失生源。

（4）*积极善后*。园所一方面要积极做好事故反思，垫付资金，全力以赴医治受伤师幼，另一方面要努力配合相关部门的调查取证，虚心接受上级部门的责任认定与处罚意见，还要尽快筹措资金，为园舍重建创设条件。

2. 危机预防

园舍建设危机直接危害师幼的人身安全，损害园所经济利益，其中预防特别重要，请牢记以下两个"强化"。

（1）*强化规范意识*。幼儿园园舍要按照住房和城乡建设部发布的《托儿所、幼儿园建筑设计规范》进行建设，规范报建、规范设计、规范审批、规范施工、规范验收。已经建成的幼儿园也要千方百计对照"标准""规范"进行补救。

（2）*强化监管意识*。园长是园舍安全监管第一责任人，要负责带领班子成员日常巡查、监管到位，碰上暴雨、暴雪等恶劣天气，要加大非常时期的排查密度，安排专人24小时值班或蹲守，提前预警。同时，监管排查不走过场，横向到边，纵向到底，不放过细微的隐患。

"君子不立于危墙之下"，就是说不要让自己身陷危险境地。这里有两重意思：一是防患未然，预先察觉"墙"之险，采取事先预防、提前介入的措施，确保"墙安"；二是发现自己处于危险境地，及时离开"危墙"，实施自救。作为幼儿园园长或举办者，只有建好园舍，维护好园舍，勤查勤改，才能不让师幼陷于"危墙"之下。

案例 03
缺失的生命通道

案例呈现

某年8月底,愉快的暑假步入尾声,新学期的篇章即将拉开序幕。各所幼儿园都在紧张而有序地进行开学准备工作,期待以最好的状态迎接孩子返园。但某小区内幼儿园的童园长愁眉不展,因为开园时间日益临近,幼儿园却无法正常开园。她办园几年了,头一次面临关门整改的危机,到底发生了什么呢?

原来,8月底,某市消防安全委员会采取多部门联合执法的方式对全市经营性自建房进行隐患排查,对存在隐患的场所依法采取"改、停、封、拆"等措施。检查中,执法人员发现童园长的幼儿园主体教学楼只有一处楼梯,消防通道不达标,存在重大消防隐患,于是依法对该园进行临时查封。

(案例提供:湖南省娄底市涟源市六亩塘街道中心幼儿园 莫代文)

案例评析

童园长这所被临时查封的幼儿园位于某小区内,已经开设了几年,一直没有按照有关部门的要求"园舍设置两个或以上的消防安全疏散通道"改建,园内的疏散楼梯仅一处,一旦发生火灾,将直接影响幼儿和教职工的生命安全。

消防通道是生命的通道,生命的通道不可或缺。2016年,住房和城乡建设部及国家发展和改革委员会发布的《幼儿园建设标准》规定:"建筑防火应符合建筑设计防火规范要求,耐火等级不应低于二级。"2014年,住房和城乡建设部发布的《建筑设计防火规范》要求:"公共建筑内每个防火分区或一个防火分区的每个楼层,其安全出口的数量应经计算确定,且不应少于

2个。"而上述案例中的幼儿园只有一处楼梯,安全出口的数量不足,不符合相关要求,因此执法人员对该园下发了责令整改通知书,并依法对其临时查封,以督促该园尽快整改。

管理建议

1. 危机应对

幼儿园因消防安全隐患被临时查封,幼儿园园长及管理者应该如何应对呢?

(1)*凝聚内部力量*。园长要迅速组织班子成员讨论,成立消防整改工作小组,制定整改方案。同时,召开全体教职工大会,告知园所面临的困难,表明态度,鼓励全体教职工以主人翁的姿态与幼儿园共同应对危机,做好家长工作,稳定生源。

(2)*借助外部资源*。邀请资质合格的建筑公司和安防公司进园"问诊把脉",根据园舍实际情况加装消防通道。同时,园所借助专业力量全面排查消防隐患,检查幼儿园的消防器材是否添置完善,下水道等排水设施是否畅通,电路、燃气是否安全。

(3)*优化空间管理*。在加装消防通道时,园所可以因地制宜,听取教师和孩子们的建议,将消防通道与室内外游戏场地改建相整合,实现空间使用最大化,例如将楼梯外墙设计与攀爬、涂鸦等户外游戏活动场地资源进行整合。

此外,《建筑设计防火规范》也明确规定,大、中型幼儿园应设置自动灭火系统,并宜采用自动喷水灭火系统。而根据《托儿所、幼儿园建筑设计规范》中的标准,当幼儿园的规模达到5—9个班时,幼儿园属于中型幼儿园,当其规模达到10个班及以上时,属于大型幼儿园。因此,童园长的幼儿园应根据规模大小,确定是否需要安装自动喷水消防系统,以免在后期的检查中再次被查封。

2. 危机预防

消防安全是一项预防大于补救的工作,火灾一旦发生,如果不及时控制住,对无独立行动力和自护能力的幼儿来说就是天大的灾难,幼儿园一定要重视对消防安全危机的预防。

（1）**完善消防设施配备**。要结合园舍实际，按照国家标准和行业标准配置消防通道、消防设施、器材，设置消防安全标志。保证防火防烟分区、防火间距符合消防技术标准，确保消防通道畅通。

（2）**定期检查维修**。除了日常巡查，还要定期提醒管理者对建筑的消防设施进行全面检测，疏散通道、安全出口；也可以增设"电子眼"，覆盖监控，便于管理者随时查看通道是否畅通。值得一提的是，检查人员要熟悉检测标准，不让检查流于形式。例如，在检查手提式干粉灭火器时，可以先看看压力指数是否正常：压力表的指针停在绿色区域，表示压力指数正常，可以放心使用；若指针指到红色区域，表示瓶内压力比较小，干粉可能无法喷出；若指针位于黄色区域，则表明灭火器容易出现爆炸情况，幼儿园必须赶紧处理。

（3）**加强禁烟、用火、用电等管理工作**。校园应该是无烟区，要做好职工以及进出园所的外来人员的禁烟管理，加强传达室、办公室、职工宿舍、班级教室与寝室等区域内的安全规范用电等日常管理工作，如禁止在幼儿寝室点放有烟蚊香等。

提高消防安全意识，加强消防隐患排查，完善消防设施设备，是幼儿园园舍消防安全管理的核心任务。

案例04
小荒山"变身"记

案例呈现

　　某幼儿园教学楼后有一座小荒山,为了保障幼儿户外活动的安全,幼儿园最初用不锈钢护栏将小荒山围了起来,仅留了一扇上锁的小门供工作人员维修、除草时出入。这冰冷的不锈钢护栏虽然减少了幼儿与小荒山的亲密接触,保护了他们的安全,但阻挡不了幼儿对小荒山的探索热情。在户外自主游戏时,教师发现孩子们经常会三五成群地用捡来的树枝隔着护栏去拨弄小荒山上的小石头、小草等。而不锈钢护栏历经风吹日晒和雨淋,接口处出现了松动的迹象。某次游戏时,丽丽用木棍敲打护栏,导致护栏下接口断裂。教师将这一现象反馈给园长,得到了园长的高度重视。后来,幼儿园通过观察评估幼儿与环境的互动情况,并在与专家对话后,确定拆除护栏,给小荒山来一次"大变身"。

　　为了既保障幼儿的安全又满足其探究的愿望,经过反复研讨,该园最终确立了如下改造计划:第一步,将教学楼与小荒山之间的深沟进行填埋,将小荒山原来的垂直陡坡改成斜坡并铺上草皮;第二步,将小荒山与外围墙之间的荒地改造成小树林,种植红梅树、柚子树等;第三步,拆掉护栏,让幼儿随时可以亲近小荒山,同时保留原有的部分野生植物,维护小荒山的自然生态。

　　改造后的小荒山人气倍增,成为孩子们的游戏乐园。在自主游戏时间,教师总能看到孩子们或观察小花、小草,或研究小蚂蚁、小蜗牛、落叶,或用斜坡充当天然的滑道。幼儿园还计划添加滑索、轮胎山和增设山洞等,将小荒山打造成孩子们的"野趣营"。至此,幼儿园因小荒山带来的园舍隐藏危机被成功化解了。

（案例提供：湖南省娄底市涟源市六亩塘街道中心幼儿园　刘芬）

案例评析

以上案例中的幼儿园将原本仅能供观赏且存在安全隐患的小荒山改造成了孩子们喜欢的"野趣营",体现了园所管理者具备"转危为机"的良好管理素养。这一"变身"受到了孩子们的喜爱,体现了该园以幼儿为本、以幼儿发展为目标的办园理念,真正做到了基于儿童视角进行场地优化。随着自主游戏的不断推广,幼儿园需要不断为幼儿的真游戏和深度学习创造条件,把游戏的权利还给幼儿,让他们在自主、自由的真游戏中获得经验、形成想法、表达见解、完善规则和不断参与挑战,从而实现在游戏中多元学习与发展的目标。

广大农村幼儿园更是有可作为的条件,园内的自然小土坡、小池塘,周边的小树林、小溪流、茶园、果园、菜地、稻田和荒山等,都可以尝试有效"变身"。管理者要用专业的眼光充分挖掘它们的利用价值,让环境实现价值最大化,成为幼儿积极探索学习的宝贵资源。当然,专业的背后是园长扎实的理论基础、丰富的实践经验,以及反思调整、不断提升的教育智慧。

管理建议

1. 危机应对

安全的园舍环境是幼儿园最基本、最重要的物质基础。但在现实中,某些幼儿园或因硬件等物质条件不足,如空间狭窄,或因认知观念落后等原因,让幼儿园的场地、建筑、附属设施中留有一些隐患,如园舍设计与场地建设"成人视角""小学化"等。幼儿园应当如何消除和应对这些隐患,创建平安校园呢?上述案例中幼儿园的处理方法值得大家参考与借鉴。

(1)危中寻机。可以通过定点观察、连续观察的方式观察活动场地的使用情况,观察幼儿在各种场合中的游戏行为,评估环境的适宜性和有效性,从中寻找对安全隐患和不合理建筑、场地进行合理整改的突破口。

(2)集思广益。有缺陷的园所场地要实行优化改造,就需要依靠集体的智慧。园长不要闭门造车,也不能单打独斗,要广泛征求师幼意见,或者与专家对话,进行专业咨询。只有在深思熟虑的基础上制订出科学、可行的改造计划，才能实现方案的最优化，真正变废为宝，否则改造后的场地可能又有新的局限性。

（3）分步推进。在改造过程中，幼儿园可能会遇到资金周转困难等问题，但是建议大家坚持用发展的眼光看待场地的改造，想办法筹措资金，宁可分步推进，也不退而求其次，或者原地踏步"危还是危"。

2. 危机预防

安全且舒适的园舍环境是在园师幼的物质保障。那么，如何做好日常防护，预防出现危机事件呢？

（1）以学习为窗。开设多元化的学习平台，提升教职工对环境中隐藏危机的识别能力。除了常规的线下教研学习活动，还要利用信息技术和互联网上的海量信息，带领教职工利用碎片时间学习危机管理知识。让教职工增强危机意识，了解园舍危机的种类，尤其是容易被大家忽视的园舍附属设施危机事件，如园所小山坡、绿化带中隐藏的有毒蘑菇、花草等以及容易掉落其中造成幼儿伤害事故的小物件等。

（2）以巡查为眼。通过行政人员或值日园长每日早巡、午巡和晚巡的"一日三巡"常规，定期排查园舍基础设施、师幼活动场所，及时排查出每一扇松动的门窗、每一块掉落的墙皮、每一颗松动的螺丝、每一处打滑的地板等，并及时加固、修缮处理，筑牢幼儿园园舍安全"硬"屏障。

幼儿园管理者要鼓励教师多观察幼儿与环境的互动情况，多倾听幼儿在活动中的发现。幼儿才是幼儿园里与环境、材料打交道最多的人，游戏环境是否存在安全隐患、材料是否安全，幼儿有时也可以给出答案。不忽视任何一个安全问题，不错过任何一个发展点，坚持把促进幼儿快乐、健康成长作为幼儿园工作的出发点和落脚点，让幼儿度过快乐而有意义的童年。

案例 05
被法院查封处置中的房地产能用来办园吗？

  案例呈现

对于被法院查封处置中的房地产，很多人只敢远观而不肯近"触"之，更何况其被用来办幼儿园，可某民办幼儿园园长肖某不这么认为。

一年前，因园所幼儿人数太多而急需扩大办学场地的肖某到处寻找办园场地，无奈在老县城里转了多日也没有找到合适的场地，要么面积太小，要么位置太偏。眼看开学的日期逼近，肖某开始着急了。一个朋友借机向肖某介绍了一处"好地方"——待法院拍卖的房地产。在外人看来，这处待拍卖的房地产就是个谁都不敢接手的"烫手山芋"，但急需更大办学场地的肖某却咬咬牙接手了。开学在即，肖某和房东简单地签了租赁合同便开工了。谁知动工不久就遇到了产权纠纷，法院执行干警上门要求其腾房，并采取断电断水、砌墙封门的措施来阻止其继续施工的行为。新租赁了场地的幼儿园陷入危机，肖某也迷茫了。

正在肖某一筹莫展时，在外地读大学的儿子发来了一条同城在线的招租信息，房产位置、面积等都是幼儿园整体搬迁的不二选择，肖某赶紧按照招租广告上的信息拨打电话……

（案例提供：湖南省娄底市涟源市六亩塘街道中心幼儿园　刘芬）

案例评析

幼儿园应为幼儿提供安全稳定、宽敞舒适的教育教学环境，场地不够或者办园场地不稳定，既不利于幼儿园的长期发展，也存在一定的安全隐患，对幼儿身心发展很不利。案例中的幼儿园园长肖某可谓"病急乱投医"，抱着侥幸心理租赁、使用法院查封处置中的房地产，是不恰当的行为。幼儿园园长和举办者应当依法依规办园，切忌对国家的法律法规置若罔闻，否则极有可能给自己带来不必要的麻烦和损失，甚至间接充当规避、抗拒法院执行的"老赖"帮手，也使自己的幼儿园陷入危机。

依法依规办园，是幼儿园举办者应坚守的红线。肖某正因缺失危机意识而使幼儿园陷入了危机，该怎么办呢？

管理建议

1. 危机应对

上述案例中新租赁了场地的幼儿园被断电断水、砌墙封门，毫无疑问已经陷入了巨大的园舍危机之中，如果肖某不妥善应对，极有可能面临办园危机，从而牵连现有园所，造成园所倒闭、退费、劳务纠纷等一连串问题。肖某此时应该立即采取措施。

（1）*立行整改*。此处租赁场地不合法，园所要依法依规腾空这处房产，积极整改。肖某面对儿子发来的网络招租信息，可以联系当事人现场查看，如果场地合适，需进一步去房产局或上网查验其产权信息，辨别信息的真伪，避免再次"掉坑"。同时，也可以利用朋友圈、公众号、信息网站、家长资源等多渠道寻找新的合适的办学场地。

（2）*多方准备*。一是如果有幸在短时间内找到了合适的新场地，就要和施工队友善地沟通原有工程的停工及新场地的开工衔接问题，同时重视与家长的沟通，特别是邀请家委会代表参与新园的筹备工作，见证新园的建设和装修过程，体现尊重家长、信任家长的态度。二是如果短时间内找不到合适的场地，就要做好家长工作，分流部分幼儿去周边园所，做好园所规划，将空间受限的老园向精品园的方向发展，待时机成熟再谋求扩园计划。

2. 危机预防

（1）*提升法律认知*。幼儿园园长和举办者应当提升自身的法律认知，园舍用地和园舍装备等要合法合规、清清白白，万不可打法律的"擦边球"，不要抱有任何侥幸心理，不触碰有法律纠纷的房地产。

（2）*做好发展规划*。幼儿园不是临时游乐场和看护场所，其园舍用地要稳定。幼儿园园长和举办者应对办园环境和保教质量有要求，寻求充足的保障，不能缺乏长远规划，只顾眼前利益。教育是慢活，社会力量办教育也要坚持公益普惠原则，不要想着赚"急钱""快钱"。坚持规范办园，分别做好幼儿园的一年、三年、五年及长期发展规划，放眼未来，才可实现持续发展。

此外，在网络信息高速发展的新时代，利用朋友介绍、周边打听等传统的信息获取渠道所获得的信息不一定全面、广泛，有一定的局限性，幼儿园举办者及管理者可以利用互联网平台收集、提取和鉴别信息，扩充信息资源，让园所发展少走弯路。

案例 06
师幼因强暴雨积水被困幼儿园

案例呈现

夏季的一天下午,某幼儿园正在进行离园活动,天上突然开始下起瓢泼大雨,地面迅速积水。园长立即部署,要求班级教师迅速通知家长尽快来园接孩子。但水涨得太快,且幼儿园地势较低,短时间的集中强降雨让积水难以排出,园内严重内涝,积水最深处可淹没至成人的大腿根部。家长们赶到幼儿园时已无法靠近大门接回孩子。教师们见状,果断带领孩子们来到幼儿园教学楼二楼的教室避险,并紧急寻求消防救助。在等待营救的过程中,教师们自发带领孩子们开展音乐活动,用音乐安抚他们的情绪,没有发生幼儿因恐慌而情绪失控等情况。当晚7时许,所有师幼均被安全救出。

(案例提供:湖南省娄底市涟源市六亩塘街道中心幼儿园 莫代文)

案例评析

《幼儿园建设标准》第三章第十二条规定:"幼儿园选址应符合这两项原则。一、选择地质条件较好、环境适宜、空气流通、日照充足、交通方便、场地平整、排水通畅、基础设施完善、周边绿色植被丰富、符合卫生和环保要求的宜建地带。二、必须避开地震危险地段、可能发生地质灾害和洪水灾害的区域等不安全地带,避开输油、输气管道和高压供电走廊等。"上述案例中的幼儿园在强降雨中发生严重内涝,不排除"先天不足"——园所选址位于地势低洼处的原因。

在应对因暴雨等气候原因所致的突发事故时,最怕的就是秩序混乱、情绪恐慌,那样会引起踩踏事件、人员失控等次生安全事件。面对洪灾,该园所的教师们沉着、冷静,应对有效,采取了第一时间科学转移人员、及时报警寻求帮助、积极配合营救和安抚幼儿情绪等合理策略,因此没有造成人员伤亡。

管理建议

1. 危机应对

上述案例中的园所所处位置较低,遇到集中强降雨后,园内排水系统无法应对,从而使师幼被困水中,危机应对刻不容缓,管理者应当果断采取措施。

(1)*果断决策*。园长需要沉着、冷静地判断,是紧急组织师幼有序撤离园内,前往园所周边的安全高地,还是组织师幼及时撤离到园舍高处,为救援的到来争取时间。当然,在组织师幼撤往高处时,要尽量选择有防护栏且地基稳定的位置,一般可以选择有防护栏且视野开阔、方便救援的顶楼平台和大露台等。

(2)*多方求援*。安装了一键式报警平台的幼儿园,可以迅速通过一键式报警平台报警求助,也可以直接拨打报警电话110、火警电话119等寻求救援。如果情况十分危急,需要紧急扩散信息,获得多方助力,还可以通过微信、抖音、微博等多种线上媒介发出信息。

(3)*沉着应对*。待救援人员到达后,要告知幼儿不要争先恐后地往前冲,这样极易引发落水事件。幼儿园要协调人力和物力,积极配合救援人员有序开展营救工作,做到有人组织撤离、有人维持秩序、有人清点人数,确保每一名被困人员都安全撤离。

(4)*科学消毒*。园所内涝危机解除后,务必科学做好全园全方位的清洁和消毒工作。雨水消退后,极易出现疾病传染、鼠疫等次生灾害。园所要在卫生防疫部门的专业指导下,彻底清理园内场地,特别是角角落落、户外游戏设施、班级图书和教玩具等,做到无一落下、不留隐患。对于被雨水浸泡过的一楼园舍,尽可能避免在彻底清洁、去湿干燥前使用,以免园舍墙体因残留水分而渐渐产生霉变,危及师幼身体健康。

2. 危机预防

上述危机事故,除了存在不可抗拒的天气原因外,园舍本身也存在安全隐患。幼儿园的管理者和其他人员需要查找问题，深刻反思。

发生园所内涝，一般是因为园舍选址处于低洼处、园内排水系统无法应对，也可能是因为排水通道常年被淤泥、杂物堵塞等。幼儿园管理者应当重视这些危机预警信号，如果园舍所处位置存在巨大的安全隐患，那么可以主动提请有关部门进行整体搬迁。容易积水的幼儿园可以考虑进行专业的"积水引流"工程改造。同时，幼儿园应当定期排查园舍安全，建立排查台账，明确整改时间线、责任人。办公室可安排专人关注每日天气，通过微信小程序、气象局官方网站等平台关注天气预报，及时了解天气动态，并针对暴雨、暴雪和干旱等特殊恶劣天气建立科学、完善的应对机制。也可以成立小小广播站，让幼儿轮流播报每日天气，达到既锻炼幼儿的语言表达能力，又培养幼儿及家长关注天气的好习惯。此外，幼儿园还应当通过安全演练、主题教育等活动增强师幼的安全防范意识。全面提升全体教职工应对突发事件的处置能力，有助于他们在危机发生的第一时间选择正确的逃生、自救和他救的方法。

孔子说："君子有三畏——畏天命、畏大人、畏圣人之言。"我们生长在大自然的怀抱里，享受大自然赐予我们的一切，但是大自然也有"失控发怒"之时，唯有在热爱大自然的同时也敬畏大自然，保持警惕、居安思危方可久安。

案例 07
轿车冲进幼儿园

  案例呈现

某地一所普通的幼儿园因为一条视频突然受到了大量关注,相关视频被大量转发,一时成为大家议论的热点。幼儿园园长、家长乃至全园上下都因为视频中事件的发生而后怕不已。到底发生了什么事情,让一所原本普普通通的幼儿园一夜之间成了人们关注的焦点呢?

原来,是一辆轿车失控冲进了幼儿园。只见视频中,一辆黑色的轿车飞快地冲进一所临街幼儿园,让人不禁心头一紧、头皮发麻!该视频在当地受到了大量的关注,人们非常关心这起事件,担心有人员受伤。后来得知,轿车冲进的地方是幼儿园的一间幼儿寝室,所幸当时教师正带领孩子们在阅读室里进行自主阅读,在轿车冲进来时,寝室内没有人,只有几张床被撞坏了,而肇事汽车上的两个人都系了安全带,也没有受伤。

为什么轿车会失控冲进幼儿园呢?当事司机称:自己久未驾车,有些生疏,且因看见前方来了一辆车,一时紧张,方向盘打偏了,一脚油门踩重,车辆失控就冲进了幼儿园。接到园长报警电话赶来现场的交警说:"在这起事故中,该驾驶员操作不当是事故的主要原因。"

(案例提供:湖南省娄底市涟源市六亩塘街道中心幼儿园 莫代文)

案例评析

轿车直接冲进幼儿园的幼儿寝室,实属大事故,所幸当时室内无人,没有造成人员伤害。由于历史原因,不少城镇幼儿园租赁或建设在马路边上,并且为了方便家长接送而在园门口修建了通车道路,因此,这些园舍周边车水马龙的环境存在着隐患。

在上述事故中，虽然经交警认定驾驶员操作不当是事故发生的主要原因，但是仔细思考，还有以下几点值得深思。

- 为什么幼儿园门口没有配备防撞拒马等装备？
- 该幼儿园寝室离交通主干道这么近合理吗？
- 临街园舍被轿车一撞就被破墙而入，建筑质量达标吗？

《幼儿园建设标准》规定："幼儿园布局应符合当地学前教育发展规划，结合人口密度、人口发展趋势、城乡建设规划、交通、环境等因素综合考虑，合理布点，保障安全。""必须与铁路、高速公路、机场及飞机起降航线有足够的安全、卫生防护距离。应避开主要交通干道、建筑的阴影区等。"而上述案例中的幼儿园临街，所处位置没有与交通干道保持安全距离，门口也没有配备防撞拒马等硬质防护设备，存在巨大的安全隐患。虽然这次事故可能只需园舍建筑的修缮费用，没有造成人员伤亡，但是不得不让人对园舍的坚固性、临街办学的安全性担忧。

管理建议 💡

1. 危机应对

外来车辆冲进幼儿园，园舍及设施设备都出现了破损，相关视频在媒体上传播，幼儿园应该如何应对呢？

（1）*争取合理补偿*。对受损墙体、地面、设施等进行拍照取证，保留原始证据。整理受损物资清单，通过相关部门与肇事者沟通、协调，不建议采取与肇事者私了的处理方法。

（2）*公布园所受损情况*。在自媒体时代，人人都是"小广播"，容易滋生谣言。园所要掌握信息发布的主动权，如有记者采访，幼儿园可以借机公布园所受损情况，尤其要突出无人员伤亡的实情，消除公众的担忧。

（3）*及时修缮园舍*。园舍受损会给幼儿园一日活动的开展带来不便，我们要及时隔离事故区域，避免出现幼儿因出入事故场地而受伤或离园的情况。要尽快制定维修方案，邀请资质合格的施工队进行修缮，施工结束后请专业机构对临街园舍建筑的质量和安全性能进行鉴定，并将鉴定结果公之于众。

2. 危机预防

（1）强化园舍周边的安全管理。幼儿园应该根据校园及周边治安、交通环境的实际情况，在门口设置隔离栏、人车分离安全带等，也要设置保安亭或岗，实行校园封闭管理。

（2）完善安全防护设施设备。幼儿园要配备拒马、升降柱等硬质防冲撞设施。要通过正规渠道购买，认真研究产品的规格、数量、质量以及安装摆放位置等，不要贪小便宜买大教训。

（3）提升群体安全防护意识。幼儿园不仅要定期进行教职工的安全用车培训，明确教职工上下班开车、停车的行为规范，还要通过家长会、微信工作群、微信公众号等多渠道宣传幼儿园门口交通安全知识，提高家长的交通安全意识。此外，也要科学管控园外来访车辆，例如竖立来园访问车辆须知提示牌、安排保安引导停放等。

幼儿园设置人车分离安全带和防冲撞硬质隔离设施，可以在一定程度上防范园舍外部的突发事件，也可以防止失控车辆冲入校园碰撞设施设备、引发人身伤害。由于历史原因造成的临街幼儿园，也要尽可能采取措施改善园舍条件，如增加墙体厚度、加固外墙以及在室内安装防噪隔音板等，为师幼创设更为安全、舒适的园舍环境，提高校园治安防控水平，增强广大师幼的人身安全感。

案例 08
幼儿园风雨运动场被拆除

案例呈现

"新年来了,我们的幼儿园却没有了""幼儿园的发展希望被'强拆'破灭"等控诉图文和视频一时间在网上传播开来。究竟发生了什么事情呢?

2021年年底,某幼儿园园长小青创办的第五分园遭到了由当地街道办事处、城市管理综合行政执法局(简称"城管局")、拆除违法建筑指挥部办公室(简称"拆违办")组成的联合部门的拆除,执行人员将幼儿园扩建的风雨运动场摧毁,造成的直接经济损失近百万元,且不可能在开学前恢复幼儿园正常办学所需要的场地。这也意味着,幼儿园的两百多名幼儿和教职工年后将面临入园与入职的危机。小青园长在网上连续发文,试图通过舆论来控诉有关部门对她创办的幼儿园的拆除行为。

近年来,小青园长借助家人的支持,在县城创办了几所规模较大、生源较好的幼儿园。2020年,小青和朋友又相继投入近两百万元对第五分园进行扩建。可是该园所在地的原本开发商是做商铺设计的,缺少运动场地,而该园又将幼儿体能运动作为重要的园本课程,迫切需要风雨运动场,于是小青与合作伙伴商量后,觉得当前场地比较偏僻,临街马路上也少有行人、车辆经过,既然要做长期租赁场地办园的准备,就要尽最大努力扩大场地,满足幼儿园的课程发展需要。两人一拍即合,擅自将商铺的临街过道,包括街道拐角空地都圈了起来进行封闭,设计成户外风雨运动场。

小青用心经营着这所分园,随着周边楼房入住率的提高,分园的孩子一度达到招生的巅峰。然而,在全国各地开展违章建筑拆除整改活动期间,风雨运动场因为占用临街过道和街角被定性为违章建筑,所以在年底遭到了县政府相关"拆违"工作队的拆除，于是就出现了文章开头的场景。

（案例提供：湖南省娄底市涟源市六亩塘街道中心幼儿园　刘芬）

案例评析

上述案例中事发幼儿园的风雨运动场遭到了由当地街道办事处、城管局、拆违办组成的联合部门的拆除，幼儿园直接经济损失近百万元，且不能在短时间内恢复幼儿园正常办学所需要的场地，园所正面临巨大危机。

为什么会发生这类事件呢？究其原因，是举办者未遵守国家相关规定擅自扩建或改建造成的。《幼儿园建设标准》规定："新建、改建、扩建的幼儿园项目，均应先规划后建设。各地应根据学前教育可持续发展的需要，按照房屋建筑面积指标进行园区规划。幼儿园建设用地应纳入城乡建设规划。"而案例中的幼儿园园长小青和她的合伙人只考虑幼儿园的办园需要，没有遵守相关规定，擅自将商铺的临街过道，包括街道拐角空地，都圈起来设计成风雨运动场，扩建的部分成了违章建筑，因此遭到政府的专项整治，这既影响了幼儿园的正常发展，也造成了严重的经济损失。举办者为自己这一明知不可为却要侥幸一试的行为买单。同时，举办者通过发网文来发泄情绪，扩大了负面影响，破坏园所依法依规办学的良好声誉，让危机更危。

管理建议

1. 危机应对

上述案例告诉我们，不正确的危机应对方式不但不能解决问题，反而会带来舆情危机、公信力降低等后续危机事件。事发幼儿园的违章建筑被拆后，举办者在互联网社交平台连续刷屏发布控诉文章的行为不可取，这样做不但没有有效解决危机，反而扩大了事故的负面影响。那么面对此类危机，幼儿园园长及举办者应当如何应对呢？

（1）积极配合整改。幼儿园园长及举办者应当提高思想认识，改正违规办园的错误，认真听取相关职能部门的意见，接受上级部门给予的处罚，积极配合整改，拆除违章建筑，整修原有合法场地，将损失最小化。

（2）合理安顿师幼。园舍整修期间可能会面临停课问题，我们可以利用整改时间组织教职工进行业务学习、到姐妹园跟岗实践、安排教师多和幼儿线上互动等。还可以通过召开教职工代表大会、家长代表大会，听取广大教职工和家长的意见，并表达希望全体教职工和家长能与幼儿园一起共度时艰的愿望，获得教职工和家长的理解与支持。

（3）做好安全监管。要重视违章建筑拆除和原有建筑整修阶段的安全监管工作。园长不能当甩手掌柜，要积极了解施工队的工作进程，同时协调物业及时清运建筑垃圾，防止出现建筑垃圾伤人的次生伤害事件。

2. 危机预防

上述案例中的事件警醒幼儿园园长及举办者，要进一步增强园舍安全危机意识，做到以下几点。

（1）依法办园，稳根基。园舍的扩建或改建应合法合规，扩建或改建使用的土地也应该是获得相关部门批准的土地。

（2）规范程序，定步调。新建、改建、扩建的幼儿园项目，均应先规划，再报批，后建设。不要抱有任何侥幸心理，不能通过先斩后奏或其他不合法方式违规获取或建设。幼儿园可以分年度、分时间段制订改造计划，做到计划先行，长远规划，避免循环拆改，浪费人力、物力和财力。

（3）关注时局，谋发展。幼儿园要多关注当地政府及相关部门的网站、官方公众号等平台，多渠道了解当地的新闻动态，关注城市或乡村整体规划信息，如地铁修建、棚改项目、新农村建设等，尽可能更好地规划幼儿园的可持续发展。

"见兔而顾犬，未为晚也；亡羊而补牢，未为迟也。"幼儿园出现暂时性的危机并不可怕，园长及举办者要正确面对、及时止损，才能帮助幼儿园化解危机、走出困境、健康发展。

案例 09
沉痛的教训

案例呈现

十多年前,某地曾发生一起幼儿园园舍危机事件,引发了公众的广泛关注,各地教育行政部门将其作为园舍安全事故以警示幼儿园举办者。事故具体如下。

某乡镇一幼儿园园长李某在没有办理任何手续的情况下,仅对自家的楼房进行加装护栏、新建围墙等简单改造后就对外招收幼儿,开办幼儿园。开园不足一年,幼儿园的护栏倒塌,致使1名幼儿被砸身亡,多名幼儿受伤。

后来经当地检察院查证,这家幼儿园在二楼加装的瓷瓶护栏与原来已建建筑物未形成刚性连接,只用了薄薄的水泥砂浆固定,不能起到抵抗外来荷载的作用,从而造成严重的危害后果。经检察院认定,李某在没有办理任何手续,也没有经过相关部门任何审批许可的情况下,擅自开设幼儿园,忽视园所存在的安全隐患,才酿成了此次悲剧,涉嫌构成危害公共安全罪。遂依法对李某提起公诉。

(案例提供:湖南省娄底市涟源市六亩塘街道中心幼儿园 莫代文)

案例评析

近年来,国家重视农村学前教育发展,努力提高农村学前教育的普及程度,通过新建或扩建托幼机构、在小学附设学前班、充分利用中小学布局调整后的富余校舍和教师以丰富学前教育资源等多种形式扩大农村学前教育资源。可是,在广大的农村地区,仍有少数未报批的幼儿园或学前班存在。这起发生在多年前的幼儿园园舍建设危机事故仍然值得大家警惕。

案例中李某违规办园,使用不合格园舍,疏于管理,造成改建质量不达标的护栏倒塌，夺走幼儿的生命。现实的例子用生命的代价警示着幼儿园举办者：不能用不合格的园舍办园！

管理建议

1. 危机应对

一旦发生园舍突发性坍塌事故，园长要立即启动应急预案以应对危机。

（1）*紧急撤离人员*。组织全体教师迅速将幼儿转移到安全地带，尽快将幼儿带到无高空坠物、无高围墙的空旷地带。仔细清查幼儿人数，确保不落下一名幼儿。紧急撤离到安全地点后，教师可以通过讲故事、音乐律动等活动稳定幼儿的情绪。

（2）*及时上报灾情*。信息上报人员要组织简单、清晰的语言，将事件上报给相关部门或领导，言明地点、概述事件、讲清需求。救援人员来临后，幼儿园还要在专业人员的指导下给救援人员提供人力和物力支持，主动配合应急、卫生部门施救。不可盲目施救，因为擅自移动受伤人员，有可能对其造成二次伤害。

（3）*全程现场值守*。幼儿园要安排专人现场值守和24小时电话值守，负责事故信息的采集和取证工作；联络有关单位及个人，组织调遣各方力量；协助有关部门进行调查，统计人员伤亡和财产损失情况。

（4）*积极做好善后*。在上级部门的指导和监督下，利用信息技术做好舆情监控、信息公开工作，做好受害学生和家长的安抚与赔偿工作，做到事故信息透明、公开，事故处理坦诚、公正。

2. 危机预防

（1）*规范办园*。一是强化法规意识，杜绝违规建园、无证办园和招生；二是规范建设，举办单位与个人要按照《幼儿园建设标准》规范设计、施工和验收，确保园舍合格才能交付使用。

（2）*做好日常维护*。对符合办园条件并已投入使用的幼儿园，可以建立线下、线上双重安全机制：建立园舍建筑设施的日常排查制度、建立电子检查台账，发现安全隐患，及时上传图片至电子检查表格，以便负责人及时发现并安排整改。整改完，可以将现场图片传至电子检查表格的整改栏，使信息第一时间传输，缩短信息流通的等待时间，提高效率。

（3）开展必要的逃生演练。园舍危机暴发时带来的危害极大，可以通过常态化的逃生演练，启发师幼思考应对突发的房屋倒塌等危机时的策略，树立安全意识。

园舍安全事故发生的概率小，但危害大。生命没有回车键，哪怕园舍危机的概率只有千分之一、万分之一，我们也要尽全力消除隐患，杜绝此类危机。

案例 10
幼儿入园险被撞

案例呈现

某天,晨光唤醒了大地,欢快的入园音乐响起,开园不久的某幼儿园大门口开始热闹起来。值勤园长早早地站在园门外迎接可爱的孩子们,护学岗、保安和接园教师各司其职,入园工作与往常一样有序而平静。突然,值勤园长脸上的笑容凝固,她大跨步飞速向前拉住了一个孩子,同时疾呼:"车后有人!"听到呼声,一辆原本在倒车起步的白色小轿车停了下来,车尾离值勤园长和孩子仅几厘米!见车停稳了,孩子也没有受伤,旁观者们才松了一口气。

孩子入园险被撞,园长回忆这一幕,心忍不住怦怦跳,她决定立即采取措施。中午,园长组织全体教职工开展校园安全教研,并对入园通道上的安全隐患问题立行整改。她的做法如下所述。

- 截取入园监控片段在会上播放,和全体教职工一起探讨孩子入、离园时间段的安全隐患有哪些,以及怎样消除这些安全隐患。
- 经大家讨论后,决定将园门外的隔离拒马外移至车辆转角处,扩大人车分离的区域。
- 组织教师通过班级微信群发放安全公告,将人车分离区域重新划分的现场照片分享至班级微信群,第一时间将调整停车区域的事情告知家长,便于家长下午接孩子时提前寻找泊车位。
- 调整护学岗站位,因为入、离园安全区域扩大了,护学岗人员的站位也相应做了调整,以确保孩子入、离园区域内无观察死角。

(案例提供:湖南省娄底市涟源市六亩塘街道中心幼儿园　莫代文)

案例评析

安全是幼儿园工作的第一位，其中入、离园交通安全是安全工作的重要组成部分。紧邻马路、斑马线、红绿灯、人行天桥和地下通道等的幼儿园存在着一定的园舍周边交通安全隐患，幼儿园要努力想办法解决这些隐患，比如设立警示标识、开展护学岗活动等。上述案例中这所开办不久的幼儿园，在门口也设立了安全警示标识、配备了隔离拒马、预留了入园和离园的安全区域、配备了护学岗，可还是险些出现幼儿入园被撞的安全事故。

这所新园的园长管理责任心强，在值勤中较快地发现问题，因地制宜，迅速调整校园门口人车分离区域的划分，危机应对及时、有效，主要体现为以下两点：一是反应迅速，早上发现问题，中午立即召开会议，利用网络技术进行视频信息分享，还原现场，让与会人员更真实地感知事件情境，做出更加准确的分析和判断；二是利用互联网技术迅速传递信息，将幼儿园安全警示公告与扩大人车分离区域的通知，及时通过微信群告知家长，有效避免了传统线下通知时效延迟及范围局限的缺点。

管理建议

1. 危机应对

上述案例中园长应对危机的做法值得肯定，但是还要注意两个"及时"。

（1）及时检查这名差点被轿车撞上的幼儿的身体，安抚其情绪。紧急状态下，成人拉扯时如果用力过猛，容易造成孩子胳膊脱臼、软组织损伤等，要早发现、早处理。

（2）及时对全体幼儿进行安全教育，培养幼儿识别危险、规避危险的能力。虽然园门口划分了新的人车分离场地，但是在入、离园这个环节，校园人口集中，驾驶车辆的人有视觉盲区，依然存在一定隐患。作为一所新园，教师要迅速帮助幼儿强化身处新环境中的安全意识。园所可以利用这一契机，安排班级教师利用这个视频组织幼儿观看和讨论，进行安全教育，也可以让幼儿轮流坐在静止的汽车驾驶室里，让一名或几名小伙伴在车身周边玩耍，从而感知一下驾驶员的视觉盲区，强化其认知。

2. 危机预防

很多幼儿园由于地理环境局限，将园舍选在入口不够开阔之地，易发生"园门口事故"。幼儿入、离园交通安全危机事件突发性强，可预判性弱，可反应时间短，而伤害性巨大。因此，幼儿园更需要做很多前置工作，预防出现危机，如按期排查幼儿入园和离园的交通方式、定期进行交通安全专题教育、组织线上或线下的交通安全家长课堂以及建立科学规范的入园和离园交接登记制度等。在入、离园时段，园门口人流集中，家长在人群中的一次"目送"幼儿入园、幼儿的一次撒手奔跑、家长接园时的一次"他人代接"，都应成为安全警报。各岗位人员务必各司其职、细心观察、保持警惕，在科学制定预防制度的前提下，精细做好各自岗位的工作，才能避免危机发生。

幼儿园安全无小事，请一定把好全体师幼的"平安门"。

第二章

幼儿园教育装备危机管理案例与评析

概念

幼儿园教育装备危机是指由幼儿园教育装备数量不足、质量不达标、配备过时、使用不当、检查有疏漏和维修不及时等原因造成的，发生在幼儿园园内或与幼儿园有关的，干扰幼儿园正常教育教学秩序、危及师幼人身安全的突发事件或意外事故。幼儿园教育装备危机管理是幼儿园为预防教育装备可能引发的潜在危险及为更好地应对危机发生，减少危机伤害，快速恢复正常工作所进行的规范化管理，包括：制定相关制度，如教育装备采购制度、安全管理制度、检查维修制度和危机应急预案等，将教育装备危机扼杀于萌芽状态；培训并提升员工发现和应对危机的能力——在危机来临时能正确、有效地处理；结束后的总结反思与恢复管理等系列措施。做好了这些，就完全有可能变危机为机遇，将危机转化为生机。

共性特点与危害

共性特点

幼儿园教育装备危机的共性特点主要有以下三点。

1. 隐蔽性

幼儿园教育装备包括生活设施设备与教育教学设施设备，大至特种设备，如电梯、大型户外器械，小至桌面建构拼搭的小积木、雪花片和小螺丝，细微烦琐，检查时容易疏漏，成为"定时炸弹"。

2. 偶发性

此类危机事件的发生有其偶然性，突如其来，令人措手不及，如幼儿跌倒时被松动的地板夹到下巴、木质滚筒划伤幼儿的手等，让人无法预料、防不胜防。

3. 伤害性

幼儿园教育装备直接服务于师幼，任何存在安全隐患的教育装备都可能给幼儿带来或大或小的伤害，如不及时采取有效措施，就容易使危机扩大化，甚至产生次生危机。例如，滑滑梯翻倒，砸伤幼儿，此时教师必须第一时间救助幼儿，而对于在旁玩耍的幼儿也要及时进行疏散管理，以免幼儿因恐慌发生踩踏事件。

<u>危害</u>

幼儿园教育装备危机的危害主要表现为以下三点。

1. 危及幼儿健康成长

教育装备配备不当或缺少以及有安全隐患都会直接影响幼儿园的教育教学质量，妨碍幼儿健康成长，降低幼儿园办学品质，给幼儿园带来生存危机。

2. 危及幼儿园持续发展

教育装备一旦发生事故，轻则造成设备本体损坏，给幼儿园带来直接经济损失，重则危及生命安全，高额的经济赔偿会给幼儿园带来巨大的损失，可能造成资金链的断裂，甚至令幼儿园倒闭。

3. 危及幼儿园社会诚信

在当今网络化社会，信息传播迅速，幼儿园更是处于社会的关注中心，一旦暴发危机事件，就容易"坏事传千里"，严重影响幼儿园的形象和发展。

管理策略

应对策略

幼儿园教育装备危机的应对策略主要有以下三点。

1. 临危不乱，及时应对

园所所有工作人员面对危险事故，应在第一时间进行积极、冷静、科学、妥善的处理，秉承"生命第一"的原则，全力开展救援工作，保护好师幼的生命安全。

2. 积极主动，真诚沟通

印度诗人泰戈尔曾说"一个人要表现最高的真诚，就必须做到无事不可对人言"，网络时代更是"纸包不住火"，我们只有积极主动地解决问题，实事求是地公布真相，以心换心，真诚相待，才能得到公众的信任与支持，将损害降至最小。

3. 多方合作，转危为安

事情处理完毕后，幼儿园要及时进行总结反思，制定整改方案，尽快恢复正常的教学秩序。如造成重大舆论，可借助政府、家长等社会各界的多方力量，及时消除负面影响，转危为安。

预防策略

幼儿园教育装备危机的预防策略主要有以下三点。

1. 有备无患，制度先行

幼儿园管理者应该熟读政策法规，对幼儿园教育装备危机的预防实行精细化管理，规范采购流程，全面制定相关的预案、制度，做到有章可循、有法可依，把工作从严压实，将不稳定因素和安全隐患消灭在萌芽状态。

2. 居安思危，定期检查

要有危机意识，牢记"祸兮福所倚，福兮祸所伏"，时刻保持清醒的头脑，永远处于有备状态。幼儿园需严格执行管理、检查、维修制度，定期检查，及时维修，责任到人，详细记录，建立台账。

3. 与时俱进，加强培训

科学技术迅猛发展，教育装备也不断更新，幼儿园的教育装备应遵循安全性、科学性、教育性、规范性和适宜性的原则。玩教具在投入使用前，教师要对说明书进行详细解读，尤其要关注玩教具的适用年龄段、安全警示语等部分，以免使用不当造成危机。除了专业学习培训，还要开展安全知识培训和各类应急演练，提高全体教职工对突发事件的处理能力。

案例 11
木地板松动，夹到孩子的下巴

案例呈现

早餐时间，小一班的保育员李老师提来了浓浓的牛奶和喷香的肉包，将其一一分发到幼儿的手里。不一会儿，有的幼儿已经吃完了，有的还在慢慢吃，几个新插班的幼儿还有点哭闹，带班教师守在他们身边进行安抚。吃完早餐的幼儿，有说话的，有离开座位玩的，有满地跑的，但教师并没有注意到这些，只关注未吃完的幼儿。

突然，一阵哭泣声传来，教师这才发现，有几名调皮的幼儿正在教室里追赶，而松松摔倒在地上，正"哇哇"地哭着。教师赶紧把其他小朋友喊回座位，跑过去抱起松松查看情况。原来松松在教室里奔跑的时候摔倒了，她摔倒的地方木地板松动了，碰巧夹到她的下巴，她的下巴出现了一道红红的刮伤。教师马上和同事一起将这名幼儿抱到医务室检查伤口、上药，并通知家长。

下班后，教师买了鲜花、水果和牛奶来到幼儿家里探望，并在幼儿居家休养期间每天通过电话询问情况。幼儿返园后，教师对其细心照顾，避免第二次受伤。家长表示理解教师的工作，并没有责怪教师。

（案例提供：湖南省娄底市涟源市幼儿园　刘菁）

案例评析

这起事故产生的原因有两个：一是教师管理疏忽。幼儿进餐时，教师只关注了个别幼儿，而没有关注全体幼儿。幼儿存在个体差异，有的幼儿很快就能吃完早餐，有的幼儿则进食缓慢、拖拉，部分幼儿还存在入园分离焦虑问题，早上会有哭闹现象。教师不能只专注于个别幼儿，而应对所有幼儿进行合理安排、科学管理，发现乱跑行为更要及时制止。二是幼儿园管理者对教育装备与班级环境的安全检查不到位。幼儿园不重视每日常规检查或每日常规检查不仔细，没有发现松动的木地板，或者发现了却没有意识到这是安全隐患，更没有及时上报园所进行修缮。所幸事故发生后，教师应对积极，处理妥善，让家长感受到了教师对幼儿的耐心、细心与爱心，赢得了家长的理解，危机没有扩大。

管理建议

1. 危机应对

幼儿园的教育对象是3—6岁的幼儿，他们年龄小，认知能力、自控能力和自我保护能力较弱，又活泼好动，好奇心强，时时需要呵护和照顾，稍有疏忽，就可能引起突发危机事件。一旦发生危机事件，我们要积极应对，做好善后处理，变危机为机遇，转危机为生机。

（1）*及时救助并立即通知家长*。幼儿园积极救助的态度可以在一定程度上缓解受伤幼儿家长的焦虑情绪。与家长沟通时，教师应尽量用平和的语气，清楚、完整、简洁地表述事故发生的经过，避免夸张，以免家长还没见到幼儿就开始"胡思乱想"，受到惊吓。稳定的情绪更有利于事故的后续处理。与家长见面时，教师要态度真诚，如实反映情况，诚恳道歉，为下一步妥善处理后续事宜奠定基础。

（2）*积极配合医生诊治，并保留好一切就诊凭证*。治疗期间，园方不要谈论医疗费多少，也不推卸责任，不说不利于事情解决的话，不做容易引起家长不悦的事，一切以幼儿早日康复为重。在上述案例中，事发当天，班级教师到幼儿家中探望，并通过电话慰问、家访等方式持续跟进，了解幼儿的康复情况，做好回访记录。以诚相待，以爱感化，才能避免事情恶化。

（3）*分清责任，依法依规妥善处理*。幼儿园首先要明辨事故的责任主体，判定自身责任，采用合理的策略。若幼儿园为过错方，园方就需承担主要责任，秉承"承担责任，真诚沟通"的原则，对受伤害幼儿的家长诚恳致歉，尽量满足家长提出的合理诉求，协商解决，并签订协议书；若协商无法解决，双方可通过诉讼的方式解决。若幼儿园无过错，园方便无须担责，或仅轻微过错，仅需承担轻微责任的，园方应秉承"道义为重，真诚帮助"的原则处理相关事宜。园方虽然无须承担责任或仅需承担轻微责任，但不能对事情置之不理，这样不符合人道主义精神，也容易让家长产生偏激心理。幼儿园应向受伤害幼儿的家长耐心解释，在力所能及的范围内给予其一定的经济补助（不是赔偿，也不是补偿），帮助其与保险公司沟通，及时获得保险理赔费。如果家长有切实困难，园方还可以通过发动募捐、申请贫困学生救助等途径，帮助家长减少经济损失，共渡难关。

（4）*总结与反思，避免类似事故发生*。事情处理完毕后，园方应组织所有参与此次事故的人员一起对事故进行复盘，可通过查看监控、教师讲述等，对事故发生的原因、经过、处理及结果进行一一复原。只有不断反思与总结，才能不断完善和进步。

2. 危机预防

幼儿园教育装备、园舍设施等是幼儿园的物质基础，是实施教育教学活动的基本保障，任何存在安全隐患的教育装备都可能给幼儿带来或大或小的伤害，危及幼儿的身体健康与生命安全。

重视对教育装备的安全隐患排查。每学期开学之前和结束之后，幼儿园都应进行全面的拉网式检查；每月定时检查，不定时抽查；大风、大雨之后，及时检查；大型活动之前更要全面检查。安全检查要做到制度化、规范化、严格化，每天班主任、科室人员检查一次，每周安全管理人员检查一次，每月分管安全的领导会同有关人员进行全面检查，做到问题早发现、早解决。

教育装备的安全检查内容如下：

检查房屋是否有损坏、变形；检查墙面是否有脱落，地板是否有松动；检查地基是否有沉降；检查供、排水是否畅通；检查用电电路是否损坏；检查防火器械是否完备，防火规定是否落实；检查沟、坎、梯、栏是否有隐患；检查体育器械、教学设备是否有隐患等。安全检查必须按要求做好记录，建立台账，其内容包括教育装备的主要性能参数、投用时间和地点、历次检修记录、检测记录和设备更新情况等。

"前车之鉴，后事之师"，我们要加强对教育装备中存在的危机和隐患的排查。事故一旦发生,应在第一时间进行积极、冷静、科学、妥善的处理,事后更要对原因进行分析,对应对策略进行评价,对幼儿园的危机处理方案进行完善,规范事故处理流程,改进不足之处,避免危机再次发生。

案例 12
人脸识别门禁系统"乌龙"事件

> **案例呈现**
>
> 某幼儿园新设置了人脸识别门禁系统,家长接送幼儿进出校园时刷卡或刷脸,系统就会自动实时向家长的手机推送相关信息。
>
> 这天,团团爸爸在微信上收到了门禁系统的通知——团团小朋友于上午10点35分被接走,离开了幼儿园。但家里并没有人去幼儿园接孩子,这可把团团爸爸吓坏了,立即与班级教师打电话联系,可是教师没有接听。团团爸爸心急如焚,连忙赶往幼儿园,同时在微信群里发语音:"老师为什么不接我的电话?到底是谁接走了我的孩子?"马上,有好几位家长也着急了,连连发信息询问:"为什么会发生这样的事情?""园所教师为什么不出来解决问题?""我的孩子在班上吧?"
>
> 15分钟后,当教师上完课看到未接来电和微信群里的消息时,连忙给家长回话,说团团仍在教室,没有被接走。随后,这名教师立刻将此事上报给园长,园长查看监控之后,发现是一位与团团爸爸长得很像的家长来园接走了自家孩子,但是刷脸系统将这位家长识别成了团团爸爸,将离园信息推送给了团团爸爸。这时,团团爸爸又急又气地来到幼儿园,园长连忙带领家长去教室证实团团仍在教室里,然后和家长再次查看监控,并与接走孩子的家长进行核实,原来是门禁系统闹出的"乌龙"!
>
> 教师很快在群里解释清楚事情的来龙去脉,并告知园所正在联系厂家,会解决好门禁系统带来的隐患,防止类似事件再次发生。家长微信群终于恢复了平静。
>
> (案例提供:湖南省娄底市直机关幼儿园 罗超)

案例评析

幼儿园的大门就是孩子们的第一道安全屏障。随着现代化科技的高速发展，幼儿园从传统的门卫值守、凭接送卡进入，到高科技的道闸刷卡、刷脸入园，智能门禁系统在提高幼儿园的安全管理效率的同时也引发了新的危机。

上述案例便是由于门禁系统的精准识别度不高，误发信息，导致出现家长以为孩子被人接走的"乌龙"事件。所幸教师及时回应，园方迅速查明事由、公布信息，避免了危机扩大化。那么，园所应该如何尽量避免此类由互联网技术漏洞引发的危机事件呢？

管理建议

1. 危机应对

孩子的安危牵动着大家的心，这起"乌龙"事件在班级微信群里引起了所有家长的担忧，园方需迅速反应，及时应对，公布真相，避免群体恐慌事件发生。

（1）*联系家长，安抚家长情绪*。事故一发生，班级教师需第一时间查看孩子是否被接走，同时立即联系家长，说明情况，安抚家长的情绪，并在班级家长微信群里发布真实的信息，以免家长担忧。

（2）*查明真相，及时发布信息*。教师立即将事故上报园长，园长迅速联系门卫询问并调看监控，查明事由，对此做出回应，向家长告知事件的缘由与园方的处理结果，从而避免家园间产生信任危机。

（3）*联系厂家，提升设备性能*。事后，园方应立即联系厂家派专业人员对幼儿园的门禁系统进行查看与检测，对产品进行升级，进一步提高设备的精准识别度。在厂家更新系统期间，幼儿园要加强门卫值守，对外来出入人员严格执行登记制度，避免此类事件再次发生。

2. 危机预防

智能门禁系统进入幼儿园后，给我们带来了便捷，能提高安全防护水平、协助晨检和出勤统计等，但也存在弊端。例如，有家长嫌人脸录入太麻烦，有园长说智能门禁系统的管理技术跟不上、后期维修不到位等，导致大家对智能门禁系统的认同感虽然强，但也有担忧。只有做好危机预防，才能规避风险，让智能门禁系统真正为幼儿园的安全保障把好第一道关。

（1）*质量保障，便捷操作*。园所从采购、安装到使用智能门禁系统，需要层层把关，通过正规渠道采购，讲究设备质量。设备入园后，专业人员要严格按规定安装并进行多次系统调试与应用测试，在保证其正常运行、精准识别后才投入使用。同时，系统要便于家长操作，便于管理，后续的系统升级、维护、维修更是要有保障。

（2）*安全使用，不泄露信息*。《中华人民共和国网络安全法》第四十四条规定："任何个人和组织不得窃取或者以其他非法方式获取个人信息，不得非法出售或者非法向他人提供个人信息。"人脸数据属于个人信息，幼儿园采集、使用、保存的个人信息应严格遵守法律规定，并制定相应的安保制度。

（3）*传统人工与现代智能结合*。我们不能单纯依赖高科技，因为互联网也会出现故障与误差，如网络延迟、识别失误等。在幼儿入、离园环节，智能门禁系统、门卫保安、班级教师要多重把关。如有特殊情况，幼儿需提前被接走，家长要先与教师说明情况；如不是孩子、教师熟悉的人来接，教师要当场打电话与家长核实。

互联网时代，科学技术迅猛发展，信息网络技术突飞猛进。"互联网＋"背景下的幼儿园管理、教育装备智能化等已成趋势，我们作为新时代的教师，唯有终身学习，才能跟上时代的步伐，与时俱进，从而更好地运用新技术去预防危机、应对危机。

案例 13
弹力球拍断裂击伤幼儿

案例呈现

户外活动时,中二班的幼儿自由选择运动器械,有的幼儿拿来了弹力球拍,问张老师:"老师,这个怎么玩?"张老师见很多幼儿对玩弹力球感兴趣,便让他们坐在一旁看老师示范。张老师拿起弹力球拍对弹力球进行着抛接游戏,突然手中的弹力球拍拍杆断裂,球拍前端飞出,正巧击中在旁边观看的小朋友哲哲的下巴。张老师与幼儿园保健医生赶紧把哲哲送至医院并通知了家长,医院鉴定哲哲的下颌骨裂并导致两颗牙齿松动。

事后,家长向幼儿园索求赔款,要求幼儿园和张老师赔偿治疗费、营养费、护理费、家长误工费和后续美容费等各种损失一共50万元。幼儿园不同意,哲哲的父亲继而向法院起诉。经鉴定,该球拍断裂是由材质老化、受力过重导致的。

(案例提供:湖南省娄底市涟源市幼儿园 刘菁)

案例评析

这是一起典型的幼儿园教育装备危机事故,从案例中可以看出,该事故发生的主要原因是弹力球拍材质老化、受力过重,导致其前端断裂飞出击中幼儿。由此可见,该园对各类设施设备的定期检查和维护管理不到位。

2016年,教育部发布的《幼儿园工作规程》规定:"玩教具应当具有教育意义并符合安全、卫生要求。"2021年开始施行的《中华人民共和国民法典》的第一千一百九十九条亦规定:"无民事行为能力人在幼儿园、学校或者其他教育机构学习、生活期间受到人身损害的,幼儿园、学校或者其他教育机构应当承担侵权责任;但是,能够证明尽到教育、管理职责的,不承担侵权责任。"综上所述，案例中教师使用的弹力球拍材质老化无法承受一定力度，还被幼儿园用来作为教师与幼儿的活动工具，违背了上述标准，存在不安全因素，因此幼儿园应当依法承担主要责任，对哲哲及其家长遭受的损失承担赔偿责任。《中华人民共和国民法典》的第一千一百七十九条规定："侵害他人造成人身损害的，应当赔偿医疗费、护理费、交通费、营养费、住院伙食补助费等为治疗和康复支出的合理费用，以及因误工减少的收入。造成残疾的，还应当赔偿辅助器具费和残疾赔偿金；造成死亡的，还应当赔偿丧葬费和死亡赔偿金。"因此，具体赔偿数额应由法院根据《中华人民共和国民法典》的相关规定进行判决。

对于张老师，尽管哲哲的受伤是由她手中的球拍所致，但不符合安全要求的球拍是幼儿园提供给她的活动器械。她在履行幼儿园所分配的教学任务的职务行为，而职务行为构成的他人伤害应由幼儿园承担，张老师不需要承担赔偿责任。

管理建议

1. 危机应对

事故发生后，幼儿园应第一时间采取措施，积极应对。

（1）*上报领导，启动预案*。班级教师应立即将情况上报幼儿园领导，联系保健医生查看幼儿的伤势，及时将其送往医院。若伤势严重，保健医生不能进行初步处理，应立即拨打急救电话120，请求专业医生救援。幼儿园领导、班级教师和保健医生一同将幼儿护送至医院并通知家长，跟进了解幼儿的救护情况。

（2）*分工合作，关注全体*。班级教师分工合作，一名教师照顾受伤幼儿，另一名教师管理好其余的幼儿，将其带离现场、回到班级，并做好心理疏导工作，安抚因目睹意外事件发生而受到惊吓的幼儿。

（3）*积极善后，及时整改*。做好事故的善后工作，包括及时与保险公司联系索赔、做好家长或亲属的安慰工作等。分析事故的引发原因，总结经验，提出整改措施，完善幼儿园玩教具的安全检查制度，对全园玩教具进行安全隐患大排查。

2. 危机预防

实践中我们不难发现，有的幼儿园常常为节省开支或是工作疏忽，没有及时检查玩教具，而玩教具的老化、破损和残缺往往会导致幼儿在活动过程中出现安全问题。教育装备危机的发生具有不可预测性，幼儿园应严格管理，防患未然。

（1）*制定制度*。幼儿园应制定针对各类设施设备的定期检查制度和维护制度，并做好检查和维护电子台账的工作，及时更换危险、老化、过期或变质等不符合规定的玩教具。

（2）*设立台账*。在校园网设立教育设施设备检查与维护台账，专人负责，实时更新，专管领导要定时上网查看、审核，保证教育设施设备的安全使用。

（3）*责任到位*。事前的安全检查是最基本、最重要的措施之一，每天班级教师的日常检查、每周一小查、每月一大查以及不定期的巡查等都应仔细落实到位，敷衍了事则难以发现环境、设备、玩教具中的不安全因素，不能做到早发现、早预防。

值得注意的是，案例中的张老师也存在以下工作疏忽问题。

（1）如果教学活动前，她能对所用玩教具和体育器材进行细致检查，发现安全隐患，这一事故就有可能被消弭于萌芽状态。

（2）组织幼儿坐在两旁观看教师示范时，应多方面考虑，如弹力球会不会飞出砸到幼儿的眼睛、教师接球跑动时会不会踩到幼儿等，要选择空间合适、安全的地方，让幼儿远离危险。

存在安全隐患的教育装备随时可能给幼儿带来危险，给幼儿园带来危机，我们应当遵守制度，定期检查，及时维修，把工作从严压实，把不稳定因素和安全隐患消灭在萌芽状态。

案例 14
幼儿园因送餐电梯被罚款

案例呈现

2019年,某市市场监督管理局对辖区内的幼儿园进行安全督查,发现多所幼儿园对电梯的监管不严,尤其是某幼儿园食堂内有一台传菜用的电梯,该电梯的检验有效期截至当年3月,但当事人未向检验机构申请检验,而电梯也一直处于运行状态。

因该幼儿园使用未按规定检验的送餐电梯,市场监督管理局当即向当事人下达了《特种设备安全监察指令书》,责令当事人立即停止使用上述电梯,并根据《中华人民共和国特种设备安全法》的规定,处以行政处罚。

(案例提供:湖南省娄底市涟源市幼儿园 刘菁)

案例评析

电梯作为便捷、快速的垂直运输工具,如今已逐渐进入幼儿园,特别是送餐专用电梯。电梯给予我们方便的同时也带来了一定的安全隐患,一旦发生事故,轻则造成设备本体损坏,给幼儿园带来直接经济损失,重则危及师幼生命安全,造成不良的社会影响。

上述案例中幼儿园的送餐电梯未按规定进行安全检验,违反了《中华人民共和国特种设备安全法》的第四十条规定:"特种设备使用单位应当按照安全技术规范的要求,在检验合格有效期届满前一个月向特种设备检验机构提出定期检验要求。特种设备检验机构接到定期检验要求后,应当按照安全技术规范的要求及时进行安全性能检验。特种设备使用单位应当将定期检验标志置于该特种设备的显著位置。未经定期检验或者检验不合格的特种设备,不得继续使用。"上述案例反映出园所管理者重硬件投入、轻内部管理,因此理应被罚。园所管理者务必增强对特种设备的危机管理意识,否则一旦出现设备致人伤害事故，就真的成了"人祸"。

管理建议

1. 危机应对

案例中的幼儿园被处以行政罚款，要迅速应对。首先，要立即制定整改方案，积极缴纳罚款，并向特种设备检验机构提出检验申请，在未完成安全性能检验前停止使用该送餐电梯；其次，因为已经被媒体报道，为挽救公众形象，可以在园所公众号或其他信息平台发布整改消息，并及时把整改过程及结果进行公示，消除公众疑虑；最后，应在今后工作中加强管理，制定规章制度，并严格落实到位。

随着电梯在幼儿园的广泛使用，突发事故随之增多，一旦危机发生，幼儿园应按照《幼儿园电梯突发事件应急预案》及时处理，避免危机扩大化。

（1）*及时求助*。接到乘客报警或发现有乘客被困电梯时，应第一时间报警，向专业人士求助，进行紧急救援。

（2）*根据情况，紧急安排*。幼儿园园长、后勤副园长、保健医生赶往现场，与被困乘客取得联系，了解电梯内的情况，安抚乘客的情绪，等待救援。如有幼儿受困，班级教师应及时到位，对幼儿进行心理安抚；如电梯内有人昏迷，应通知医护人员到位，以便及时救助。

（3）*记录信息，以备回访*。被困者被救出后，园方应立即安慰，了解其身体状况和需要，记录被困人员的姓名、联系电话，后期进行跟踪了解，做好回访记录。

（4）*复盘与反思*。救援结束，请电梯维修人员对电梯进行检验，查明故障原因，彻底修复后方能开放使用；电梯管理人员应对此次事故发生的时间、原因、救援经过和修复结果进行详细记录；园长召集相关管理人员对此次事故进行复盘，总结反思，避免事故再次发生。

2. 危机预防

如何避免电梯安全事故发生呢？

（1）*培养危机意识，建立危机预防机制*。"未雨绸缪"，预防是解决危机的最好办法，管理者制定《幼儿园电梯突发事件应急预案》，形成制度和对策，能避免危机的产生并更好地应对危机；每半年要组织有关人员学习电梯紧急救援措施并进行相应的演练。

（2）*电梯专人管理，明确以下岗位职责。*

- 电梯管理员应具备特种设备作业人员资格证，并定期进行安全教育学习。
- 为了保证电梯安全运行，电梯管理员必须对电梯进行经常性的巡视、维修和保养，电梯运行中的维修保养周期应按照制造厂家规定的维修保养周期和润滑表进行。
- 应严格按照《特种设备安全监察条例》的规定，将电梯委托给依照条例取得相应维修资质许可的单位或原制造单位进行日常维修保养，严禁交付无资质单位维保。
- 每年由电梯管理员根据本单位的实际情况制订电梯的检验计划，在安全检验合格标志有效期届满前1个月向特种设备监督检验机构提出定期检验要求，并及时通知维保单位到现场配合检验。
- 要严格落实电梯消毒制度。每天对电梯进行常规消毒，定期由电梯维保单位对轿厢换气设备进行维护、清洁。
- 注意冬季防冻。按国家标准规定，电梯房温度在5~40℃时，设备才能正常运行。实际温度低于标准值，容易引起电梯运行噪声增大、产生异常噪声或晃动、灵敏度降低等情况。冬季的强风也会影响电梯的正常使用，通常表现为厅层和地下层的电梯门无法正常关闭。
- 电梯中需安装摄像头，保证网络全覆盖，实行24小时监控管理，紧急按钮要与幼儿园安全岗哨、安保办公室及主管安全的园长的办公室联通，不让电梯成为监控盲区、安全隐患的死角。

（3）*加强有关幼儿使用电梯的安全教育。*教师可通过主题教育活动、情景游戏、网络视频和家园共育等途径，引导幼儿了解电梯的种类、标识、安全乘坐的方法以及遇到险情怎样自救，并告诉幼儿一般情况下不要单独乘坐电梯，不要在电梯口或电梯（包括升降电梯和扶手电梯）里面玩耍，最好有家长陪同，尤其是动作欠灵活的小班幼儿。

现代化的教育装备已在幼儿园逐步普及，我们应与时俱进，加强管理，安全、合理地运用教育装备，构建平安校园。

案例 15
开放一个月就被关闭的监控

> **案例呈现**
>
> 某幼儿园里里外外安装了几十个摄像头,覆盖了园区的各个角落。园方认为,一方面,安装摄像头进行实时监控,可以杜绝安全隐患,保留的监控录像也可以在关键时刻起到很大的作用;另一方面,家长申请后可以开通监控视频实时收看,能及时了解到自己的孩子平时在幼儿园里的情况,也能体谅幼儿园教师们的辛苦。
>
> 开学一个月后,园长接到教师和家长的反馈,一致要求不要实时开放监控!这是怎么回事呢?为此,李园长召开了教师会议和家长代表会议,以听取大家的意见。
>
> 教师们反映,在摄像头的监控下工作心理压力太大!小班教师担心,刚入园的幼儿有时会因不适应而哭闹,这原本是很正常的现象,但家长可能认为教师对自己的孩子照顾不周。连平时摸幼儿的头或拍幼儿的肩都有了顾虑,担心看视频的家长误以为教师是在打孩子。一位中班教师说,自从监控开放后,电话、信息就不停歇了,"老师,我家孩子上课没回答问题,你要多喊他。""老师,请回复我的信息!"……天天如此,怎么开展正常教学?事实上,幼儿园监控向家长实时开放后,确实有家长时时刻刻都在关注,动不动就给幼儿园打电话,干扰了教师的日常工作。
>
> 有家长也说,天天看着监控,没心思上班,没心思干别的,就怕孩子受丁点委屈,结果越看越闹心,还不如不看;也有家委会代表说,孩子间打打闹闹是常事,经监控一看,这个家长认为自己的孩子受了欺负,那个家长认为自己的孩子是"正当防卫",结果引发了家长间的大纠纷;还有的家长认为,这样开放监控视频,不利于保护孩子的安全隐私,也不利于孩子的成长,比如有的孩子天性调皮,或者因为在家里与

同龄人接触不多,不会与人交往,而喜欢动手动脚,家长在监控里看到后,直接给这类孩子"贴标签",告诉自己的孩子:"他是坏孩子,你不要和他玩。"

会后,李园长做了一次网络问卷调查,征求全体家长的意见。统计结果显示,78%的家长反对实时开放监控视频,但是要求园所尽可能长时间保留监控数据。因此,园长决定关闭实时播放监控视频这一功能,并制定了监控管理制度。

(案例提供:湖南省娄底市涟源市幼儿园 刘菁)

案例评析

现代科技的高速发展,让科技产品走入了校园,监控对安全管理起到了极大的辅助作用,但也引发了种种争议:摄像头该不该装?怎么装?要不要将监控视频开放给家长看?幼儿园摄像头应该装、必须装,不仅是保护孩子,也是保护教师,有助于大家全面客观地了解园所日常管理中的情况,也有助于回放某些特殊时段的视频以调查真相,在发生事故时有据可查。但是,实时开放监控视频真的不妥,幼儿园、教师、家长和孩子之间需要的是信任与支持,是爱的教育,而不应该依靠监控来维系,这样会产生信任危机,让人心生疲惫。而且,由于网络的秒速传播,任何一段不完整(或断章取义截取)的视频都可能引发网络风暴,让幼儿园陷入风暴之中。另外,监控的实时开放也不符合隐私保护原则。

上述案例中的幼儿园对于监控的管理,由于考虑不周全,险些引发危机。所幸园方及时发现问题,并通过多种途径了解、调查和研讨,及时解决了问题,消除了危机。

管理建议

1. 危机应对

日常管理中我们发现,不少幼儿园发生了因为家长要求查看监控视频而引发的危机。那么,一旦因为家长要求实时收看监控视频或回看监控视频而出现危机事件，园所应该如何应对呢？

（1）**控制事态，不扩散视频**。监控视频中不仅有教师的隐私，还有孩子的隐私。如果家长在查看视频时发现有不妥之处询问教师，那么教师首先应该安抚家长的情绪，在积极主动调查事由的同时要求家长不扩散视频，更不能随意将其转发至互联网，避免引发舆情危机。

（2）**多方调查，了解真相**。监控有时会因为拍摄角度问题导致观众视角中看到的情况往往与事实有出入，家长站在呵护自己孩子的角度去判断，容易产生误会。家长在查看监控视频并对教师或幼儿的行为进行质疑，认定师幼的某些不良行为时，园方要耐心告知其保持冷静，并立即展开调查，通过多方询问，查明事实。如有争议、不能确认事实真相，可请第三方权威机构（教育行政部门或公安机关）介入，调查取证，还原事实。

（3）**妥善处理，积极善后**。对通过视频监控发现的违反师德师风的教师的不当行为，一旦发现，我们应该对当事家长和幼儿负责，从严处理；涉及违法行为的，要送交公安机关处置，园所不包庇、不纵容，并向家长诚恳致歉。而如果是幼儿之间的纠纷，就应把当事双方家长请来幼儿园，当面协商处理，避免事态恶化。

2. 危机预防

2019年，国家卫生健康委发布的《托育机构管理规范（试行）》要求："托育机构应当建立照护服务、安全保卫等监控体系。监控报警系统确保24小时设防，婴幼儿生活和活动区域应当全覆盖。监控录像资料保存期不少于90日。"幼儿园应该按照国家有关规定规范管理监控，视频信息的使用不得侵犯个人隐私。

（1）**依规管理，专人专责**。制定幼儿园视频监控管理制度，专人管理，保证设备的正常运行。

（2）**合理保存和使用监控**。幼儿园的监控录像资料应当保留90日备查，重点部位如园门口、幼儿活动区域、厨房等区域需监控全覆盖，不得无故中断，教育员工不得私自删改或者私拍扩散。

（3）**规范家长查看幼儿园监控视频的制度和流程**。家长提出看幼儿园的监控视频，幼儿园可以从保护幼儿的隐私的角度出发，若没有出现较大的事件，不建议家长随意查看。如有需要，可以分事态大小按照下面的流程操作：

- 如果因为小事故或误会，家长坚持要查看幼儿园的监控视频，可先向幼儿园提出申请，幼儿园核实后由专人陪同查看；
- 如果幼儿在园发生了较为严重的事件或纠纷，需要查看监控视频求证，家长可先向幼儿园提出申请，幼儿园经核实后向教育行政部门和公安机关报告并获得批准，在行政人员或民警、园长的陪同下查看。

现代化教育装备推动教育理念的更新。为构建智慧的教学环境，更好地为师幼提供多样化、个性化的教育环境，我们应加快完善教育装备管理体系，才能充分发挥教育装备促进、支撑和服务教育的重要作用。

案例 16
钢琴凳下的长电源接线板

案例呈现

一天上午,某幼儿园小二班在开展集体教学活动时,教师需要使用计算机播放课件,但墙上的插座离得太远,于是教师取来了长电源接线板。活动结束后,教师将刚刚使用过的长电源接线板随手放在了钢琴凳下。

接下来是区域活动时间,幼儿有的在语言区,有的在科学区,有的在美工区……贝贝来到美工区准备画画,一不小心,水彩笔掉到地上,咕噜咕噜滚到了钢琴凳下,停在了长电源接线板旁。贝贝赶紧跑过去捡起水彩笔,同时发现了长电源接线板,然后拿起水彩笔,尝试着去戳长电源接线板上的洞洞。教师正好看到了这一幕,赶紧制止,并将长电源接线板断电,放置在幼儿够不到的地方。在区域活动后的总结中,教师对班里所有幼儿进行安全教育,告诉幼儿长电源接线板有电,不能用物品去戳其插孔,更不能把手指伸入插孔,那样会引起触电,发生危险。

事后,教师向幼儿园负责人汇报了这件事,幼儿园召开教师会议,对班级教师提出安全用电要求——长电源接线板用后必须及时断电并收入带锁的教师储纳柜里,及时消除幼儿碰到电源插口的安全隐患。

(案例提供:湖南省娄底市涟源市幼儿园 刘菁)

案例评析

在生活中,我们处处离不开电,电给我们带来了光明,同时也带来了危险,触电事件时有发生。幼儿好奇心重,喜欢东摸摸、西摸摸,但不能辨别是否有危险,需要我们时刻提高警惕,多加小心,防患未然。

上述案例中教师因工作疏忽,安全意识不强,将带电的长电源接线板随手放于钢琴凳下,被好奇心强的幼儿看到,为幼儿用水彩笔触碰带电的长电源接线板插孔留下安全隐患。好在当班教师及时发现并制止了幼儿的"玩电"行为,并上报园所予以整改。

管理建议

1. 危机应对

《3—6岁儿童学习与发展指南》中的健康领域提出:"创设安全的生活环境,提供必要的保护措施。如:要把热水瓶、药品、火柴、刀具等物品放到幼儿够不到的地方;阳台或窗台要有安全保护措施;要使用安全的电源插座等。"幼儿缺乏安全经验,识别危险和自我保护能力差,对危险事物不能正确判断,不能预见行为后果,因此教师需将带有安全隐患的物品放在远离幼儿或幼儿够不到的地方。安全教育是幼儿园教育的重要组成部分,关系着幼儿的身心健康发展,应贯穿于幼儿的一日生活之中。

上述案例中,教师与园方的应对是及时的、到位的。

(1)*安全摆放*。把长电源接线板断电并放于幼儿触摸不到的地方。

(2)*时刻观察,加强安全教育*。在日常活动中,教师置全体幼儿于自己的观察范围内,及时发现问题、制止危机发生,并随机进行安全教育,增强幼儿的安全防范意识及自我保护能力。

(3)*及时应对*。教师发现问题,及时上报幼儿园负责人,召开会议,强调用电安全,要求班级长电源接线板用完后需及时断电并收入带锁的教师储纳柜里,以消除安全隐患。

此外,园所还可以利用网络将用电安全等相关知识做成动画宣传视频,提供给幼儿观看,以强化他们的危机意识,也可以转发给家长,在家教育幼儿用电安全。

2. 危机预防

对于幼儿园的电源插座安装,《托儿所、幼儿园建筑设计规范》中有明确规定:"托儿所、幼儿园的房间内应设置插座,且位置和数量根据需要确定。活动室插座不应少于四组,寝室、图书室、美工室插座不应少于两组。插座应采用安全型,安装高度不应低于1.8m。插座回路与照明回路应分开设置,插座回路应设置剩余电流动作保护。"

用电安全是幼儿园工作的重中之重，幼儿园应按照规定在房间内设置插板，将电源插座、电器开关安装在幼儿触摸不到的地方；严禁超负荷用电；要配备漏电保护器；要制定幼儿园安全用电管理制度，对教育装备实施定期或不定期的检查，加强隐患排查，发现电线老化或者损毁时需及时维修。

2017版插座新国标要求插线板必须设置保护门，即平常说的安全门，避免儿童因为手指或金属物体误触而导致触电事故。幼儿园应严格按照标准购买合格的接线板产品，对所有没设置安全门的插线板需进行更换，最好不使用长电源接线板，如有必要，长电源接线板应符合要求，使用后需及时断电妥善收存。

"用电安全，安全用电"。幼儿园需加强用电管理，严格落实制度，定期对用电设施进行安全检查，做好电器防火、防触电、防漏电的安全保障，平时更应多开展师幼安全用电常识教育活动，增强幼儿的自我保护能力，确保校园用电安全。

案例 17
翻倒的滑梯

案例呈现

才开学一个月,某幼儿园的安保人员就在例行检查中发现,本学期新购置的滑梯的滑道和平台之间出现了裂痕。安保人员赶紧通知园长,园长立刻与购买厂家取得联系说明情况,并要求厂家马上派人维修或更换。因零件问题,厂家不能当即赶来,但答应了五天内赶过来维修。园长于是通知安保人员在滑梯周围围上栏杆,在栏杆旁设置"禁止攀爬"的警示宣传牌,并且通知各班教师滑梯有安全隐患,要禁止幼儿玩滑梯。

这天,中三班的梁老师带幼儿来到操场开展户外自主游戏。调皮的晨晨趁教师不注意偷偷地爬上了滑梯,不幸的事情就在这一刻发生——晨晨从出现裂痕的滑梯上滑下时滑梯断裂,晨晨被狠狠地摔落到了地上,造成手肘骨折,尾椎骨轻微骨裂。

事情发生后,晨晨的家长向幼儿园索赔。幼儿园回应家长,滑梯购买才一个月就出现问题,还在保修期内,这次事故的主要原因是厂家提供不合格的产品以及售后服务不及时、不到位,家长应向厂家索赔,园方不承担责任。

(案例提供:湖南省娄底市涟源市幼儿园 刘菁)

案例评析

幼儿园滑梯断裂导致幼儿骨折,谁是这一事故的主要责任方?

根据《中华人民共和国产品质量法》的第四十三条规定:"因产品存在缺陷造成人身、他人财产损害的,受害人可以向产品的生产者要求赔偿,也可以向产品的销售者要求赔偿。属于产品的生产者的责任,产品的销售者赔偿的，产品的销售者有权向产品的生产者追偿。属于产品的销售者的责任，产品的生产者赔偿的，产品的生产者有权向产品的销售者追偿。"同时，根据《中华人民共和国民法典》的第一千一百九十九条规定，幼儿园、生产厂商和销售商都具有不可推卸的责任。

幼儿园的滑梯购置不到一个月就出现问题，尚在保修期内，园方报修后，厂家没有及时上门维修。生产商和销售商提供的产品不合格以及售后服务不及时、不到位都是造成这起事故的原因，但是园所也负有重要的管理责任。上述案例中的幼儿园在发现滑梯出现问题、存在安全隐患，与厂家沟通未得到迅速解决的情况下，虽然采取了一定的安全措施，但并未做出高效解决问题的预警方案。例如，虽然在滑梯周围围上栏杆，但事实证明栏杆的摆放并未能有效阻止幼儿进入危险区域。园所应该安排安保人员多巡视、多提醒，也可以用红色塑料篷布围起，红色起警示作用，而篷布可以避免幼儿的钻入。此外，带班教师在户外活动前，应该向幼儿强调危险区域不能去，可以先组织幼儿来到危险的滑梯前，说明不能去玩耍的原因。

管理建议

1. 危机应对

事故已经发生，幼儿园应秉承"幼儿为本，生命第一"的原则迅速应对。

（1）*科学救助，不拖延*。受伤幼儿如有骨折现象，要让其尽量平躺，减少移动，使患肢保持原有的姿势。如果伤势较为严重，保健医生不能处理，应立即拨打急救电话120。同时，通知受伤幼儿的家长，让家长尽快赶到，以保证治疗的顺利进行，也利于家长第一时间了解伤情，共同参与救护幼儿，避免产生瞒报与隐瞒伤情等误会。

（2）*分清责任，妥善处理善后事宜*。幼儿园只有分清了责任，才能采取合法、合理、合情的应对方式。当家长提出赔偿要求时，幼儿园应真诚沟通，协商解决；在协商无法解决的情况下，幼儿园应稳定家长的情绪，并引导家长通过诉讼的方式解决纠纷。

（3）*数据复盘，查漏补缺*。如果事故地点为监控视频覆盖区域，那么可以截取有关事发经过的视频资料，迅速召开危机管理领导小组会议，复盘事故过程，查漏补缺，抓好安全工作；如果此区域为监控盲区，那么可以联系技术人员，在整改期间将此区域全面覆盖，增强管理，以免再次发生危机。

2. 危机预防

为了避免大型户外玩具安全事故的发生，幼儿园要做到以下几点。

（1）*购买时要考虑全面，合法合规*。一是要从正规的生产商、经销商或政府认定的采购平台购买，并索取购买凭证、保修凭证。二是大型玩具要由专门的技术人员进行安装、调试。三是要充分检查购买的大型玩具，验证其安全性，并根据玩具的使用情况科学分配活动场地，做好必要的配套安全防护措施，避免引入不适合幼儿园的大型玩具，导致幼儿在使用、玩耍时发生安全事故。

（2）*制定相关的安全管理制度*。定期对大型玩具进行安全检查及消毒，发现问题及时维修或更换，在维修之前要采取可靠的措施防止幼儿接触、使用。对已经过了安全使用期限的玩具，要立即予以淘汰，以免发生意外。

（3）*加强对幼儿的安全教育*。让幼儿认识滑梯、攀登架、秋千、蹦蹦床、转椅等大型玩具可能存在的危险因素，掌握其正确玩法，提高幼儿的安全防范意识及自我保护能力。

（4）*购买校方责任险，减轻赔付压力*。对幼儿园来说，要完全避免幼儿安全事故的发生是不大可能的，有时，一些细微的因素也可能引发意外事故。为了减轻幼儿园可能面临的赔付压力，建议幼儿园通过购买校方责任险来转移风险。

户外大型玩具虽然丰富了幼儿的户外活动，但如果安全管理不到位，就会成为幼儿游戏中的"定时炸弹"，随时可能被"引爆"，带来危机。警惕一切风险隐患，才能预防危机，让危机绕道。

案例 18
卡在喉咙里的小积木

案例呈现

某幼儿园小班的孩子们正在午睡,值班教师发现其中一名幼儿兮兮总是在床上反复扭动,有点反常。教师正想走过去抚摸兮兮,帮助她尽快入睡,邻床的冰冰突然坐起来,神情着急地说:"老师,兮兮嘴巴里有东西。"教师一听,迅速走过去,只见兮兮睁大眼睛,小手紧紧握成拳头。教师问:"兮兮,你嘴巴里是什么呀?"兮兮露出了很惊慌的神情,说不出话,满脸涨得通红,并开始不停地咳嗽。于是,教师打开兮兮的手心一看,居然是一块小积木。原来兮兮没睡着,把从区角带出的两块小积木偷偷放到嘴巴里玩,一不小心吞咽了一块,卡在了喉咙里。

教师赶紧向正在走廊里巡视的园所保健医生报告,保健医生立即将兮兮放置在自己的臂肘上,使其头部下垂,用力拍打兮兮的背部,并鼓励兮兮用力咳嗽。很快,小积木被成功地吐出来了,兮兮终于安全了,大家这才松了一口气。

(案例提供:湖南省娄底市涟源市幼儿园 刘列颖)

案例评析

幼儿发生意外事故,是家长、幼儿园和教师最不愿意面对的,然而意外伤害事故在幼儿园难以避免,因为幼儿身体机能发展不完善,安全意识及自我保护意识薄弱,面对突发状况不知如何应对和防范,易受到伤害。

上述案例是一起成功的幼儿园危机管理实例。保健医生沉着、冷静,抢救方法非常专业,根据现场情况第一时间进行急救处理,减少对幼儿的伤害,保护了幼儿的生命安全。

虽然这次"吃积木"事件有惊无险,但是给所有带班教师敲响了警钟。

案例中值班教师对幼儿危机的判断和海姆立克急救法掌握得不熟练，如果保健医生不及时赶到，错过了抢救时间，后果不堪设想。此外，小积木属于幼儿园里常见的玩教具材料，幼儿将区角里的小积木带到床上，暴露出教师晨午检制度落实不到位，幼儿行为习惯培养和安全教育有待加强。

管理建议

1. 危机应对

呼吸道异物堵塞的危险有可能发生在每个孩子的身上！我国每年都有呼吸道异物堵塞导致儿童死亡的事件发生。根据资料分析，导致窒息的主要原因是气道被异物阻塞，使孩子完全不能呼吸。因此，孩子一旦遇到异物堵塞、威胁生命的紧急时刻，就要求我们掌握一些急救技巧。

条件允许的园所可以邀请医疗工作者现场对教师进行有关幼儿异物堵塞气道、癫痫、高处坠落等危急时刻的急救培训，同时将视频录制保存，放在校园网站上方便教师和家长学习，并将其纳入新入职员工的必备技能培训内容。

对于案例中幼儿吞咽异物堵塞气道的情况，教师先要准确判断阻塞程度，如果幼儿呼吸正常、还能咳嗽，说明气道没有被完全阻塞，可以鼓励幼儿通过用力咳嗽排出异物；反之，如果气道阻塞严重，幼儿无法呼吸或者呼吸极其费力，可能会用一只手或双手抓住自己的喉咙，不能说话，也不能咳嗽，脸色变紫，此即"海姆立克"征象，需要教师马上采取海姆立克急救法施救。与此同时，大声呼救，叫其他工作人员迅速拨打急救电话120。如果急救实施无效，异物还未排出，就将幼儿翻过来躺在床板或担架上，教师陪伴在幼儿身边等待急救车的到来，将其送至医院进行抢救。

2. 危机预防

近年来，随着办园条件日益改善，大多数园所购买玩教具增多，零星部件也相应增多，因此需特别注意以下事项。

（1）采购时对玩教具的安全性能严格把关。玩具上的小零件容易被儿童误食而造成窒息，3岁以下儿童使用的玩具不应含有小零件，3岁以上儿童使用的玩具允许含有小零件，但在玩具的外包装上应有明显的警示标志，教师应有意识地引导幼儿阅读外包装说明书。

（2）**优化班级物品管理**。要求各班级每天对玩教具进行归类整理，保持室内整洁，物品摆放有序。教师教育幼儿爱惜玩教具，学会自己整理玩教具。整齐、有序的环境，有利于幼儿良好的秩序感和习惯的养成，也有利于教师及时清点物品，排除隐患。

（3）**严格落实晨午检制度**。做好家园共育，防止幼儿早晨来园时携带危险物品，午睡前仔细检查幼儿的口袋是否有异物，教育幼儿不做危险的事情，如不能将小玩具塞进眼、耳、口、鼻等，不能用尖锐物品伤害他人，避免安全隐患。

"安全无小事"，看似一个小小的物件，有可能危及幼儿的生命。我们在大力提倡使用低结构材料推进幼儿自主游戏的同时，千万不要忽视材料与玩教具中隐藏的危机。

案例 19
幼儿园推拉玻璃门倒塌砸伤幼儿

案例呈现

一天早上,某幼儿园门口围观了很多人,只见中班轩轩的奶奶堵住幼儿园的大门大声哭闹。县教育局领导闻讯快速赶到现场,详细了解事情的起因和相关情况。情绪激动的轩轩奶奶指着幼儿园教学楼的一楼大门,说:"昨天我带孙子来上幼儿园,一推门,那个推拉玻璃门就突然朝我们倒了下来,我赶紧爬起来,可我孙子被压在了下面,哭着不能动弹,旁边的家长帮忙用力抬起推拉玻璃门,才把小孙子救出来。事后,我带小孙子到医院治疗,诊断结果是脚背趾骨骨折。幼儿园太不负责任了,必须进行赔偿。"

李园长委屈地向县教育局领导反映:"这起倒塌事故是我们幼儿园管理失责,是园方的责任,我们没有推卸。幼儿园及时把轩轩和奶奶送到医院治疗,并支付了所有的治疗费,同时也登门赔礼道歉了。目前轩轩正在住院治疗,我们也正与轩轩父母积极协商。今天奶奶突然跑来哭闹,并向我们要 10 万元的营养费、护理费和精神损失费。希望局领导能帮我们双方协调解决此事。"

县教育局领导查看现场后,对园长说:"螺丝钉上方的部分是装饰帽,目测厚度在 4 毫米左右,而这个螺丝钉的长度目测下来也不会超过 20 毫米,像这种钉子平常只会固定 10~15 千克的空调内机,而且是 4 个钉子一起固定。如果需要固定一块重达 100 千克的钢化玻璃,最起码需要 60~70 毫米长的螺丝钉,这样的玻璃门怎么会不出事呢?"局领导认定这是一起典型的因教育装备不合格以及管理疏忽而引发的安全责任事故,造成孩子受伤,完全属于园方的责任,责令园长带领班子妥善处理相关事宜,尽快进行设施整改工作。

(案例提供:湖南省娄底市涟源市幼儿园 刘列颖)

案例评析

幼儿园的基础建设和设施的安全性是幼儿园的安全质量保证,直接关系到园内师幼的生命安全。

上述案例是一起典型的因教育装备不合格以及管理疏忽而引发的安全事故。由于推拉玻璃门安装质量不达标,留下了巨大的安全隐患,且园所缺乏安全防范意识,没有定期对设施设备进行安全隐患大排查,没有及时发现并解决这一隐患,造成幼儿受伤事件,园方应负全责。现在受伤幼儿的奶奶因孙子受到伤害而来园所哭闹,索要巨额赔偿,园所还面临激烈的家园矛盾,情况十分紧迫。

管理建议

1. 危机应对

园所可以从以下三方面应对本次危机。

(1)全力以赴救治伤者。孩子被这么重的门砸到身上,造成脚背趾骨骨折,还是十分严重的,幼儿园必须在第一时间将幼儿送到当地最好的医院进行专业治疗,不要留下任何隐患,否则会影响幼儿将来的正常行走等运动以及身体发育。

(2)迅速、周密地制定危机善后方案。园所成立危机管理小组,各司其职,妥善处理好方方面面的工作,组织人员到医院看望受伤的幼儿,积极做好治疗康复和医疗费支付工作,做好事故调查和安全工作整改,不要让家长的不满情绪发酵,尽可能地取得家长的理解和原谅。

(3)及时报告上级领导,恳请得到支持和帮助。案例中的奶奶哭闹事件已经引起教育行政部门的关注,教育局领导来园处理,园所要积极配合调查,实事求是地报告,同时借助行政力量,在他们的指导和帮助下,稳定好老人的情绪,做好陪伴老人的工作,以免老人因年岁大、情绪激动而出现意外。

2. 危机预防

幼儿园教育装备的管理要遵从"把好入口质量关 - 系好安全使用扣"原则,做好危机预防。

（1）建立设施设备采购制度。园所要规范管理，严禁"豆腐渣"工程，严格执行玩教具等物品的采购制度，抓好廉政建设，防止为了谋求个人或小团体利益而无视国家法律与幼儿的身心健康、为了赚取高额回扣或好处费而购进质量低劣的玩教具等物品。

（2）认真落实设施设备的日常检查制度。建立日常设施设备的安全隐患排查机制，做到不放过蛛丝马迹，实行精细化管理，从而有效预防危机。

在当今自媒体膨胀时代，任何一个个体、一个组织，只要稍不留神，就可能被一个突如其来的危机击垮而前程尽毁，负面影响巨大，舆论关注度高，结果难以预料。因此，幼儿园必须牢固树立危机防范意识，建立危机应对机制，防患未然，力求将危机带来的负面影响减到最低程度。

案例 20
劣质玩具过敏事件

案例呈现

某幼儿园为丰富区域活动，添置了一批游戏材料。刚将游戏材料分发到班级不到一周就有家长反映，这些天孩子身上不知什么原因长了些红痘痘，有痒痛感。一开始，教师以为只是个别现象，没有重视。又过了几天，每个班级都有家长反映类似情况。园长接到教师的反馈意见后，连忙带领安全员和保健员来到班级查找原因，发现新添置的游戏材料中的桌面接插构造玩具的材质不好，闻上去有异味，于是迅速把这类玩具从班级中回收，交由专业机构进行检测，并得出结论：此批桌面接插构造玩具的质量不合格，塑胶材质低劣，这就是导致幼儿过敏的"罪魁祸首"。园长从后勤部了解到，这批桌面接插构造玩具是采购员图省事、贪便宜，从隔壁批发市场购买的，根本就没有考虑游戏材料的安全性，更没有严格核查进货渠道和产品质量。

幼儿园迅速召开相关会议，公示了整改措施，立即做好善后工作，并就此事诚恳地向家长道歉。

（案例提供：湖南省娄底市涟源市幼儿园　刘列颖）

案例评析

《幼儿园工作规程》规定："幼儿园的设备设施、装修装饰材料、用品用具和玩教具材料等，应当符合国家相关的安全质量标准和环保要求。"《幼儿园管理条例》也规定："幼儿园应当建立安全防护制度，严禁在幼儿园内设置威胁幼儿安全的危险建筑物和设施，严禁使用有毒、有害物质制作教具、玩具。"

上述案例中幼儿园的自我监管严重缺失，在批发市场购买廉价、未达标的玩教具，不符合安全、卫生标准，导致幼儿在使用的过程中皮肤过敏，严重影响幼儿的身心健康，对幼儿园的声誉也造成了不良影响，是一起管理不严导致劣质玩教具进入班级的教育装备危机事件。

管理建议

1. 危机应对

幼儿园一旦发现有异味、不合格的玩教具流入园所和班级后，就必须采取紧急措施加以应对，避免危害幼儿的健康。

（1）立即撤回所有投放的不合格玩教具，对场所进行消毒，注意开窗通风，并在教室里摆放绿萝等绿色植物，尽快消除有毒物质的残余危害。

（2）幼儿园应积极组织幼儿进行体检，了解这批玩具对幼儿的影响，需要进行就医治疗的，积极将其送医院接受正规治疗。园所负责人要诚恳地向家长道歉，持续跟进、了解幼儿的身体情况。

（3）迅速成立教育装备监管组织，对园内已购买的和即将购买的教育装备进行有效管理。认真了解采购教育装备的基本知识，学会辨别并抵制伪劣玩教具，组织相关人员开会讨论、学习并明确态度——在采购教育装备时必须严格把关进货渠道，及时索证索票，充分考虑安全、卫生等相关因素，同时加强对班级教师自制的玩教具的检查和管理，废旧物品利用必须做到环保、卫生、无毒、无害以及安全。

2. 危机预防

幼儿园在购买玩教具时，应从以下两方面对玩教具的安全性进行把关。

（1）制定玩教具采购准入制度。所有玩教具的采购都要通过正规渠道，产品入园时要索证索票，各部门仔细检查产品是否和合格证上的描述完全一致。如幼儿园在购买玩具时，要注意查看其相关金属含量是否超标、是否符合国家安全标准，防止玩教具上的有毒重金属进入幼儿体内，造成摄入性金属中毒。

（2）制定玩教具管理制度。由值班领导、安全员和班级教师定期检查，发现问题，及时维护。新的玩教具入园后，在幼儿试用阶段，要求各班教师仔细观察，如果发现因玩教具导致的不良现象，如玩具引发过敏、玩具上的尖角和锐边划破或割伤幼儿等，应及时反馈，及时处理，避免造成安全事故和不良舆情。

总之，幼儿园务必重视教育装备的安全管理，制定严格的管理制度，从采购、安装到使用层层把关。现在，各地政府要求公办幼儿园必须在政府平台采购物资，就是政府从源头上制止不合格产品流入幼儿园，规范管理，加大监管的有力举措。

第三章

幼儿园教师队伍建设危机管理案例与评析

概念

幼儿园教师队伍建设危机是指与幼儿园教师有关，因社会或个人原因，发生在幼儿园内外，对幼儿园教师队伍建设造成负面影响的，其严重性可能损害幼儿园教师队伍群体或个体利益的突发事件、意外事故或演变趋向。幼儿园教师队伍建设危机管理就是指幼儿园管理者根据危机的状态（危机暴发前、危机过程中、危机消除后）第一时间根据幼儿园危机管理制度或计划进行预防、预警、应对和恢复的过程。其目的是预防、规避或控制危机的暴发，减小乃至消除危机可能带来的危害和损失。

共性特点与危害

共性特点

幼儿园教师队伍建设危机的共性特点主要有以下三点。

1. 潜在性

潜在性指的是教师队伍建设危机的形成和发展需要经历一个比较长的过程，在长时间的积累下由潜在的危机转化为事实，在此过程中人们是无法及时感受到的。

2. 持续性

持续性是指幼儿园教师队伍建设危机表现为潜伏期、暴发期、高潮期、缓解期和消退期，因此不论是在危机形成时期还是在危机发生之后，对幼儿园教师队伍建设的影响总是会持续一段时间。

3. 因果性

因果性即教师队伍建设危机事件的演变和发生都是由一定的主客观原因引起的，有果必有因，它可能是由一个原因也可能是由多种原因综合造成的。由此可见，我们如果能详细分析并控制住危机背后的原因，就能对危机事件进行预防和控制。

危害

幼儿园一旦发生教师队伍建设危机，就会造成保教质量下降、幼儿园运行不畅、团队失去凝聚力和战斗力、保教队伍专业发展停滞和个人职业幸福感降低等情况，严重时会造成园所生存困难。

管理策略

应对策略

幼儿园教师队伍建设危机的应对应秉承"以人为本""快速反应""多方联动""标本兼治"等原则，依据危机预案灵活处理，可以从危机预警、危机处置以及危机善后三方面展开工作。

1. 科学研判，启动预警系统

在教师队伍建设危机警示内容达到临界点或紧急事件暴发后的第一时间，幼儿园即向有关部门和人员发出警报，以获得援助与支持。

2. 成立危机处置团队，妥善处理危机

幼儿园成立危机处理小组，明确小组成员的具体责任，形成切实可行的处理方案，防止危机事件的恶性发展和蔓延，如尽快转移处于危险环境中的师幼、及时救治受伤害的人员、主动与事件相关人员取得联系以及统一发布事件信息等。

3. 分析问题，化解危机，消除隐患

幼儿园教师队伍建设危机发生时，幼儿园要收集信息，客观分析事件的责任和原因，并尽快对问题进行化解，从事件的表象和内因两方面着手，减小直至消除影响。当危机得到基本化解时，管理者还需要对园所当前的危机管理机制和有关预案进行进一步的反思和改进，避免类似危机事件的再次发生。

预防策略

幼儿园教师队伍建设危机的预防至关重要，主要有以下策略。

1. 强化教师队伍建设危机管理的意识，建立常态化的保障机制

管理者要具有全局意识和前瞻意识，充分重视教师队伍的建设工作，明确教师队伍建设危机管理的责任人，切忌让教师队伍建设危机的预防处于"真空"状态。

2. 提高对危机的觉察和研判能力

幼儿园教师队伍建设危机多为日积月累的人为因素造成。在日常管理工作中,管理者要具备问题意识,及时发现危机苗头,认真研判,及时解决,切忌直到危机暴发阶段才予以重视。可以通过巡查、问卷调查、访谈等方式定期收集教师对工作现状的反馈信息,关注教师的心理状态,有针对性地进行沟通、指导,帮助教师制定自己的职业发展规划,不断提升教师队伍的专业性等。

3. 设置危机预警指标,制定危机事件预案

可以设置明显可视的教师身心健康危机预警指标、师资流失危机预警指标,对幼儿园可能发生的队伍危机的类型、影响和应对方式进行全面设想、多番论证,力求以最小的成本取得最佳的危机管理效果。

案例 21
误发不雅视频的教师

 案例呈现

2021年9月,某民办幼儿园发生了一起严重的舆情危机,成为各媒体的焦点,究竟是什么事情引发的呢?原来该园一名教师错误操作,将一段不雅视频发到了班级家长微信群里,在家长群引起轩然大波。该教师尴尬极了,事后补发信息解释自己误点了别人发来的链接,不小心把视频下载到手机里,本来想往群里发小朋友吃水果的视频,却不小心将这条视频发送出去了。可是,有家长迅速将视频转发出去,还有人在群里调侃教师。

事情很快被传开了,不少媒体争相报道,该园所和这位教师都成为舆情风浪的焦点。很快,幼儿园发布公告,开除了这名教师,理由是:该教师影响了园所的形象和班级家长微信群的正常秩序。此事造成的负面影响极大,恐怕还会影响该教师今后的就业。

(案例提供:湖南省娄底市教育科学研究所 王立群)

案例评析

上述案例中,教师在班级家长微信群里转发不雅视频引发舆情危机,负面影响是巨大的,其个人道德观念与自我管理存在问题,网络行为随意,危机意识淡薄,而且应对不及时,造成危机加速传播,是互联网时代教师个人行为不当引发的危机,也是一起典型的幼儿园教师队伍建设危机事故。

危机发生后,我们没有看到当事人采取积极有效的应对策略,虽然当事人补发了解释的信息,但是我们看到她的解释是无效的,欲盖弥彰,没有换来大家的理解与宽容。微信群里的人扩散了信息,让"危机"更"危"。当事园所对危机的处置被动、滞后,教师和园所都陷入了舆情旋涡,园所为了尽快消除负面影响而发布开除当事人的消息,也让我们不由得担心这名被园所开除的教师今后的就业问题。

管理建议

1. 危机应对

从危机管理的角度来说,对于上述案例中的危机有什么合理的应对建议呢?

(1)及时响应,速度第一。当事教师应第一时间报告园所寻求帮助,园领导根据教师的陈述,核查确认,争分夺秒做好危机处理。可以根据接收到不雅视频的班级家长微信群内的人员的数量与群体特征采用以下做法。

- 发致歉信于本微信群,代表园所真诚致歉,表示会依据相关制度对该教师进行处置,并加强教师队伍师德师风建设,希望大家不要扩大事态,原谅当事教师与园所。
- 立刻联系班级家长委员会的成员,请家长代表在微信群里发表声明,对园所的解释与表态做出积极回应,本着对青年人包容、帮扶的态度原谅当事教师,劝说群里的家长不要转发信息,将负面影响降到最低。

(2)舆情监测,报告上级。园所启动危机预案,做好舆情监控,同时向上级教育行政部门报告,必要时可以请网监部门帮助监测,努力将舆情的影响范围缩小。

(3)实事求是,依法依规处置。对于危机的应对要做到不回避、不放弃、不置气、不随意。如果前面错失处置危机的黄金时间,事态已经扩大,出现案例中的媒体大量转发甚至发酵的局面,园所和当事教师依旧要在上级行政部门的参与、指导和帮助下积极应对舆情危机,避免衍生其他危害。例如,为了平息舆情,很多单位会处理当事人,务必坚持实事求是的原则,依法依规、合情合理地进行处理,以免因处置不当而再次陷入舆情风暴。

2. 危机预防

为避免出现类似的教师队伍危机,园所管理层务必高度重视,积极预防。

(1)强化教师的网络行为危机管理意识。网络是把"双刃剑",带给人们快捷的同时也会带来许多弊端。危机预防的第一步就是要树立危机意识，强化个体规避风险的主观能动性，提醒教师加强网络行为的自我管理，懂得网络其实就是公共场合，要遵守法律和道德底线，要保护幼儿等他人的隐私，遵守组织的保密规定，避免发生危机。

（2）*引导教师知标准、守底线*。教育部于2018年印发的《新时代幼儿园教师职业行为十项准则》的第三条提出："不得通过保教活动、论坛、讲座、信息网络及其他渠道发表、转发错误观点，或编造及散布虚假信息、不良信息。"同年，教育部又印发《幼儿园教师违反职业道德行为处理办法》，其中第四条明确指出违反职业道德的行为包括："损害国家利益、社会公共利益，或违背社会公序良俗。"上述案例中，教师将不雅视频发至班级家长微信群，违背了人民教师带头遵守社会公序良俗、传播优秀文化的职业道德。园所要将师风师德建设放在教师队伍建设的首位，引导教师知规守矩。

教师是人类灵魂的工程师，是人类文明的传播者。新时代对广大教师落实立德树人的根本任务提出了更高的新要求，也加大了对违反师德师风行为的曝光与处置。上述案例为我们敲响警钟，在互联网时代有效管理单位与个人的通信工具、社交软件和信息平台非常重要，是幼儿园举办者和管理者在当今时代必须高度重视的管理内容。

案例 22
奖品事件

 案例呈现

某乡镇幼儿园举行庆"六一"活动，中二班的优优小朋友回家跟奶奶说老师没有给她发奖品，奶奶就在班级家长微信群里发语音问老师为什么优优没有奖品，优优的妈妈也在群里，也连忙追问是不是优优表现得不好。教师当时在忙，没有关注到微信群里的消息，热心的家长做了解释：不是"六一"奖品，是家长入园参加亲子活动的纪念品，如果家长没有参加亲子活动，是没有纪念品的。

下午，班主任晶晶老师看到群里的消息，回应道："幸好家长们帮我解释了，否则我就百口莫辩了。"优优妈妈觉得老师的这句话讽刺了她，回复道："事情都不能问了？做老师怎么这样？"晶晶老师见优优妈妈言辞激烈，很生气，于是把优优妈妈踢出了班级家长微信群，留下优优的爸爸和爷爷奶奶在群里。

两天后，优优妈妈气愤地打电话给园长，控诉晶晶老师说话尖酸、刻薄，把自己踢出微信群，建议园所开除这样的老师。园长听了，首先安抚家长的情绪，表态会立刻了解情况，在最短的时间内给予答复。不久，园长打电话告知优优妈妈："优优是个乖孩子，'六一'儿童节的奖品已经发给优优了，只是没有亲子活动那一份纪念品；晶晶老师向来喜欢孩子，工作认真负责，但是年轻气盛，处理事情缺乏耐心和方法，虽然事后她解释说在群里回应的那句话是玩笑话，然而把家长踢出微信群这样的做法肯定是不对的，我们会对晶晶老师进行批评教育，告诫其改正错误。"

随后，园长与晶晶老师谈心，晶晶老师也向优优妈妈打电话道歉，承认自己处理问题不耐心，以后会改正。优优妈妈接受了道歉，重新加入班级家长微信群。

看上去，事情已经平息。但是，暑假结束后，优优妈妈提出将孩子转去县城读幼儿园，优优爸爸持反对意见，夫妻俩在家里发生了争执。优优妈妈旧事重提，一气之下拨打了"县长热线"，投诉上半年幼儿园"六一"儿童节发生的事情。园长接到上级要求处理"县长热线"投诉的通知，异常惊讶，迅速打电话给一直很支持幼儿园工作的优优爸爸，希望他能帮忙调解，并提出优优可以园内换班。优优爸爸表示这是一个误会，晶晶老师非常认真负责，孩子也喜欢她，他会让优优妈妈撤销投诉。但是，优优妈妈特别坚持，优优还是转园了。

（案例提供：湖南省娄底市双峰县教育局民教股　王琼锋）

案例评析

班级教师与家长在微信群里因信息回复不当，互生怨气，从而在微信群这个本应该友好相处、有效沟通的联络平台闹出愈发浓烈的火药味，最后把家长踢出群，由此衍生家长因此事心存芥蒂，最终再次投诉并要把孩子转园的二次危机，这是一起很具有代表性的教师队伍建设危机。

从这起危机中可以看出，园长作为幼儿园队伍的"领头羊"，处理危机时比较果断，态度积极：一是及时了解情况，还原事实，冷静分析；二是注意沟通策略，帮助家长客观地看待教师，又让晶晶老师反思到自己的不足，向家长道歉获得谅解。尽管后续因为此事造成的隔阂，孩子还是转园了，但主要是家长的主观原因。该案例也反映了当下某些民办幼儿园在家园关系中的不平等现状，这是民办幼儿园作为服务机构所面临的难题。

管理建议

1. 危机应对

我们该如何积极应对这类危机呢？

（1）冷静对待，积极化解家园矛盾。上述案例中的园长有一定的危机应对经验，遇事冷静，事发后基本解决了矛盾冲突。当下，来自互联网信息平台的危机更易扩散，甚至会成为社会关注的焦点和热点，因此园长要带领教师积极、诚恳地与当事人沟通，消除误会，有礼有节，安抚当事人，缩短危机处理周期。

（2）坚持底线思维。案例中园长在前面环节的应对比较合理，但是在第二学期遭到家长告状、面临生源流失危机时，缺乏底线思维，提出让幼儿换班，这样做是为了留住生源而迎合家长、放弃原则，不利于平等家园关系的建立，也会让年轻的晶晶老师觉得自己被家长和幼儿嫌弃，产生职业挫败感。

（3）做好善后评估。据了解，案例中园长在事发后总结并反思了园所在新教师培训方面存在的漏洞。其他家长和教师反映，晶晶老师平时就存在说话很冲、得理不饶人的缺点，回复微信群中家长的信息看似偶发的不理性行为，但存在一定的必然性。园长必须要加强引导，将搜集到的问题向晶晶老师反馈，引导其认识到自身的不足、努力改正。园所还要做好事后追踪和评估工作，如果晶晶老师管理自我情绪的能力依然较差、与人沟通言行不当，园所就要考虑将其调离教师岗位。

2. 危机预防

新教师容易成为家园矛盾危机发生的隐在群体，那么如何预防呢？

（1）做好新教师入职培训。新教师由于工作经验不足，身上会有浓厚的先天气质和原生家庭等客观因素形成的说话与行事秉性，少数教师在与家长的沟通过程中缺乏同理心，不会共情，容易激发矛盾，引起家园关系紧张。园所在对新教师进行入职培训时，需要将"如何与家长有效沟通"这一课摆在关键位置。

（2）加强家长学校建设。家长是幼儿园的合作伙伴，但是这个伙伴关系的建立并非自然形成，需要幼儿园发挥主动性，采取得力的措施，才能建设和巩固良好的同盟关系。建立家长学校很有必要，可以定期邀请专家或有经验的家长进行线上或线下的培训和分享，引导家长科学解读幼儿自主游戏、快乐生活过程中的多元发展，帮助家长转变理念，科学教养，在育人目标与方法上与幼儿园达成共识；同时在家长学校组织的活动中拉近教师与家长的距离，让家长充分认识到幼儿园教师的专业性是很强的，他们是值得尊重的。

教育是一项系统工程，家庭对于学龄前儿童发展的影响更大。幼儿园应正确认识并处理园所与家庭、教师与家长的关系，加强家园一体化建设。

案例 23
老师把幼儿园的菜打包带回家

案例呈现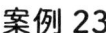

某民办寄宿幼儿园的硬件良好、师资力量强,在当地有着较好的口碑和影响力。一日,副园长告诉园长,网上有个自称该园孩子家长发布的帖子,其内容大致为:每个孩子都向园所交伙食费,但有班级老师把饭菜打包带回家的情况。该家长因此担心孩子的饮食受到影响,损害身心健康,并对教师的行为感到心寒。

副园长发现时,该帖子已经在网络上发布了四天,有数十人进行了跟帖。网友对此有相信、有怀疑,但该舆论仍给幼儿园带来了不良影响。对此,园长非常重视,马上跟帖正面回应,表示园所已经成立调查小组彻查此事,并根据镜头回放将当天的情况如实描述。除此之外,园所也找来了当事教师了解情况,教师表示班级监控是公开透明的,师德也不允许自己做这样的事情。

当事教师对此倍感压力和委屈,她们情绪激动,没法工作,要求园长澄清事件的真相,恢复自己的名誉。因此在等待了三天之后,园长又发帖要求那位家长到园里说明情况,以维护园所教师的权益,保护她们的声誉,但最终园长也没见到那位家长的身影。

最后,园长将事情的始末如实公开发表到网站,幼儿园恢复了平静。之后,园长组织班子成员认真排查幼儿园可能存在的导致各类危机发生的因素,并制定了相应的应对预案。

(案例提供:湖南省娄底市直机关幼儿园 罗超)

案例评析

从危机应对的策略来说,该园管理者的应对措施是基本得当的。

首先，园方表达了对此事的密切关注，并表态如果属实一定严惩。其次，园方迅速调出监控录像进行比照调查，弄清实际情况，并一再表示会秉着公平、公正、公开的原则解决和处理问题。连续数次的表态以及调查结果的公布，已经把网上质疑幼儿园管理问题的舆论引向对园方有利的角度，或者说让网友逐渐看清了事件的真相。然后，园所迅速跟帖邀请该"家长"到园长办公室交流情况。最后，园方将事件的原委和调查结果在网站上公布，以正视听，同时对这次本来就流于虚无的事件进行反思，并以此为契机，对可能存在的危机因素进行排查，制定应对预案。

这就让一个危机事件变成了促进本园管理水平提升的机会，相信该园今后也会将网络舆情管理放在重要的位置。此外，从"家长"发帖到园所发现危机，已持续四天，在网络信息传播速度异常迅猛的时代，其应对得还是有些不及时，好在应对措施得当，消除了负面影响。

管理建议

1. 危机应对

幼儿园从业者是社会公众关注度特别高的一个群体，在自媒体发达的今天，人人要有应对舆情危机的能力。

（1）*教师要时刻保持对敏感信息的警惕*。教师应时刻注意自己的言行举止，收集与危机事件相关的信息，在家长群中与各位家长积极沟通，陈述自己的"身正"事实，以避免谣言继续蔓延、家长产生误会。

（2）*查明原因，加强反思*。园所要正确分析此次危机产生的诱因，是由于幼儿园教师的不小心、工作疏忽产生的舆情危机，还是因为教师失职、违反规定产生的舆情危机，抑或是对园所工作不满意的家长出于泄私愤、竞争园所出于利益追求而人为制造的危机？针对危机产生的诱因，找到解决策略，加强总结和反思。

（3）*保障教师权益，关注教师的职业感受*。上述案例中对教师的指责属于谣言，当教师的权益受到伤害时，园长应耐心倾听教师的诉求与想法，认同并鼓励教师的工作，以规范的制度保障教师的权益，不让教师蒙受冤屈。园所要当好教师坚强的后盾，让教师切实感受到自己的付出有回报。若涉及侮辱当事人或者威胁人身安全，园所或当事教师要学会用法律维权。

2. 危机预防

提前预防是危机管理的主动性战略，我们可以从以下两点做好管理。

（1）建立规范的危机预警系统，做好舆情监测，及时解决，最大限度地降低舆情带来的负面影响。网络舆论与幼儿园形象密切联系，管理者应以积极的思维和方式管理网络舆情，将正面舆论转化为推动幼儿教育事业的强大动力，也可以依据法律，以更妥当的处置和更强的制约规避负面舆论。同时，要特别强化年轻教师的舆情危机意识，因为年轻人是网络生活的活跃分子，要安排专门的人员管理微信、微博、贴吧等网络平台，也可以借助舆情危机监测平台，如"舆情秘书"等，做到防患未然。

（2）提高管理者和教师对突发事件的应对能力。在幼儿园工作者的日常培训中，可以创造多种复杂情境并设置突发意外事件的等级，使被培训者多切实训练，提前做好危机预防，以备不时之需。

每一次危机事故的处理，都是对管理者能力的考验，也是对管理者智慧的考量，更是对管理者人格的测评。新时代的幼儿园管理者务必将对危机管理的学习视为专业研修的重要内容。

案例 24
体罚、殴打儿童的教师受审

案例呈现

王某系××幼儿园的大班教师。一天上午,王某带领幼儿在操场上做操时,多名幼儿表现出不听指令乱动的行为。回到教室后,王某以扇耳光、脚踢等方式对多名"不听话"的幼儿进行"教育"。

通过监控视频我们看到:在教室的监控死角边缘处,先后有两名孩子被一成人连续抽打脸部,并跌倒在地上。案发当天中午,被告人王某体罚、殴打幼童的视频开始在网络中流传,引发了舆论关注。当天下午,王某被市公安局依法刑事拘留。

事发后,涉事幼儿园园长发布了一份《致歉信》,向家长和各界道歉。园长表示,将积极治疗受伤幼儿,联系专业的心理教师对幼儿进行心理疏导。涉事幼儿园开除了王某,当地教育局对该园进行调查整改。

公诉机关认为,被告人王某身为教师,对幼儿有看护职责,但是在看护过程中,对幼儿园里的十多名幼儿实施不当教育行为,导致五名被害人轻微受伤,达到情节恶劣标准,其行为触犯了《中华人民共和国刑法》的相关规定,犯罪事实清楚、证据确实充分,应当以虐待被看护人罪追究其刑事责任。

(案例提供:湖南省娄底市直机关幼儿园 罗超)

案例评析

近年来,多起幼儿园虐童相关事件的报道,将学前教育推向了风口浪尖,引发了全社会的关注和讨论,幼儿在园的身心安全也成为当前备受瞩目的教育热点。媒体报道的虐童案件,虽然只是个别案例,但性质十分恶劣,当事教师触碰了道德与法律的底线,挑战了家长的承受力,社会反响极其强烈,社会上对幼教行业的质疑声和痛斥声此起彼伏。有关虐童事件的报道虽对教师的行为进行了某种程度的社会监管，但大规模的报道又使幼儿园教师群体陷入了舆论的旋涡，甚至被丑化。

从视频来看，教师将幼儿拉到监控死角边缘处，这意味着教师知道自己的行为是职业道德禁止的行为，属明知故犯。虐童教师恶劣行为背后的原因是多方面的，总体分为外因和内因：外因主要是教师的工作对象年幼，教师需要耗费很大的精力与体力，工作十分辛苦，却薪资待遇低、社会保障不足，其职业幸福体验感差，负面情绪易积累等；内因主要是教师自身的心智因素、专业素质和价值观等问题，负面情绪的积压与法律知识的欠缺，导致部分教师通过虐童来释放自己的负面情绪，且当教师发现通过殴打、训斥等方式教育幼儿更加"直观、有效"时，久而久之会使自己的虐童行为常态化。教师队伍建设危机中此类危机出现的频率不低，必须引起学前教育管理者的高度重视。

管理建议

1. 危机应对

幼儿园一旦发生此类虐童危机，往往会陷入"内忧外患"的困境，内外均要积极应对。

（1）立即成立危机应对工作小组。积极治疗受伤幼儿，将当事幼儿送往正规医院做全面检查；对家长及公众诚挚道歉，了解家长的诉求，争取家长的谅解；迅速在全园排查，如有疑似受伤幼儿，应立刻安排治疗。

（2）惩处涉事教师，加强对其他教师的管理和监督。上述案例中的涉事教师已触犯法律，应被移送到司法机关进行依法审理。园所要妥善保护好监控视频，配合公安机关进行取证；同时尽快召开教师大会，强化师德师风建设，确保员工知情、不传谣，凝聚人心，共同应对危机。

（3）把控有关幼儿园虐童舆论的发展，及时止损。园方密切做好舆论监测，安排专人处理，全力配合官方宣传部门和媒体的工作，及时公开事件动态。舆论发酵之后，园方应急公众之所急，一定要表明全面调查和严惩责任人的决心，并进行反思。需要注意的是，园方尽量不使用删帖这一方式来调控舆情，以免使公众对幼儿园的立场产生怀疑。

2. 危机预防

（1）**严把新教师入门关**。首先，园所应严格审查幼儿教育从业者的资格证书，注重对幼儿园教师综合素质的考核。其次，园所可调整面试模式，开展师德相关活动以代替传统面试，通过情景短剧、趣味辩论、无领导小组面试等形式，让管理者详细观察、了解和评估新教师的职业道德与专业能力。最后，幼儿园动之以情、晓之以理，从德、法两方面对新教师进行职前教育培训，可以请师德模范教师分享个人教育故事，用身边的事迹感化新教师，培养新教师的爱心、热心与责任心。

（2）**关爱教师身心健康**。幼儿园教师的情绪管理和心理问题，是引发虐童事件的一个重要原因，因此幼儿园需要帮助教师感受集体的温暖，感受教育的快乐，对职业倦怠的教师及时调岗，对情绪不稳定的教师及时疏导。园所可以联合高校专业教师开展心理辅导讲座和其他学习活动，帮助幼儿园教师解决心理方面的疑惑，充分了解自身的心理健康状况，感受到自己被关爱和尊重。

（3）**完善师德师风监管机制**。园方应从刑事责任和民事责任两大方面加强幼儿园教师的法律意识，让他们清楚个人的行为边界，杜绝虐待幼儿的念头。同时，园所设立危机管理小组，加强巡班，及时观察教师行为，对行为出格的教师严肃处理，对爱岗敬业、关爱幼儿、品德高尚的教师给予正面宣传与报道，在园所中营造良好的氛围。

幼儿园教师是一个需要全社会充分尊重和关爱的群体，我们希望通过多方的努力，让虐童这样的教师队伍建设危机逐渐消失。

案例 25
做微商的教师

案例呈现

某民办幼儿园的教师奚某，因为工资低，平时做微商，卖些服装和化妆品等。去年6月，奚某跟随微商陈某卖瘦身咖啡。奚某在朋友圈和家长群里大力宣传，同时给很多家长私发了产品广告，并经常利用下午放学时段向家长进行推销。部分家长碍于情面购买了产品，并帮忙宣传。去年12月，奚某经人举报被市场监管部门调查，市场监管部门在对查获的涉案咖啡检测后发现含有有毒、有害物质，案件被移送到公安机关立案侦查。尽管奚某宣称咖啡原料天然、无副作用，但检测结果表明其竟含有国家违禁药品成分，附赠给买家的一些宣传具有减肥效果的赠品（压片糖果、粉红色胶囊等）也均含有该成分。

截至被查获时，奚某的销售金额达53万余元，获利5万元。法院以销售有毒、有害食品罪以及销售伪劣产品罪，一审判处被告人奚某有期徒刑五年，并处罚款人民币78万元。由此，本想做兼职挣钱的奚某，把自己送进了监狱。

（案例提供：湖南省娄底市直机关幼儿园 罗超）

案例评析

当今社会，网络无处不在，微商信息已悄然浸入社会各个群体中，包括幼儿园教师这个群体。在该案例中，奚某就是受到网络环境的影响，为自己寻找第二职业。在从事微商期间，利用职务之便推销商品，谋取私利，因销售有毒、有害食品，她在错误的道路上越行越远，已经涉嫌违法行为，最终受到法律制裁。

这是一次严重的教师队伍危机，为广大幼教同行敲响了警钟。作为教师，不仅要遵纪守法，还要耐得住清贫与寂寞，努力做一名博爱、友善、精神高尚的人民教师。在职教师向家长推销商品、去培训机构做兼职、利用园所场地举办收费的幼儿兴趣班及特长班等，都是违规行为。

管理建议

1. 危机应对

应对上述危机，可以参考以下三点策略。

（1）*积极应对，合理安排*。园所及时将此事上报上级教育行政部门，及时对原来班级的教职工进行补充，做好班级交接工作，同时向幼儿园教职工公开奚某的犯罪事实，告诫大家。

（2）*做好家长的安抚工作，维护园所的公信力*。在事故发生之后，园所应对社会公布事情的真相，解释危机发生的原因，告知园所采取了哪些有力的应对措施。园所要与家长建立信任桥梁，减少猜疑与误会，维护园所声誉。

（3）*园所认真组织教师进行行业标准与法律法规的学习*。组织大家学习《新时代幼儿园教师职业行为十项准则》《幼儿园教师违反职业道德行为处理办法》《中华人民共和国教师法》《中华人民共和国民法典》等。《新时代幼儿园教师职业行为十项准则》明确提出："不得推销幼儿读物、社会保险或利用家长资源谋取私利。"聚焦主业、专注教学是每位教师的工作义务，也是教书育人应尽的责任。因工作的特殊性，每一位教师都应严于律己，知法守法，遵守行业行为规范与职业道德标准。

2. 危机预防

（1）*提高幼儿园管理者的管理水平*。幼儿园管理层要以人为本，以教师为本，从关注教师的基本需求与心灵成长开始，关注他们的梦想、需要、兴趣、困惑，变管理者为服务者，变监督者为支持者，在思想上引领，业务上支持，生活中关心，为不同教师搭建成长的平台，提供适宜的支持。

（2）*加大榜样正面示范作用*。管理者需要思考，为什么教师会有开微店的想法，我们的教师队伍建设中哪个环节出现了问题，如何支持、鼓励教师正向发展。我们的园所管理也要采取榜样示范、及时疏导的方式，引导教师了解教育界的"明星"，向于漪等大先生学习，坚持正确的价值取向，激发教师的内驱力，将专业发展与教育事业作为毕生的追求。

（3）**建立家园监督机制**。可以通过互联网平台设立家园意见箱，意见箱的内容要公开透明，鼓励家长监督教师的从业规范行为，形成园所管理层、教育工作者与家长互相监督、共同促进的教育合力。

当前，幼儿园教师的工资待遇低且缺乏有效的激励制度，导致园所个别教师不以儿童为中心，反而做起副业。当然待遇低不能成为教师犯罪与违规的理由，但是我们由衷地希望全社会都关注这个问题，合理提高幼儿园教师的工资收入，真正做到劳动付出与工资待遇相匹配，努力保障他们的合法权益，因为幸福的教师才能培育幸福的孩子。

案例 26
流泪的婷婷老师

  案例呈现

一天上午的班级户外活动时间,刚工作不久的婷婷老师神色紧张地跑进园长办公室:"园长,俊俊骑脚踏车时摔倒了,手臂在流血!"园长问:"孩子呢?""我把他送到医务室了。""走,我和你去看看。"园长边走向医务室,边问婷婷老师孩子是怎么摔的,婷婷老师说:"他骑得慢,还非要跟小刚比赛冲刺下坡,一开始我就制止他们了,可我刚一离开,他俩就又去玩冲刺下坡,结果俊俊摔伤了。"说着说着,婷婷老师的眼泪流了下来,满满的委屈和难受。园长来到医务室,看到园里的保健医生已经在给俊俊进行处理,只是磕破皮,没什么大碍,这才放下心来。

回到办公室,园长边安慰婷婷老师,边帮助她分析俊俊小朋友摔倒的原因。她从俊俊和小刚的心理特征说起,到教师如何在户外活动中科学观察与站位,并耐心地告诉婷婷老师应该如何处理类似的事件,最后嘱咐婷婷老师在家长来园时向家长如实说明情况,求得家长的谅解。这时,婷婷老师紧张、害怕的心情稍微有所缓解,眼泪也收住了。

(案例提供:湖南省娄底市涟钢第三幼儿园 黄丽)

案例评析

刚毕业参加工作的教师从校园踏入幼儿园,时间充裕,精力旺盛,渴望表现,但缺乏经验,在班级管理、保教结合、一日活动安排、儿童常规培养、安全工作、卫生保健和家长工作等方面难免会感到困难重重,时常有一些安全危机或事故处理不当的隐患,这些都是经验缺乏所导致的。如果园所对新教师的成长问题不加以重视,将导致其专业成长危机,造成他们工作上敷衍或者因畏难情绪辞职转行等情况。

案例中的园长善于管理，在教师因为班级幼儿受伤而焦虑、伤心之际，积极给予安慰、鼓励和帮助，特别值得点赞的是给予其专业上的具体指导，而不是高高在上地说教和指责。相信在这样的园所里，年轻教师会成长得很快，也会顺利度过入职初期。

管理建议

1. 危机应对

新教师遇到幼儿在活动中的意外伤害事故，可以按照以下几点策略积极应对。

（1）*及时处理幼儿的伤情，安抚幼儿的情绪*。教师可以用碘酒等对幼儿的伤口进行简单处理，在呼叫保健医生的同时为幼儿止血。若幼儿的受伤情况较为严重，应及时将幼儿送往医院，教师陪同，同时应注意做好班级交接工作。幼儿在受到伤害时，容易产生害怕、无助的情绪，教师应抱一抱、拍一拍幼儿，及时安抚。

（2）*做好与家长的沟通工作*。要克服害怕告知家长后被家长抱怨的心理，及时主动告诉家长真实的情况与处理方式，详细讲述事情发生的经过，及时安抚家长的情绪，便于家长日后的护理工作。

（3）*教师进行反思，增长教育智慧*。事故发生后，教师应分析其前因后果，总结经验教训。新教师应有意识地向有经验的老教师学习，收集在工作中遇到的问题，进行筛选分类，积累自己对幼儿进行安全教育、规则意识培养和常规习惯培养等方面的经验。

（4）*园所对新教师保持一定的宽容与理解态度*。每一名教师都不希望自己带的幼儿发生意外事故，尤其是新教师，会处于谨慎、惶恐的状态。因此，园所应多注意新教师的工作适应程度与工作状态，对新教师保持宽容、理解的态度，这能让他们释放更多的精神压力。同时，可以组织有针对性的教研学习与培训，帮助新教师尽快进入角色，增强危机意识，正确处理工作中遇到的各类危机。

2.危机预防

新教师培训是幼儿园队伍建设的重点，尤其是队伍相对不稳定的民办幼儿园，更要抓好新教师的危机预防工作。

（1）*提前学习和演练*。新教师在面对突发事件时，往往存在认知不足、方式不当、缺乏教育机智和反思意识等特点。因此，在职前培训和实习期中，教师培训者或实习带教导师应设置危机情境，让新手教师提前适应、全面认识突发事件，并能够选择恰当的应对方式。

（2）*整合资源，支持新教师的学习*。幼儿园应设专人或工作组负责新教师的指导工作，提前组织新教师上岗培训，让新教师建立对新工作的整体认知。同时，整合园所优质资源，建立由高级教师、名优教师、骨干教师组成的师傅团队与新教师结对。教师自己也要善于利用互联网平台进行网络自主学习、线上精准搜索等。

（3）*合理规划，明确目标*。管理者与经验丰富的老教师帮助新教师制定自己的职业发展规划，包括短期的和长期的。对每一个从业者而言，任何时候都需要确定自己的人生目标，而幼儿园教师更应认识到职业规划的重要性，从自身的特点出发，根据时代和社会发展的要求，结合自己所在幼儿园的共同发展愿景，为自己的职业做一份规划，让自己逐步成为一名优秀的幼儿教育工作者。

幼儿园为新教师提供个性化的培养计划，提供支持性的工作环境，让新教师感到自己的需求有保障，就能帮助他们顺利度过初入职的特殊时期，实现快速成长，避免危机出现。

案例 27
不接听家长电话的教师

案例呈现

一天下午,某位家长气冲冲地走到园长办公室,一进门就很生气地说:"你们幼儿园的老师怎么这样,我把孩子放在你们这儿,是因为我信任你们,但是你们是怎么对待我们家长的!"园长一听,愣了一下,但是仍客气地向家长了解事情的缘由。

原来该家长是中班某幼儿的妈妈,因为孩子有点感冒,她不放心就给班主任打电话,可是打了很多次,班主任都没有接听电话,于是她焦急地跑来幼儿园质问。园长极力安抚家长的情绪,并马上把这位教师请过来了解事情的经过。教师向园长解释,她开始没接到家长电话是因为手机放包里没听到,后来从包里拿东西的时候发现电话响起就接了,然后听到家长劈头盖脸的一顿批评,并因为听到中伤的话就把电话挂了。可是家长一直打,教师索性关机,于是家长跑到幼儿园告状。

园长了解完事情的经过,先让教师向家长赔礼道歉,平息家长的怒火,送走了家长。园长又觉得这位教师受委屈了,就安慰了这位教师,并召开教师会议,公布事情的经过,维护了这位教师的自尊心,也规定以后教师不许擅自把自己的或班级其他教师的手机号码给家长,如果家长要电话号码,就给家长幼儿园办公室的电话号码。

(案例提供:湖南省娄底市直机关幼儿园 罗超)

案例评析

上述案例是一起典型的因家长与教师沟通不顺畅而引发的危机,虽然园长在处理危机时应对及时,但是策略还是有些欠妥。园长在见到家长以及面对她的无理要求时,并没有急于把教师找来批评一通,而是先安抚情绪激动的家长，然后了解事情的始末。等教师来了之后，园长认为，不管怎么说教师直接挂家长电话的行为确实有不妥之处，便让教师向家长道歉。等家长走了之后，她也注意到了教师可能有点受委屈，就召开了全体教师会议，公布事情的经过，维护了该教师的自尊心。但是，园长在会议上强调，今后不准把教师的手机号码告诉给家长，这是一个非常不合理的决定。家长是幼儿园重要的合作伙伴，家长和教师本来就应该经常交流，经常讨论关于幼儿的教育问题，这样才更有助于幼儿的发展。但是这个举措无疑会给家长与教师之间的沟通设置阻碍。虽然可以给家长幼儿园办公室的电话号码，但这样非常不方便，势必会导致更多家园沟通不畅的情况。

管理建议

1. 危机应对

工作中，教师难免会遇到"个性突出""秉性奇异"的家长，这是家长工作的复杂性体现，那么如何应对家园矛盾危机呢？

（1）*冷静对待，获取园所支持*。面对家长的无理要求，教师应保持淡定、冷静，同时反思自己哪些地方做得不妥当，同时及时与管理者沟通，讲明事情的前因后果，并表明自己的态度——一切工作重心以幼儿为主。教师有不对的地方就承认错误，积极改正。但如果是家长的刁难与纠缠，幼儿园与教师也不要软弱，要保护园所与教师的正当权益。

（2）*理智地与家长沟通*。在该案例中，教师不应该挂断电话，应该克制情绪，保持冷静，与家长沟通。当然，也要站在家长的角度，理解家长的情绪，反思自己的不足，对家长做出实事求是的解释，也可以合理地表达观点。

（3）*利用信息技术优化家园沟通方式*。园所提出不准教师把手机号码给家长的规定是不对的。可以拓展沟通渠道，例如：园所提供紧急联系电话或企业微信给家长，当家长联系不上教师时，可以通过园所转达；班主任创建微信群、建立树洞网站，每天结课后与不同的家长进行半小时交谈，这些都能促进家长与教师之间的有效交流。

教师还可以经常在微信中与家长分享有关科学育儿的公众号、文章或专家讲座等，针对常见的育儿问题做出讲解与示范，营造良好的互动氛围。

2. 危机预防

（1）坚持平等、友好的原则，建立良好的家园关系。家园之间应相互尊重、相互理解、相互信任。从案例中可以看出，该家长对幼儿园教师这个群体的认知有偏差，认为幼儿园教师就是保姆，忽视了这一职业的专业性。幼儿园应当通过召开家长会、育儿交流日、讲座等方式，将园所的办园理念、教育方法、活动开展以及一些先进的教育理念传达给家长，通过高频次、多维度的交流，促进家园之间的互相理解。同时，健全幼儿园的家委会制度，发挥家委会的领头羊作用。

（2）引导教师提高沟通的艺术性。园所可以创设丰富的资源供教师尤其是青年教师学习，掌握与家长有效沟通的策略，例如举办一些家长工作经验交流沙龙，让经验丰富、深受家长喜欢的老教师分享个人经验，通过榜样示范带动年轻教师的成长。

幼儿园要帮助家长树立科学的育儿观，只有家长和教师做到观念一致、地位平等，才能实现教育的同频共振，做到家园共育。

案例 28
师德之殇：教师唆使幼儿打人

案例呈现

某天，妞妞在被爷爷接回家后一直哭闹不停，家人无法安抚。经询问，奶奶得知教师让班上所有小朋友揪妞妞的头发。妞妞的父母得知后，立刻微信询问同班其他幼儿的家长。有几位家长在询问自家孩子后反映，确实存在班级幼儿撕扯该女孩头发的行为，并且是教师指使的。

事后，妞妞妈妈前往幼儿园调取监控，从视频里看到妞妞在上课时有些好动，总在凳子上扭来扭去，教师便强行把她抱起来，让她背着手站在教室后面。十几分钟后，教师开始发活动卡片，别的小朋友去排队，妞妞还是一个人站在后面，教师用手指向妞妞，之后就发生了小朋友一哄而上揪妞妞头发的惊悚一幕。

（案例提供：湖南省娄底市直机关幼儿园　周桑）

案例评析

《中华人民共和国未成年人保护法》第二十七条指出："学校、幼儿园的教职员工应当尊重未成年人人格尊严，不得对未成年人实施体罚、变相体罚或者其他侮辱人格尊严的行为。"《幼儿园工作规程》中明确指出了教师的职责及严禁体罚和变相体罚幼儿的有关规定。既然选择成为一名幼儿园教师，就必须遵守职业道德，用情呵护每一名幼儿的自尊，用心守护每一名在园幼儿的安全。

上述案例中的教师在面对幼儿上课注意力不集中的问题时，不是耐心询问、说服教育，而是粗暴地惩罚，甚至指使同班小朋友对幼儿施暴，严重违反了师德师风的相关要求，是不尊重幼儿、侵犯幼儿合法权益的错误行为，与幼儿园教育目标相违背。同时，教师的教育行为也反映出幼儿园日常教育督导不到位、师德失范问题排查不及时等问题。若调查属实，该教师应当承担相应的法律责任。

管理建议

1. 危机应对

上述案例中的危机事件一旦发生，很可能会给幼儿以及幼儿园带来巨大的伤害，危机应对刻不容缓。

（1）迅速行动，调查实情。管理者应该在第一时间启动应急预案，迅速赶往现场，通过深入调查，掌握事件的实情，对事件进行公平公正的分析、评判，控制局面，防止危机进一步蔓延。

（2）实事求是，真诚沟通。无论对内部员工还是受害者，幼儿园都要实事求是地公布调查信息，真诚、耐心地与幼儿家长进行沟通，并自觉接受媒体的监督。如果事件经过存在误会，幼儿园则要尽快澄清，减少不必要的损失。

（3）积极处理，勇于担责。面对家长的投诉，幼儿园不能因为害怕承担责任而一味逃避或者推诿。如果经调查发现问题属实，幼儿园就要依法依规主动承担责任。若事件对幼儿造成身心伤害，幼儿园就要及时救治并向受害幼儿及其家长致歉。

（4）反思工作，加强管理。园所管理者要加强反思，重视提高教师的职业修养、培训其专业能力，进一步加强监控视频回看与行政巡班制度的建设与落实，有效规范教师的保教言行。

2. 危机预防

为了预防教师体罚幼儿等不良事件的出现，园所需要做好以下工作。

（1）营造充满爱的育人氛围。幼儿园要为教师创设良好的工作环境，营造积极、和谐的工作氛围。管理者要树立以人为本的理念，主动关心教师的工作与生活，让工作环境充满关怀和友爱。在充满爱的环境中工作的教师，也将把爱传递给幼儿，让幼儿带着爱开启一生。

（2）严把师资队伍质量关。每个行业都可能混入一些没有职业道德的人，而他们带来的负面事件一次又一次地刺痛着我们的神经，并给幼儿园教师这个行业带来难以磨灭的信任危机。因此,幼儿园管理者一定要严把教师的录入关,实行持证上岗制度,试用期内着重考察教师的师德表现。

(3)*加强培训与监管*。幼儿园要建立科学的教师培养和管理机制,关注教师在日常工作中的情绪和感受,强化"依法执教"的意识,加强师德师风以及专业能力的专题培训,建立敬业、专业的师资队伍,用走心的教育赢得家长的信任,尽最大的努力预防教育危机。

良好的师幼关系需要尊重与关怀,其中,尊重意味着"接纳、平视、理解和宽容"。教育者只有真正认同"幼儿是独立的、与成人平等的个体",从领导者的位置上走下来,走近幼儿,才能真正建构良好的教育生态。

第四章

幼儿园教育活动危机管理案例与评析

概念

幼儿园教育活动危机主要是指在幼儿园开展生活活动、教学活动、游戏活动、户外活动、亲子活动和区域活动等过程中,由幼儿园教育理念、幼儿园教师专业素养、幼儿个体成长、社会和家庭环境等因素引发的对幼儿或幼儿园造成伤害或不良影响的事件。美国学者罗伯特·希思(Robert Heath)认为,危机管理包括对危机的事前、事中和事后所有方面的管理。结合希思的观点,我们认为幼儿园教育活动危机管理是指幼儿园为了避免或减轻教育活动危机所造成的损害或不良影响,有组织、有计划地学习、制定和实施一系列管理措施和应对策略的过程,包括危机的预防、应对和善后的动态过程。

共性特点与危害

幼儿园教育活动危机的共性特点与危害主要体现为以下三点。

1. 不确定性

不确定性,即危机产生原因的不确定、不良影响的不确定、事态发展的不确定以及社会反映的不确定等,这一切都考验着幼儿园管理者的反应能力、危机管理能力和应变能力。

2. 伤害性

幼儿园教育活动危机往往会给幼儿的身心造成伤害,甚至给家庭、幼儿园造成难以挽回的影响。

3. 关联性

关联性,即一个教育活动危机可能引起另一个危机,产生连带效应。如果管理者没有意识到危机,不能及时化解,就可能造成一系列危机事件的发生。

管理策略

应对策略

墨菲定律[①]告诉我们,对于危机事件的发生不能抱有侥幸心理。从本章

---

① 墨菲定律常被表述为:任何可能出错的事情最终都会出错。其含义是说,无论是因为存在一个错误的方法,或是存在发生某种错误的潜在可能性,只要重复进行某项行动,错误在某个时刻就会发生。——百度百科

的众多案例中，我们也将深入了解到幼儿园教育活动危机事件一旦发生，往往会给幼儿带来伤害，并给相关责任主体造成巨大的心理压力。因此，面对危机事件，如何临危不乱、井然有序地采取适宜的方式迅速化解、消除危机，是值得我们深入探讨和研究的话题。危机的主要应对策略如下。

1. 提前介入

管理者要勤于观察，及时发现危机隐患，并采取有效的预警措施进行干预。

2. 妥善应对

面对突如其来的危机，幼儿园要迅速反应、查找原因，全面考虑，制定方案，态度诚恳，勇于担责，妥善应对危机，避免错上加错。

3. 积极反思，亡羊补牢

幼儿园要及时反思，积极善后，消除危机带来的遗留问题和影响，挽回损失，完善管理，力争做到化危机为契机。

预防策略

幼儿园教育活动组织得是否恰当，其关键在于教师。为了避免教育活动危机事件的发生，要积极做好以下预防工作。

1. 完善管理机制，做好预防调控是关键

管理者应依法办园，从管理方法着手，努力将危机消灭在萌芽状态。例如，在录入教职工时严格做好资格审查工作，避免无专业背景、职业道德低下的人员进入幼儿园工作，并建立有效的激励、监督、检查与考核机制，规范教职工的言行举止。

2. 管理者应增强危机意识，注重教职工的教育与培训

比如，组织教职工学习有关的法律法规和国家政策，提高教师的专业能力，帮助教师树立正确的教育观、儿童观，避免犯错。

3. 引导教师对日常工作进行反思

园所可以利用集体教研活动、撰写教育随笔和进行心理疏导等方式，帮助教师加强自我觉察，对自己的不当行为和不良情绪进行及时调控，避免由于情绪失控而做出不适宜的行为。

案例 29
"飞"来横祸，谁之过？

案例呈现

美好的一天从晨间锻炼开始。这天清晨，某幼儿园的王老师、吴老师正组织大二班的孩子们在操场上进行晨间锻炼，孩子们有的跳绳，有的走平衡木，还有的玩竹蜻蜓，操场上热闹不已。突然，天天不小心把竹蜻蜓飞到正在跳绳的小宇身上，两个孩子争吵起来，然而，这一情况并没有引起两位教师的注意。吵架过程中，小宇用力将竹蜻蜓扔向天天，竹蜻蜓的叶片刮伤了天天的眼睛。经医院诊断，这次事故造成天天视力下降，需要上万元的治疗费，天天的家长非常生气，要求小宇的家长和幼儿园共同赔偿损失。

（案例提供：湖南省娄底市直机关幼儿园　周桑）

案例评析

晨间锻炼是幼儿园一日生活的重要组成部分，科学的晨间锻炼有利于幼儿身心健康，有助于培养幼儿积极、阳光的精神面貌。但是，由于晨间锻炼时环境相对开放，可操作的材料比较丰富，幼儿往往容易兴奋，因此，跌伤、撞伤等安全事故也屡见不鲜。究其原因，大致可以归结为以下几种：①活动场地不安全；②活动器材、设备存在安全隐患；③教师未对幼儿进行安全教育，幼儿未遵守活动规则；④幼儿身体协调性差、大肌肉群发育不完善；⑤幼儿穿着不当；⑥教师对活动组织管理不力，活动秩序混乱；⑦其他突发性的危险行为。

在上述案例中，幼儿个体的不安全行为以及教师安全教育和活动组织监管不力，是导致本次事故的直接原因。事故给幼儿的身心造成了较为严重的伤害，同时给幼儿园的经济和名誉带来了影响，暴露出当班教师对幼儿活动的观察与指导不力、幼儿园对晨间锻炼活动的安全管理不到位等问题。

管理建议

1. 危机应对

妥善应对上述晨间锻炼活动中发生的危机，需要做到以下四个"及时"。

（1）*及时报告*。幼儿在园发生突发事件时，当事教师要按照园所的安全工作预案流程及时上报园长或幼儿园安全分管领导。

（2）*及时救治*。如果幼儿在晨间锻炼中出现身体不适或受伤等情况，教师应当立即带其去医务室进行检查和处理。情况严重的，保健医生或教师应当采取紧急救援措施，及时将幼儿送往医院救治，并在第一时间通知家长，请其赶到医院，共同参与救治过程。

（3）*及时沟通*。在危机处理中，最重要的是态度。事故发生的当时或当天，若因救治幼儿，教师不便与家长详细沟通，幼儿园之后要及时安排一次家访，让教师以诚恳的态度与家长进行沟通，说明事情发生的经过，不能强词夺理，隐瞒事实。如遇家长有过激行为，确实难以沟通时，应换位思考，及时调整沟通策略。如果有像本案例中教师存在监管不力等失职行为的情况，那么幼儿园要依据有关法律法规承担相应的责任。

（4）*及时总结*。安全是大事，反思促完善。事故发生后，幼儿园应该就发生的事件进行反思、总结，可以截取监控视频进行事故复盘，全面分析事故的发生原因、应对措施与处理效果，形成园所的危机管理电子档案，通过总结改进管理措施，完善危机管理的内容。

2. 危机预防

幼儿园在开展晨间锻炼活动时，可以从以下三点做好危机预防工作。

（1）*科学规划，悉心准备*。晨间锻炼中，幼儿园教师的组织与安排是否得当会直接影响幼儿活动的安全性。教师应当依据幼儿的身心发展水平、活动场地和器械特征，精心设计活动项目。对于活动中存在的危险因素、可能发生的安全事故以及应当采取的防范措施，都要充分地考虑。上述案例中幼儿使用的竹蜻蜓的叶片锋利，在场地不开阔、人员较集中的情况下，易引发安全事故，教师可以将其替换成其他适宜的材料，或者引导幼儿商讨安全、适宜的使用方式。教师在组织幼儿开展晨间锻炼时，要确保每一名幼儿的活动都在教师的视野范围之内，发现幼儿做出危险性行为时要及时制止。

（2）*加强教育，内化规则*。幼儿园晨间锻炼中发生的各种事故，有相当一部分是由于幼儿未能理解活动规则、未能掌握运动技巧而引发的。活动前，教师要与幼儿共同商讨必要的活动规则，帮助幼儿准确掌握体育锻炼的动作要领；活动中，及时纠正幼儿错误的动作并进行必要的安全监管；活动后，引导幼儿就活动中出现的安全问题进行讨论，不断提高幼儿的自我保护意识与能力。

（3）*健全制度，落实责任*。针对晨间锻炼这一事故高发环节，幼儿园可以建立户外活动安全管理制度，如成立户外活动安全工作小组，将安全培训、安全巡视等管理工作进行科学分工，组织教职工开展有关晨间锻炼安全问题的专题研讨，不断优化管理方法，规范晨间锻炼时管理者、教师的安全职责与工作要求，共同守护幼儿的身心安全。

此外，教师应当全面掌握幼儿的体质情况。幼儿园应当为有特异体质、不适宜参加剧烈运动的幼儿建立个人档案，对有特异体质或者特定疾病不宜参加某种活动的幼儿，给予必要的保护。

世界上不存在万无一失的活动场所。从发生事故的概率上说，幼儿伤害事故是"必然"中的"偶然"，但从发生的机制上说却是"偶然"中的"必然"。幼儿园只有全面加强危机管理，方能真正发挥晨间锻炼的教育价值，让孩子们乐享清晨好时光。

案例 30
集体春游如何迈过安全槛？

案例呈现

"一年之计在于春",春季万物复苏,气候宜人,正是出游的好时节。

某幼儿园组织大班组五个班级的一百多名幼儿去市郊的公园春游。车辆到达目的地,教师领着孩子们排队,准备穿过马路向公园入口处前进。突然,一辆出租车从不远处疾驰而来,孩子们被吓得不知所措,但出租车丝毫没有减速的迹象,直到距离队伍七八米时才紧急刹车,险些发生一起交通事故。

进入公园后不久,教师组织孩子们排队玩"水果旋风"游乐项目。由于在围栏外面排队等待的孩子非常多,为了节省时间,工作人员没有帮每一个孩子都系上安全带,站在两侧的教师也因为忙于拍摄幼儿活动视频而没有关注这一问题。设备运行时,一名叫笑笑的女孩从旋转的"西瓜座椅"上跌落,额头砸向水泥地面,瞬间鲜血直流,教师将笑笑送到医院,笑笑的伤口被缝了十针。

这场本应该开开心心的春游,最终不得不草草结束。

(案例提供:湖南省娄底市直机关幼儿园 周桑)

案例评析

2002年,教育部发布的《学生伤害事故处理办法》第九条提出"学校组织学生参加教育教学活动或者校外活动,未对学生进行相应的安全教育,并未在可预见的范围内采取必要的安全措施"而造成的学生伤害事故,学校应当依法承担相应的责任。春游作为幼儿翘首以盼的社会实践活动,是幼儿园教育活动的延伸与拓展,对于幼儿亲近大自然、增长见识、发展综合实践能力起着良好的促进作用。但是,由于幼儿年龄小,参与人数众多,活动环境较为开放，春游中需要幼儿园及其教师关注的"安全点"很多，教师稍有疏忽便容易出现安全漏洞，甚至给幼儿的健康与安全造成影响，给幼儿园的声誉以及发展带来危机。上述案例中，一次春游，孩子们两次遇险，暴露出该幼儿园安全管理方面存在的问题。

- 活动前，安全隐患排查不到位。案例中的幼儿在马路上遇到疾驰的出租车，险些发生交通事故。究其原因，是幼儿园没有事先派相关负责人对活动现场及沿途路况等进行踩点与勘察，排查并消除安全事故隐患：一方面是选择了公园大门对面的停车点让幼儿下车，让幼儿不得不排长队过马路；另一方面，幼儿园没有安排专人负责引导幼儿安全过马路，给活动中的幼儿带来了安全隐患。
- 活动中，教师安全意识淡薄，监护不力。春游行程中安排的"水果旋风"游乐项目本身存在一定的危险性，幼儿的安全应当引起所有人员的高度重视。公园工作人员出于侥幸心理，没有给孩子们系好安全带固然是造成笑笑受伤的直接原因，然而，带队教师就在身旁，对于幼儿安全防护不到位的问题视而不见，对于应当预见而没有预见的危险行为没有进行制止和纠正，这些都属于失职行为。
- 随行管理人员的安全监管形同虚设。幼儿园管理者作为活动的领导者、负责人，本应随时监控春游现场各项安全措施的落实情况，但遗憾的是，他们并没有对活动过程以及安全措施进行必要的监管与指导。

管理建议

1. 危机应对

危机事件已经发生，幼儿园应及时采取有效措施，尽量减轻事件造成的不良影响。

（1）*快速反应，积极应对*。在春游过程中，一旦发生突发事件，幼儿园应当立即启动应急处理程序。如情况危急、活动不宜继续进行，教师应当立即有序疏散幼儿，将幼儿带到安全地带，并做好安抚工作。

（2）*多措并举，妥善处理*。如果安全事故已经发生，教师要及时报告幼儿园相关领导。如发生重大事故，幼儿园应当及时向上级教育行政部门和其他相关部门报告，并根据上级的部署采取科学、高效的处理措施。同时，幼儿园应当将发生的事故及时告知家长，若有幼儿受伤，应安排相关人员以最快速度将其送往医院，并立即通知其家长到医院陪护。此外，幼儿园还应当做好师幼的情绪安抚与心理疏导工作，维护好事故现场，保留相关证据，配合有关部门进行事故调查，做好事故的善后工作。

2.危机预防

在外出活动前，幼儿园应全面考虑，从以下四方面切实做好危机预防工作。

（1）*精心策划、慎重选择春游内容与路线是基础*。幼儿园应当把保护幼儿的生命和促进幼儿的生命健康放在工作首位。因此，在选择春游活动内容时，幼儿园不得选择超出幼儿承受能力范围、明显存在安全隐患的活动。一般来说，幼儿春游应坚持就近原则，如选择近郊公园、植物园、农庄等有教育意义且安全设施完善的景点。师幼如需乘车前往，车程要尽量控制在 1 小时以内，并选择比较平坦的路线，避免乘车过程中出现急拐弯和急刹车的情况。

（2）*完善制度，规范春游活动的报批流程是前提*。幼儿园组织师幼外出春游活动时，应根据当地文件要求提前向上级教育行政部门提交书面申请，详细说明本次活动的目的、地点、内容、参与人数、起止时间、往返路线以及负责人的姓名、职务和联系方式等，附上本次春游安全工作预案、医疗急救方案等。

（3）*统筹部署，制定春游安全工作预案是保障*。幼儿园必须事先成立春游活动领导小组，由行政人员制定全面的园级春游安全工作预案，明确管理者、教师、教辅人员、志愿者等人员在活动中的安全职责，熟知各类突发事件的处理程序。班主任根据班级实际情况以及园级安全工作预案，制定切实可行的班级春游安全工作预案，保健医生准备好医药箱、急救包和常用药等。

（4）*筑牢防线，加强春游安全教育与管理是关键*。幼儿园可以将活动的基本情况、活动地点及乘车安全、游玩安全等注意事项，以图文并茂、视频讲解的方式向幼儿、家长和教师进行宣传，提醒家长配合幼儿园做好安全教育，增强师幼的安全防范意识和自我保护能力。活动中，一切行动听从园内安排，教师及时清点班级人数，科学站位，对幼儿出现的危险行为及时约束和管理。

山花烂漫、虫鸟欢鸣，给大家带来勃勃的生机。在集体春游中，幼儿园只有"大处着眼、小处着手"，扎实抓好危机管理的每一个环节，才能让安全与春游同行。

案例 31
糖宝宝不见了

案例呈现

在一次小班幼儿进行的科学小实验"糖宝宝不见了"活动中,为了让幼儿探索常见可溶物在水中的溶解现象,教师出示了自己事先准备好的实验材料:白糖、果珍粉、方糖、一次性透明水杯、凉水壶和小勺子等。

教师问小朋友们:"你们觉得把这些东西放进水里会发生什么?让我们一起来做一个实验吧。"说着,教师取出几个一次性透明水杯,把材料分别倒进装了水的杯子里。有一个小朋友说:"老师,我也想试一试。"教师"哦"了一声,继续做自己的实验。

这时,另一个小朋友说:"老师,上次我把家里的泡腾片放在水里,冒出好多好多泡泡,泡腾片一会儿就不见了呢。"

教师听了,皱着眉头说:"我现在请你说话了吗?请小朋友们认真看老师做实验,别讲话!"

于是,小朋友们都不说话了,前排的幼儿看教师做实验,后排的幼儿开始东张西望。

(案例提供:湖南省娄底市直机关幼儿园　周桑)

案例评析

本案例呈现的是某幼儿园小班科学活动的一个片段。教师在进行实验操作的过程中,一名幼儿提出了自己想动手操作的想法,另一名幼儿提出了自己在生活中接触过的溶解现象,这表明孩子们对科学活动非常感兴趣。但是,由于执教教师缺乏对幼儿的生成问题做经验价值判断的能力,也缺乏对幼儿学习过程中经验积累的重要性的认识,忽视了幼儿主动探究操作的愿望,仍旧按照自己的活动设计流程机械地实施教学，因此错过了培养幼儿的探究意识、使幼儿的被动学习变为主动探究的时机。若管理者不能及时发现问题，没有进行有效指导，长此以往，这名教师将影响班级幼儿探究意识与探究能力的提升，降低幼儿对科学活动的兴趣，也会造成师幼关系的和谐感缺失，最终导致幼儿及园所的发展危机。

管理建议

1. 危机应对

在幼儿园教学活动中，教师是活动的组织者与引导者，但活动的主体仍然是幼儿，教师应尊重幼儿的主体地位。

（1）*教师要充分了解幼儿的原有经验*。例如，在活动前，可以通过班级微信群向家长发放问卷等简便的方式进行前期经验调查，鼓励幼儿将自己见过的溶解现象、产生的问题以绘画或者语音等形式进行记录。

（2）*教师要用欣赏的态度培养幼儿的问题意识*。对于活动中幼儿的生成性内容和问题给予积极回应，引导幼儿进行思考和讨论，灵活调整原有教学方案，创设条件让幼儿按照自己的想法动手实践、大胆尝试，使他们在探索过程中获得直接经验，从而更有效地学习。

（3）*教师要及时把握幼儿在活动中的状态，营造一种平等交流的氛围*。通过欣赏、倾听幼儿的表达，教师捕捉有助于生成有教育价值的话题，鼓励幼儿相互分享经验，激发幼儿不断产生新的思想火花，在良性的师幼互动、生生互动中促进幼儿的主体性发展。

2. 危机预防

幼儿园教育活动危机管理中，最关键的因素是教师。因此，教育活动的危机预防还应从教师入手。

（1）*关注师资培训，夯实理论素养*。教师持有什么样的教育理念，就会表现出什么样的教育行为。教师应最大限度地支持和满足幼儿通过直接感知、实际操作、亲身体验获取经验的需要，充分尊重和保护幼儿的好奇心和学习兴趣。幼儿园应通过持续的师资培训，帮助教师树立正确的教育观、儿童观，除了专门组织的集中培训，还可以通过线上和线下结合的方式，定期向教师推荐精选的学习资源，帮助教师更新教育理念。

（2）*扎实开展教研，提升随机调控能力*。教学过程中充满变化，很多教师在教学中面对幼儿的"节外生枝"不予理会，这并不是教育理念的问题，而是因为应变能力和经验不足导致他们不能做到随机调控。幼儿园管理者在跟班、巡班的过程中可以录制有教研价值的教学视频，组织教师进行深度研讨，通过互动交流、共享智慧，积累根据幼儿的随堂反馈生成活动的经验，提升整合资源、生成课程的架构能力。

（3）*加强督查指导，促进教学反思*。反思是理论与实践的对话。教师仅凭经验开展教学是远远不够的，管理者要通过定期或不定期的听课、议课活动，引导教师结合科学的教育理论，深入反思自己在教学中成功与失败的原因，通过实践、反思、再实践，不断更新教学观念，优化教育行为，提升专业素养。

每一名幼儿都是学习和发展的主体，这是一种现实存在，而真正做到尊重幼儿的主体地位，需要每一名幼儿园工作者在实践中用心思考、贯彻落实。

案例 32
铅笔戳伤事故何时休?

案例呈现

小铭、小军和另外三名幼儿围坐在一张桌子旁写字。在场的两名教师中,一人发作业本,一人发铅笔。铅笔发下来后,小铭与小军兴奋地争抢铅笔。突然,其中一支铅笔戳进了小铭的左眼。事发后,幼儿园教师见伤口没有流血,就把小铭抱到办公室滴了眼药水,随后带回教室。中午,小铭告诉教师,他的眼睛还是很疼。教师这才向园长报告,并把小铭送到医院治疗。医院诊断为左眼角巩膜穿通伤,外伤性白内障,十级伤残,共花费医疗费数万元。

法院审理认为,小铭在上课期间遭受人身损害,幼儿园的班级里虽有两名教师在岗,但两名教师都在忙于其他事情,未对全班幼儿进行监督管理,未尽对使用铅笔(尖锐物)写字可能带来的伤害的合理注意义务,且事发后未及时发现铅笔芯断在原告的左眼内,是导致事故发生的主要原因。因此,法院酌定由幼儿园与小军家长共同承担赔偿责任。

(案例提供:湖南省娄底市直机关幼儿园 周桑)

案例评析

《3—6岁儿童学习与发展指南》的语言领域提出,幼儿要"具有书面表达的愿望和初步技能",要求大班幼儿会正确书写自己的名字,写画时姿势正确。因此,铅笔逐渐成为大班幼儿的"好朋友"。上述案例中铅笔戳伤儿童的同类安全事故虽然被媒体多次报道,但在幼儿园乃至小学低年级儿童中仍然时有发生,这给我们的安全教育工作提出了一个重要课题,即如何教给幼儿必要的安全知识,切实提高幼儿的安全意识与防范能力,有效杜绝铅笔伤人事故的发生。

案例中的班级教师对于可能引起幼儿异常兴奋却隐藏危机的铅笔,没有提前对幼儿进行相应的安全教育,面对铅笔伤害幼儿眼睛的突发事故,其应对策略存在漏洞,因此这是一起因教育活动过程中幼儿不守纪律且教师组织教学不严谨、危机应对不谨慎而引发的幼儿园教育活动危机。

管理建议

1. 危机应对

《学生伤害事故处理办法》的第十五条规定:"发生学生伤害事故,学校应当及时救助受伤害学生,并应当及时告知未成年学生的监护人;有条件的,应当采取紧急救援等方式救助。"

(1)细心谨慎,规范救治。幼儿在园受伤后,当班教师应调整好个人情绪,冷静应对。为避免因为疏忽大意导致错过最佳救治时机,教师在幼儿发生伤害事故后要做到两个"一定"。首先,一定要及时救治,不能拖延。因幼儿园延误送医导致幼儿身体异常或者伤情、病情加重的,幼儿园将承担相应的法律责任。其次,一定要科学救治。由于教师并不一定能掌握全面的急救常识,幼儿发生事故后,一般情况下,教师应该带幼儿去医务室由保健医生进行检查和处理,然后再根据保健医生的意见决定是否送幼儿去正规医院进一步救治。

(2)履职尽责,积极沟通。在救治受伤害幼儿的同时,幼儿园应立即与幼儿家长取得联系,说明实情,让家长在最短时间内赶到孩子身边,安抚孩子的情绪,参与救治方案的决策。若情形严重,幼儿园还要及时向上级主管部门报告,以便在他们的指导下更加科学、高效地救助受伤害幼儿,稳定局面。

(3)分析实情,合理善后。幼儿园应当尽快查清事故原因、经过及现场人员的救助措施等情况,整理好事故说明书面材料,必要时通过园所的监控视频等技术手段固定证据,并根据《学生伤害事故处理办法》《中华人民共和国民法典》等划分责任,积极做好善后处置工作。

2. 危机预防

"图之于未萌,虑之于未有。"为了预防类似的铅笔伤人事故,幼儿园可以从以下三方面加强管理。

（1）*开展寓教于乐的活动，改善安全教育的效果。* 幼儿园要寓安全教育于教学活动中，如利用儿歌"小铅笔，细又长，铅笔尖，有危险，不对你，不对我，写写画画本领大"向幼儿渗透使用铅笔时自我保护和安全防护的方法。

（2）*组织安全问题讨论，建立必要的活动常规。* 教师可以引导幼儿就当前活动中容易发生的安全问题进行剖析，让幼儿根据已有经验提出各自的观点和处理办法，提升他们对安全问题的预见能力，强调正确操作的方法。例如，本案例中幼儿使用的铅笔本身就存在一定的安全隐患，教师在活动前理应组织幼儿回顾取放以及使用铅笔的正确方法，也可以利用安全使用铅笔的微视频强化幼儿的安全意识，在活动中加强巡视与指导，在活动结束时将铅笔集中管理。

（3）*建立有效的安全机制，营造浓厚的安全教育与学习氛围。* 一方面，幼儿园要强化教师开展安全教育的责任感，定期组织有关安全教育与管理的学习与研讨活动；另一方面，将安全教育与管理纳入考核机制，例如，每学期组织开展"百日安全无事故班级"评比活动，让幼儿轮流当选"小小安全员"以负责一日生活中的安全检查，班级在周末或者月末评选幼儿园"安全小卫士""小明星"，将口头上较为笼统的安全概念与幼儿的生活结合起来，使幼儿的安全意识得到不断强化，继而化作孩子们之间的自觉行为。

苏联教育家苏霍姆林斯基曾说："关心儿童的健康，是教育者最重要的工作。"践行教育初心，守护美好童年，让我们从为孩子的安全保驾护航开始。

案例 33
羞于启齿的幼儿性教育

案例呈现

一天,某幼儿园的刘园长在巡班过程中发现,大班的贺老师正在怒斥班级中的一名男孩。刘园长推门走进教室,刚想询问情况,贺老师就红着脸迎了过来,她皱着眉低声对刘园长说:"不知道家长怎么教育的,东东总是偷看女生上厕所,讲了好多遍都没用。喏,刚才还在教室里说什么小鸡鸡,小朋友都来告他的状啦!真是的,再这样我只能找他家长了……"贺老师话没说完,班级中的另一个孩子也跑来大声告状:"贺老师,贺老师,鑫鑫刚才也说了小鸡鸡!"教室里好多小朋友捂着嘴笑了起来。刘园长轻声制止贺老师对孩子的数落,并将她拉到一旁温和地说:"孩子出现问题,我们老师是不是应该先反思自己的教育呢?"贺老师一脸茫然。这难道是老师的问题吗?

(案例提供:湖南省娄底市直机关幼儿园 周桑)

案例评析

《幼儿园教育指导纲要(试行)》指出:"树立正确的健康观念,在重视幼儿身体健康的同时,要高度重视幼儿的心理健康。""密切结合幼儿的生活进行安全、营养和保健教育,提高幼儿的自我保护意识和能力。"幼儿性教育是幼儿园健康教育的组成部分,对幼儿的身心健康具有非常重要的作用,是幼儿长大步入社会、建立良好的两性关系的前提。

受我国传统文化的影响,性教育这一话题一直较为封闭。当前的师范院校也没有开设相关的教育课程,所以很多幼儿园教师、家长在面对幼儿性教育问题上,往往采取含混不清的态度进行回避,甚至如上述案例中的贺老师一样,希望通过严厉指责来制止孩子对性器官的探索,但结果往往事与愿违。

管理建议

1.危机应对

很多教师虽意识到幼儿性教育的重要性，但面对此类问题时仍羞于启齿，也不懂得如何进行科学、适宜的引导和教育，如果不予以重视将影响幼儿的健康发展，引发教育危机。

（1）*坦然面对*。奥地利精神分析学派心理学家西格蒙德·弗洛伊德（Sigmund Freud）认为，3—6岁是儿童心理发展的性蕾期。作为幼儿园管理者，应要求教师了解儿童的心理发展特点，同时帮助他们树立正确的教育观，以接纳的态度看待幼儿因为好奇而产生的偶然性行为。3岁以上的幼儿已经有了初步的性别意识，想要观察自己和别人身体有什么不同，这是很正常的。教师如果采取训斥、强行制止等不科学的手段，反而会阻碍幼儿心理的发展进度，让幼儿无法顺利过渡到下一个阶段。

（2）*平和沟通*。我们在知道这个阶段的幼儿"令人尴尬"的行为背后是有客观发展需求后，就要有针对性地解决问题。例如，在排除幼儿身体器官健康问题的前提下，教师可以蹲下来，看着幼儿的眼睛，和和气气地说："宝贝，小鸡鸡是你的隐私部位，我们不可以在很多人面前大声地说它，看别人的隐私部位也是不礼貌的行为哦。"

（3）*科学引导*。3—6岁的幼儿因为好奇心的驱动，对不同性别的身体特征产生探索欲望，成人抓住这个契机进行性别教育是非常好的。首先，幼儿园要帮助幼儿建立性别认同。教师可以精心挑选绘本和歌曲开展相关的主题教育，通过多媒体辅助教学的方式，生动形象地帮助幼儿了解男孩和女孩身体结构上有什么差异。其次，幼儿园要帮助幼儿了解科学的生理知识，教育幼儿养成良好的卫生习惯和生活习惯。最后，幼儿园要帮助幼儿形成良好的自我保护意识，建立初步的性道德观念。例如：了解男生、女生的隐私部位在哪里；知道隐私部位是每个人的小秘密，除了爸爸妈妈和自己以外，别人不能看，更不能摸，如果外人看了、摸了自己的隐私部位，就一定要告诉爸爸妈妈；当别的小朋友上厕所时，我们要转过身去。

2. 危机预防

幼儿园是幼儿学习和生活的重要场所，性教育将有利于预防此类危机事件的发生。

（1）*加强培训，提升教师认知*。幼儿园教师作为幼儿教育的主要实施者，承担着性教育启蒙的重任。然而，当前许多幼儿园教师在性教育方面都是"临危受命"，对学前儿童的性教育缺乏科学的认识与方法，年轻的或未婚教师在面对幼儿性教育时甚至会面红耳赤。因此，管理者有必要创设条件，对教师进行性教育专业培训，帮助教师形成正确的性教育价值观，对性教育的基本概念、内容和教育方法等进行深入了解。

（2）*科学选材，制订教育计划*。目前，幼儿园使用的有关幼儿性教育的教师指导用书或课程资源比较少。幼儿园需要根据各年龄段幼儿的心理特点和实际情况，加强性教育课程资源的建设，有目的地制订科学、系统的性教育计划，做好幼儿园阶段的性教育工作。

（3）*整合资源，提升教育实效*。当前，社会上仍有一部分家长"谈性色变"，认为幼儿园开展性教育为时过早或者与家庭无关。幼儿园既承担着开展性教育的任务，也担负着引领家庭性教育的责任。管理者要有意识地整合家庭和社区资源，通过家长会、个别交流等多种形式创造有关"性教育"专题交流的机会，做到统一思想；还可以利用公共资源，比如组织幼儿去科技馆参观、通过展板或者多媒体互动等方式，帮助幼儿了解相关知识。

总之，与其让幼儿对"性"产生各种隐晦好奇的猜测，不如大家合力利用日常生活中的契机因势利导，共同做好幼儿的性启蒙教育。作为人生的必修课，适时、适度、适当地开展幼儿园性教育，能有效满足幼儿的性好奇，让幼儿学会爱、学会尊重、学会自我保护，成为健康、自信、快乐的人。

案例 34
变味的亲子手工展

案例呈现

兰兰4岁了,是幼儿园中班的一名小朋友。"六一"儿童节将至,幼儿园要组织亲子美术作品展活动。回家路上,兰兰叽叽喳喳地跟妈妈说着自己的想法,她准备用彩纸贴一辆冰激凌车。于是,一回到家,兰兰就和妈妈找来材料行动起来,做完冰激凌车,兰兰还用彩笔歪歪扭扭地画上了各种装饰图案,如圆溜溜的小眼睛、红红的小舌头,一幅看起来很天真又有一点小笨拙的艺术品诞生了。兰兰把自己和妈妈一起完成的"宝贝作品"小心翼翼地放进书包,带去幼儿园。

第二天下午离园时,妈妈发现兰兰看起来很沮丧,原来她的作品没有被展示出来。晚上,班主任李老师开始在班级微信群里发照片,也就是"优秀亲子作品",照片中全是工艺复杂、制作精美的作品,一看就知道基本上由家长设计制作完成,甚至还有几幅从网络上复制的一模一样的作品。教师对这些作品提出了表扬,对其他小朋友的评价为"再接再厉"。兰兰的妈妈很生气,于是立即在班级微信群里留言:"幼儿园征集的是亲子作品还是家长作品?这样的活动毫无意义,以后我家兰兰就不参加了。"此言一出,班级微信群里一下子炸开了锅,有的家长说:"别吃不到葡萄就说葡萄酸,孩子这么小,大人不帮忙,作品怎么完成?"有的家长则感叹:"现在幼儿园作业都这么卷了,当家长太不容易了。"一时间,李老师也觉得十分尴尬,不知如何回应。

(案例提供:湖南省娄底市直机关幼儿园 周桑)

案例评析

为了提高幼儿动手动脑的能力，促进亲子关系，幼儿园经常会布置亲子手工小任务。但在现实生活中，我们会发现很多父母因为嫌幼儿做得太慢，或者觉得幼儿的作品太幼稚、拿不出手，于是代替幼儿制作，而有的教师为了让自己班级的作品更"上档次"，也会选择制作相对精美的作品进行展示。这违背了亲子手工活动的初衷，也给幼儿发展、家园关系以及后续教育活动的开展带来了危机。

从上述亲子活动中可以看出，李老师不清楚幼儿园组织亲子美术作品展活动的意义和价值，对于亲子作品评比的标准定位有所偏离，变相鼓励家长采用包办代替的方式完成亲子任务。这样的亲子活动显然对幼儿自身的发展起不到应有的作用，长此以往，也不利于培养幼儿的自信心和责任心。一场本应该促进家长与孩子高质量陪伴的亲子活动，成为教师和家长在微信群里滋生不快、关系紧张的危机诱因。案例中的李老师需要反思，园所管理者也需要反思。

管理建议

1. 危机应对

幼儿园作为专业的教育机构，教师作为专业的教育工作者，在家园共育中承担着主导作用。面对上述案例中兰兰妈妈在微信群里的质疑，教师有必要及时、谨慎地回应。

（1）**摆正心态，沉着面对**。家长提出自己的想法或对班级某项工作进行质疑，都很正常。家长能坦诚地说出自己的观点，说明他希望在班级教师这里可以得到解决，从某种意义上来说这不是一件坏事。作为教师，面对质疑，首先需要调整好自己的情绪，摆正心态，着力解决问题。

（2）**及时联系，真诚沟通**。班级群里出现问题时，教师不能"视而不见，听而不闻"。上述案例中的李老师作为班主任，是班级管理的第一责任人，为了控制事态，可以先在群里回复："兰兰妈妈，您好！欢迎您对我们提出宝贵意见，为了不打扰别的家长，我们可以私聊具体问题。"然后，第一时间和兰兰妈妈进行电话沟通，了解其情绪背后的具体原因，换位思考，做好沟通或者解释工作。

（3）认真反思，化解危机。面对家长的质疑，教师应该客观反思自己的工作是否存在不足，站在家长的角度理解其产生情绪的原因。如果有不妥当的地方，先为自己的考虑不周道歉，然后再想办法进行弥补或者改进。如本案例中的教师可以通过分享创作小故事，理解幼儿独特的想法，发现幼儿在亲子手工创作过程中的更多亮点，从而引导家长全面了解亲子活动过程中的教育价值。

2. 危机预防

为了达成家园共育，预防此类教育活动危机出现，幼儿园可以从下面几点着手。

（1）*明确意义，把握活动的价值与重点*。要组织好幼儿园亲子活动，教师首先要树立正确的教育观念。幼儿园亲子活动为孩子和家长创造共同活动、进行互动与交流的机会，家长和孩子虽然同为活动主体，但在不同类型的活动中承担的角色和任务不尽相同。在亲子手工活动中，家长重在引导孩子进行构思、支持孩子搜寻材料和鼓励幼儿大胆动手制作等，最终促进亲子关系，培养孩子的自信，提高孩子的动手动脑与表达能力，同时提升家长的科学育儿水平。

（2）*精心策划，制定科学的活动方案*。幼儿园应根据幼儿的年龄、认知以及心理发展特点，精心策划亲子活动，增强活动的趣味性和可操作性，吸引家长和幼儿愉快地参与活动，让家长感受孩子在活动中的成长与收获。在亲子作品征集活动中，教师应更多地关注活动过程中幼儿的情感体验和综合发展，不应该把精美、精细作为唯一或最重要的评选标准。

（3）*家园沟通，发挥教师的指导作用*。活动前可以借助微信群，用温馨提示的方式向家长介绍活动的主题、内容与意义、教育观念等，让家长明白如何有针对性地引导孩子开展活动。活动中，提醒家长信任孩子、锻炼孩子，对于有困难的家庭，教师可以进行个别指导，为家长提供解决问题的参考方法。活动结束时，教师可以将在亲子活动过程中搜集的有意思的小故事、科学的观念以及方法分享给大家，让家长在轻松、愉快的氛围中收获经验。

总之,在亲子活动中,教师首先要有正确的教育理念,帮助家长转变教育观念,从而充分发挥亲子教育的功效。从危机管理的角度来说,只有从根源上杜绝家园矛盾的产生,才能真正实现家园共育的目标。

案例 35
莫让童书变"毒物"

案例呈现

有一本绘本讲的是小熊过生日请客,森林里的小动物都来参加,吃蛋糕时,小熊发现一位朋友不见了。"你知道谁不见了吗?"画面中,餐桌上赫然摆放着一盘烤鸡,暗示"朋友"小鸡已经被做成了菜。绘本的本意是训练幼儿的观察能力,但显然,编著者没有从幼儿的心理出发,生硬地编造这种荒唐的情节。无独有偶,引发争论的还有一套在少年儿童中知名度颇高的漫画书,书中竟然涉及自杀、宣扬"外貌论"、伪科学等情节。家长们纷纷表示,这样的童书内容简直令人难以理喻。

另外,还有一些童书的配图竟然赤裸裸地展示血腥、暴力,如卡通人物背着鲜血淋漓的包裹、舞台上躺着被警察杀死的人、宝箱在流血以及伞骨扎进人物头部等,这些画面引发读者强烈的不适感。很多家长表示,这样的"奇葩"童书真的让人难以接受。

(案例提供:湖南省娄底市直机关幼儿园 周桑)

案例评析

近年来,我国童书市场的需求越来越强烈,出版的儿童读物也变得更加丰富。2022年,教育部颁布的《幼儿园保育教育质量评估指南》指出:"幼儿园配备的图画书应符合幼儿年龄特点和认知水平,注重体现中华优秀传统文化和现代生活特色,富有教育意义。"这是国家为了规范引领幼儿园在为幼儿创设学习环境时对于书籍的配备与投放提出的明确要求,但在现实生活中,对童书质量把控不严的情况仍大量存在。

管理建议 💡

1. 危机应对

应对童书质量良莠不齐带来的危机，幼儿园可以从以下三方面着手。

（1）*制定方案，全面排查*。一般来说，幼儿园的图书分布在阅览室、资料室、班级图书角等处。因图书数量较多，为了压实责任，幼儿园可以制定图书排查与清理工作方案，成立工作专班，明确图书排查与清理的标准和相关要求，由保管员、资料室工作人员和班级教师分别落实排查责任。

（2）*对标对表，严格清理*。幼儿园工作人员对照相关要求，对已经进入园所、班级的童书中的文字和插图等要素的方向性、思想性、科学性等问题进行全面清查，对于存在问题的童书一经发现立即停用，集中清理整改。

（3）*完善机制，保障质量*。幼儿园建立童书采购审核以及检查制度，指定专人负责采购把关。教师对本班图书角里的童书进行常态化排查，管理人员采取定期与不定期结合的方式对园内童书进行检查督导，切实保障幼儿用书的质量。

2. 危机预防

幼儿园应规范管理，压实责任，预防不良童书造成的教育危机。

（1）*学习文件，统一思想认识*。幼儿园管理者应组织全体教职工学习国家对课外读物、幼儿用书等进入校园的有关政策以及推荐标准和要求，说明童书排查的范围和目的，明确管理人员、教师各自的童书管理职责，完善童书管理机制。

（2）*严格审核，把好童书的"入园关"*。虽然我们不是幼儿图书的创作、出版与发行者，但是我们要有"慧眼"，认真挑选进入园所、班级的每一本书，把好书籍的"入园关"。另外，精挑细选，向家长推荐适合幼儿身心特点、符合幼儿认知规律的优质童书，也是我们应该肩负的责任。要想避免上述案例中媒体报道引发的舆情危机，不给幼儿园带来声誉损害，就必须高度重视，做好危机管理。

一本书就是一个精神世界，一本经典的童书能陪伴儿童成长，充实童年时光，指明成长的方向，影响深远。关于童书的选择，幼儿园应与家庭联手，严格把关，精挑细选，让幼儿在阅读的小天地里收获知识，健康成长。

案例 36
幼儿绘画作品竞赛风波

案例呈现

新学期到了,李老师接到园所通知,要组织班级幼儿参加全国某少儿美术学会举办的绘画作品竞赛活动。绘画是大多数幼儿喜欢的艺术活动,指导幼儿创作绘画作品参赛,既能培养幼儿艺术创作的兴趣和能力,也能体现教师的指导能力,组委会还设立了指导教师奖项来激励教师的参与。李老师热情高涨,于是在一日生活中适当增加美术活动的教学时间,指导幼儿完成作品,还在家长微信群里告知家长,可以在家和孩子们一起完成亲子作品进而参赛。

很快,李老师在班级幼儿的作品中精心挑选了几幅上交园所参赛。经层层选拔,最终有四名幼儿的作品获奖。其中,萱萱的作品更是获得全国一等奖的好成绩。李老师很高兴,将其获奖作品的照片发至微信朋友圈分享快乐。

没想到,本来还沉浸在喜悦中的李老师在发完朋友圈的当天晚上,就接到萱萱妈妈打来指责她的电话。原来,萱萱妈妈是当地某家艺术培训机构的美术教师,她认为萱萱的作品大部分是自己在家陪伴指导完成的,而李老师在朋友圈中发的照片的右下角"指导教师"一栏却写着李老师,于是生气地打电话质问。

李老师很委屈:每天兢兢业业工作,细心照料班级幼儿,平日里对萱萱也关爱有加,即使孩子的作品有妈妈指导的成分,难道我这个班级教师就没有指导她吗?再说,幼儿园组织的参赛活动,难不成在作品指导教师署名时写上家长姓名?可是,萱萱妈妈坚持认为李老师这样做是不对的,不符合事实,是对自己极大的不尊敬,还将此事闹到了园长那里。虽然经过园长的劝说,事情不了了之,但是李老师和这位家长的关系从此变得有点尴尬,而且家长担心萱萱因为此事在班里受委屈,第二个学期就将孩子转园了。

（案例提供：湖南省娄底市教育科学研究所　王立群）

案例评析

随着普法工作的深入，我国法制社会稳步发展，公民的维权意识越来越强。上述案例缘起园所组织的幼儿绘画作品竞赛活动，是一起因"指导教师"署名存在争议而引发的教育活动危机并延伸至家园关系危机。

发生这次危机的原因主要有以下三点：一是家长很关注教师的言行，包括教师社交平台上的相关信息，发现孩子作品上的相关信息与客观事实有些出入而产生反感，与教师沟通无效便向园长告状，家长有一定的维权意识。二是教师的危机管理意识较为淡薄，在署名有可能引发争论的"指导教师"时不够谨慎，有点"想当然"，并在网络上随意公开带有幼儿及自己姓名的作品照片，从而为自己带来烦恼。三是危机处理不彻底，"不了了之"的危机应对结果会留下隐患，破坏家长与教师之间的理解、信任、和谐与友好。

管理建议

1. 危机应对

教师在微信朋友圈中发与幼儿活动相关的照片所引发的危机不是个案，那么该如何应对这类危机呢？

（1）诚恳致歉。面对家长打电话来质问，教师应该充分理解家长的心情，为自己考虑问题不周到表示歉意，并就组织幼儿参加竞赛活动班级教师是"指导教师"的惯例做出解释；也可以将自己组织班级常态化美术活动时对幼儿的绘画能力的培养进行阐述，让家长明白幼儿的发展是日常积累而成的。

（2）删除朋友圈照片。教师删除自己在朋友圈中晒出的照片。条件允许的话，可以联系举办方咨询能否增加"指导教师"署名，或者更换。教师要深刻反思，吸取教训，加强对个人社交平台、网络行为的管理，保护幼儿的隐私。

（3）处理到位。园长要重视危机的彻底解决，与当事人沟通到位，并以此为契机,组织教师进行案例警示学习,通过讨论、学习,增强全体教师的危机管理意识。

2. 危机预防

为了避免上述案例中的类似事件发生,幼儿园应积极做好相关预防工作。

(1) 掌握有效沟通的方法。教师可以在选送作品之前,与家长主动沟通,肯定亲子陪伴的积极意义,感谢家长的支持,让家长产生被尊重感,告知作品将选送参赛,按照规定填写了班级教师作为指导教师一事。

(2) 重视幼儿作品署名权等事宜。因幼儿作品署名导致的危机案例并不少见,甚至有教师和幼儿园因为缺少法律知识且处理不当、激化矛盾,被家长告上法庭。《中华人民共和国著作权法》的第五十二条规定"未经著作权人许可,发表其作品的""使用他人作品,应当支付报酬而未支付的"当事人应当根据情况承担停止侵害、消除影响、赔礼道歉、赔偿损失等民事责任。幼儿虽小,但也是公民,其著作同样享有法律保护,教师、幼儿园和出版社不能忽视幼儿著作权的存在。幼儿是无民事行为能力人,应该由监护人代为行使其著作权。

(3) 竞赛活动要符合相关规定。2022年,教育部等部门联合印发的《面向中小学生的全国性竞赛活动管理办法》规定:"竞赛活动必须遵守宪法和法律规定,贯彻党的教育方针,遵循教育教学规律和青少年成长规律,体现发展素质教育要求,促进中小学生健康成长、全面发展。"作为园长和教师,务必认真学习该管理办法和地方性的相关政策文件,不违规组织幼儿参加"黑赛"。

此外,在家园一体化建设过程中,园所要指导教师做好家长工作,充分尊重家长,争取他们的关心和支持,激发家长参与幼儿园教育和管理的积极性。

案例 37
户外游戏活动前的咬伤事件

  案例呈现

一天上午,某幼儿园中二班的幼儿正在教师的组织下为户外游戏活动制订计划。东东因为绘画需要,将教师提供的水彩笔盒放到自己的位置上,抓起黑色水彩笔开始绘画。过了一会儿,军军跑过来,要从东东面前的笔盒中取一支红色水彩笔。东东一看只有一支红色水彩笔,就用力推开军军的手,捂住水彩笔盒,大声说:"我要用,我要用!"军军见拿不到笔,急得满脸通红,嘟嘟囔囔地说:"你你……我……我就要……"在争吵中,军军突然松开了抢水彩笔的手,抓住东东的另一只手狠狠地咬了一口,在东东的哭叫声中留下了深深的咬痕。带班的圆圆老师闻讯赶来,看到东东的伤口,圆圆老师很紧张,赶紧拿出班级备用的碘酒对伤口进行处理。圆圆是一年前入职的新教师,因担心被家长和园长指责照护不力就没有告知家长、上报园长,一会儿就和保育老师带着孩子们去户外玩游戏了。

下午离园时间到了,东东爸爸来接孩子。东东一见爸爸就跑过去,将受伤的手给爸爸看。爸爸一看孩子被同伴咬伤的地方牙齿印特别明显,又红又肿,于是立即质问教师怎么回事。圆圆老师支支吾吾地向家长说了事情的经过,并告知家长自己已经为东东涂了碘酒,应该没有大问题。家长气极了,大声斥责教师不负责,对待自己孩子被咬伤的事情敷衍了事。园长闻讯赶来,家长特别激动,不接受园长及圆圆老师的道歉,一气之下还打了圆圆老师一记耳光。园长赶紧劝阻家长,并与其一起带孩子去医院就医,圆圆老师也在当晚向园长提出辞职。

(案例提供:湖南省娄底市教育科学研究所 王立群)

案例评析

引导幼儿制订游戏计划，可以增强游戏中的计划性和自主性，培养幼儿良好的学习习惯与品质。可是，幼儿在制订计划环节却因为争抢水彩笔发生咬伤事件，接着是教师应对不当惹怒家长，然后家长不理性地殴打教师，最后教师深感委屈而提出辞职。这是一起发生在教育活动中的幼儿争执事件，产生了蝴蝶效应，引发家园矛盾和园所队伍的不稳定，破坏力不小。

在这场危机中，圆圆老师作为年轻教师，在组织班级活动时对全体幼儿的关注和指导不够细致，没有及时发现幼儿争抢水彩笔，而且在幼儿被咬伤后处理伤情马虎。园所的危机应对也是失败的，园长赶赴纠纷现场处理问题时，没能及时控制事态，继而发生情绪失控的家长竟然当众动手殴打教师的事件，影响极坏，教师的尊严受到侵犯，工作没有安全感，可见园所的危机管理措施是被动、无效的。

管理建议

1. 危机应对

复盘上述危机，我们建议这样应对。

（1）*专业处理伤口*。面对幼儿咬人事件，教师务必及时制止，安抚幼儿的情绪，尽快处理伤口。如果伤口比较小，可以采用酒精和碘伏联合消毒的方式进行局部消毒，也可以直接去医务室进行消毒；如果伤口比较深，需要打破伤风，就必须去医疗机构进行专业处理，包括使用外用药膏以及抗生素进行抗感染处理等。监护人要遵从医嘱做好照料，比如不要让伤口部位接触生水以防感染等。

（2）*及时告知家长*。上述案例中，教师没有掌握针对此类安全事故的处置流程，危机预防意识不强，与园长、家长的沟通不及时，存在一定的侥幸心理。教师发现幼儿伤口较重时，要及时联系当事双方幼儿的家长，并按照园所安全事故上报机制向园所负责人报告。家长有权利尽快知晓孩子在园受伤的情况，并在治疗时陪在孩子的身边，安抚孩子的情绪。

（3）*制止事态发展*。园长到了纠纷现场，要尽快平息家长的怒火，防止矛盾升级，一方面要提出自己和家长一起陪同幼儿去当地医院或卫生防疫站就医，费用由园方承担；另一方面要派人安抚被打的圆圆老师，表明园所会为职工依法维权的态度。后期处理中，园方态度要坚定，就幼儿咬伤事件，打消家长要求幼儿园无限度承担责任和提供不合理的经济赔偿的念头，也要严厉告诫家长殴打教师是违法的，应该真诚致歉并赔偿教师的损失。

2. 危机预防

园所要高度重视教师组织教育活动的能力的培养，预防出现班级幼儿伤害事故。

（1）*重视幼儿的社会性发展，指导幼儿正确交往*。幼儿咬人大多是生理和心理发展的阶段性问题，不属于攻击性行为。幼儿咬人，有时是一种情绪的表达，以表现自己兴奋、激动、紧张、伤心和愤怒的情绪；有时是一种认知与辨识能力的体现，因为语言表达有限，用咬人方式告知对方，如"玩具是我的"；有时是一种模仿，看见别人咬人，自己也想咬人。幼儿咬人也是一种社交能力薄弱的体现，他们用咬人表达自己的需求和困难，教师必须耐心对待，让幼儿明白咬人是不对的，引导幼儿用语言表达自己的想法，而不是靠咬人这样错误的行为。教师要有针对性地分析幼儿的咬人行为，采取适宜的教育策略，防止幼儿将咬人的不良行为转化为习惯。比如，通过观看相关主题的动画故事或进行角色游戏扮演等，让幼儿明白咬人会给别人带来疼痛，会失去朋友。引导家长积极配合幼儿园的教育活动，指导幼儿在生活中学习一些交往技巧，避免出现咬人事件。

（2）*案例警示，反思总结*。园所可以在开展危机管理培训时，从互联网平台上寻找一些类似案例，引导教师分析，从中学习预防及应对危机的方法。

危机管理是一门科学。用身边的案例进行警示，举一反三，是促进教师危机管理水平提升的良策。

第五章

幼儿园保育危机管理案例与评析

概念

幼儿园保育危机是指发生在幼儿园对幼儿进行身心照顾、保育管理、卫生保健等工作中，给幼儿、保育工作人员或幼儿园等带来危害的，需要幼儿园在短时间内做出科学决策，否则会威胁幼儿身心健康或对幼儿园保育工作的正常运作造成负面影响的紧急事件。幼儿园保育危机管理是指研究保育危机事件的发生、发展和变化规律，并针对保育危机的事前、事中、事后不同阶段的特点，采用最可行、最切实的对策和行为，在最短的时间内以最少的资源避免或减少保育危机对幼儿、保育工作人员或幼儿园造成的威胁和损失的管理过程。幼儿园保育危机管理，包括保育危机的预防与预警、应急处理、评估与恢复三个阶段。

共性特点与危害

共性特点

幼儿园保育危机的特点主要体现为以下三点。

1. 基础性

保育工作是帮助幼儿健康成长的重要保障，是促进幼儿全面发展的重要途径，在幼儿园各项工作中处于基础性地位。科学管理好幼儿的生活，有效预防保育危机，才能更好地开展幼儿园的其他各项工作。

2. 多发性

幼儿的生理和心理尚未成熟，个体差异大，他们在园中的饮食、睡眠、如厕、盥洗等生活环节以及卫生保健、安全防护、身心发展等方方面面都需要科学、专业的保育工作做保障，但现阶段幼儿园保育队伍的专业化程度普遍较低，因而保育危机易发、多发。

3. 蔓延性

保育危机具有动态性发展特征，可能滋生其他危机事件，如保育工作人员的心理危机或幼儿园公共关系危机等。

危害

保育危机的危害主要体现为以下三个方面。

1. 人的身心健康方面

保育危机对人的身心健康造成危害，包括对幼儿的危害和对保教人员的危害，轻则使其身心受伤，重则生命不保。

2. 经济方面

保育危机会产生用于医疗救治的费用，幼儿园需要进行经济赔偿，造成直接的财务负担。

3. 园所形象方面

保育危机会损害园所形象，引起家长、社会、上级主管部门对幼儿园保教工作、保教人员、保教质量的质疑，损害幼儿园的形象，甚至导致幼儿园出现生存危机。

管理策略

应对策略

保育危机事件具有多发性与基础性特点，是幼儿园管理者和保育工作人员必须努力预防和避免的。然而，保育危机事件一旦发生，相关人员要保持冷静，积极应对。一要根据当时的情形，快速、灵活应对。二要做好舆论管理，真诚面对，灵活沟通。三要关心慰问，有效开展心理救助，关注幼儿、家长、保育工作人员以及团队的心理恢复。四要"吃一堑，长一智"，深刻总结反思，尽快恢复常态。

3—6岁幼儿，其身心发展迅速，有很强的可塑性，但缺乏知识经验；活动欲望强烈，但自我保护意识欠缺；心灵纯洁、稚嫩，但容易受到伤害。本章的保育危机案例启示我们：幼儿园保育危机无处不在，管理者与保育工作人员只有居安思危、防微杜渐，增强保育危机意识，坚持做好保育危机预防工作，加强检查、消除隐患，才能降低保育危机发生的可能性，不断提高保育危机的管理水平；也要积极面对，诚恳接受批评，才能使幼儿园转危为安，继续赢得家长、社会的信任和理解。

预防策略

保育危机直接影响幼儿的身心健康与生活质量，因此，幼儿园必须牢固树立"预防为主，防范胜于抢险"的思想。预防策略主要从以下五个"完善"

入手。

1. 完善保育危机的组织机构建设

建立统一、协调的保育危机管理领导机构，组建保育危机专业管理团队，健全保育危机全员共同参与的机制。保育危机管理领导机构由园长任组长，负责制订保育危机管理计划，组织协调开展应急工作，对外联络与沟通；副组长由副园长担任，协助组长开展工作，负责对应急情况进行初步判断和处理；成员包括保健医生、班级教师、保育员、后勤人员等，根据保育危机预案各负其责。

2. 完善保育危机预案体系建设

幼儿园建立一套科学、合理、具体的应急预案至关重要。这个预案体系应包括各类传染病突发事件应急预案、食物中毒应急预案、饮用水突发污染事故应急预案、幼儿突发疾病应急预案、幼儿意外伤害事故应急预案、大型群体活动公共安全事故应急预案、火灾应急预案、防溺水安全应急预案、防洪涝安全应急预案、防恐防暴安全应急预案等。在进行保育危机预案体系建设的同时，要做到常演练、常评估、常调整。

3. 完善保育危机的防范机制

保育危机防范机制包括排查机制、预警机制和风险评估机制。保育危机管理小组应定期排查、监测保育工作中的隐患，依据预警机制进行风险评估，从而采取必要的处理措施。

4. 完善保育危机的教育培训

教育培训的对象包括幼儿园管理者、保育工作人员、幼儿、家长等，尤其不能忽略对家长科学保育观念与技能知识的培训。培训的内容应包括常见传染病的预防及处理、常见意外事故的预防及急救、婴幼儿健康管理知识、幼儿园一日生活管理制度、各类危机应急预案等。

5. 完善预防保育危机的人防技术和物资准备

这里的人防技术是指各岗位人员应配备到位、尽职履责并通过日常训练提高应对突发事件的意识和能力；物资准备是指园所需要采购或添置的设施设备，如监控系统、报警设施、防爆武器、灭火器材等。

案例 38
如此强制午休，是爱还是虐待？

案例呈现

某早教中心的一个小朋友在午睡时间被教师用被子包裹并用胶带捆绑的视频在网上流传。视频中，小朋友被两名值班教师用被子包裹严实，其中一名教师疑似还将腿压在孩子身上玩手机。春夏交替时节，孩子裹一床被子还盖一床被子，被热得满脸通红，画面令人揪心。随后，该早教中心对外发布事件声明，称教师将被子裹在孩子身上，是因为担心孩子感冒。由于视频中孩子喜欢动，不停蹬被子，因此教师固定了被子。

视频一出，有家长表示担心：有监控还这么大胆，不知道自己的孩子在幼儿园过得好不好。还有一些网友对早教中心的管理表示质疑，称管理者回应的态度表明他们是默许教师这么做的。

几天后，当地公安局发布警情通报称，对前述网帖高度重视，公安局将联合卫生健康局、教育体育局、辖区派出所成立专班，对此事展开调查与处理。

（案例提供：湖南省娄底市直机关幼儿园 周桑）

案例评析

近年来，通过幼儿园监控视频曝光的各类事件层出不穷，上述案例就是这样一起由教师专业素养问题导致的保育危机。

《幼儿园工作规程》提出："幼儿园教职工应当贯彻国家教育方针，具有良好品德，热爱教育事业，尊重和爱护幼儿，具有专业知识和技能以及相应的文化和专业素养，为人师表，忠于职责，身心健康。"上述案例中的孩子由家庭进入集体生活不久，正是需要教师帮助其建立新的生活常规、适应集体生活的关键期。对于午休时段难以入睡的孩子，值班教师没有体贴陪伴、认真分析原因，没有耐心引导、科学应对，而是采取粗暴的方式进行管制；面对家长的质疑，管理者仍未意识到存在的问题，而是一味地掩饰、回避矛盾，给孩子的身心健康以及早教中心的名誉均造成了显性危机。明知被摄像头监控着，值班教师依然出现不当的行为，这也暴露出该早教中心在规范日常管理以及教师专业培训方面的欠缺。

当前，很多学前教育机构在监控管理方面只注意谁来管理硬件设施，从来没有在意视频内容谁去看、多久看一次以及重点看什么等。这就让监控成为一个摆设，也是导致教师明明知道身边装有摄像头，但仍然肆无忌惮的重要原因之一。

管理建议

1. 危机应对

早教中心的管理者和相关教师应当认真调查、深刻反省，用真诚的态度和积极的行动换取家长的谅解，尽最大的努力消除不良影响，并严肃做好内部的整顿与管理工作。

（1）*迅速反应，查找原因*。危机已经发生，孩子的身心受到伤害，家长愤怒不已，已将相关视频发布在网络上，早教中心如果处理不当就会造成二次信誉危机，将更加不利于后期的事件处理。因此，早教中心的管理者应当高度重视，正视问题，分析原因，解决问题。

（2）*态度诚恳，承担责任*。早教中心的管理者应采取正确的措施：一方面要用心安抚好孩子的情绪，向家长赔礼道歉，主动平息家长的怒火；另一方面要与家长进行沟通协商，根据造成的实际后果主动承担相应的责任。

（3）*整体考虑，制定方案*。既然问题责任在早教中心，那么管理者就要积极担当、合理处置、消除不良影响，必须制定有效的应对方案，深入分析出现问题的原因，出台相关的工作制度，加强对教师工作行为的监督与指导，避免再次出现类似的问题。

2. 危机预防

对于类似保育危机事件的预防策略，有以下三点建议。

（1）**提高聘任门槛，保障队伍素质**。教育机构要把好园长、教师的入职关。管理者要提高教师聘任门槛，加强师德培训与专业能力培训，同时还要特别关注教师的心理疏导，定期开展心理测评和辅导，提高教师的整体素质，不能让不懂教育、没有爱心与耐心、未经培训的教师任职。

（2）**提高教师待遇，稳定幼教队伍**。学前教师工资待遇低、压力大是客观存在的问题，很难吸引优秀的人才进入这个行业。学前教育机构要为教师创设良好的工作环境，营造积极、和谐的工作氛围，提高待遇，让教师积极乐观、充满活力地投入工作。

（3）**完善安保措施，加大监管力度**。例如，通过值班领导日常巡查、设置摄像头等监管措施对教师中午的值班行为进行专项定期检查与指导。建议管理者每月至少抽查一遍各个班级的视频，对一日生活的关键环节（如午睡、用餐、集体活动等容易引发师幼矛盾的重点时段）进行抽查，并采取适当的方式对抽查结果进行通报，对于违反规定、对幼儿实施不当保育行为的教师采取必要的惩戒措施，加大追责力度。

爱为师之魂，德为师之本，能为师之基。儿童的教育在其不断成长的过程中完成，教育者须用心呵护儿童成长的每一步，与儿童共同成长。

案例 39
太阳能热水器里的水能喝吗？

案例呈现

离园时间，一位家长来到了幼儿园厨房，他向厨房工作人员询问幼儿饮用水的设施情况。厨房班长指着开水房，告诉他："开水房里有烧水器，每天烧好开水后，由老师们打好温水放进班级的保温桶供幼儿饮用。"家长很仔细地查看了水质过滤器和烧水器，却意外发现，烧水器的进水管接收的竟然是太阳能热水器加热后的水。这一发现引起了他对幼儿园饮用水安全的质疑，他将了解到的情况发送到了班级微信群里。当晚，家长们在微信群里炸开了锅，纷纷表达对幼儿园饮用水安全性的担忧。

第二天，该班几名家长一起来到幼儿园反映对于幼儿饮用水的质疑，幼儿园表明会在几日后的家长会上正面回复。

家长会这天，50多名家长来到了现场，园长向家长们承认了孩子们在园喝的确实是太阳能热水器加热后再进入净水设备二次加热的水。家长们提出了三点诉求：一是要求园方对全园孩子进行全面体检；二是请第三方机构对幼儿园目前饮用水的水质进行检测；三是整改现有的供水设备。

与此同时，有家长向辖区派出所报了警。接警后，警方联合当地教育部门和疾控部门介入此事进行监督处理。家长们纷纷就此事在微博、朋友圈等网络平台上发布各种消息，在当地引起广泛的社会舆论，给该园的声誉造成了巨大的影响。

（案例提供：湖南省娄底市娄星区恩雅幼儿园　段轶）

案例评析

这是一起严重的幼儿园保育危机事件。世界卫生组织调查表明，全世界

80%的疾病、50%的儿童死亡与饮用水水质不良有关，饮用不良水质导致的疾病多达50多种。饮用水安全是目前国际社会高度关注的环境和健康问题。

2010年，卫生部和教育部发布的《托儿所幼儿园卫生保健管理办法》指出："托幼机构的建筑、设施、设备、环境及提供的食品、饮用水等应当符合国家有关卫生标准、规范的要求。"太阳能热水器里加热的水达不到饮用水的标准，并且太阳能热水器厂家明文规定热水器里的水不可饮用。上述案例中的幼儿园自创园以来给幼儿喝的一直是太阳能热水器里加热的水，反映了该园管理者对饮用水的管理缺失，对水污染的危害不了解，保育保健管理能力差。当班级微信群里的家长开始讨论此事时，教师没有及时上报园长，幼儿园在几天后才召开家长会处理此事，导致负面信息在互联网上大量传播，引起大众对幼儿园乃至整个行业以及社会的信任危机。

管理建议

1. 危机应对

上述案例中，如此不讲科学、危机意识淡薄、应对能力差的园所和团队真令人担忧，应该如何有效应对此类危机呢？

（1）*积极反应，及时采取行动进行补救*。当教师在微信群里看到家长们讨论的信息时，应立即报告园长。园长应在当天召开紧急会议，商量应对措施，以最快的速度召开家长会，坦诚承认过错，主动采取补救行动，如：立即更换供水设备，主动邀请家长选择第三方机构与疾控部门共同检测水质；主动组织全园幼儿到三甲医院进行全面体检，园所承担费用及各项责任……让家长看到园方积极处置的真诚和担当。

（2）*舆情监测，尽量控制负面信息的传播*。幼儿园成立危机管理舆情管控小组，小组成员深入各班与家长真诚沟通，表明园方全面负责、积极整改的态度与行动，恳请家长不要在网络上进行传播，以维护幼儿园的正常秩序。同时，上报上级部门，请上级部门帮助协调处理，控制舆情。

（3）*善后与重建，提高保育保健管理水平*。一是组织全园教职工开会反思本次饮用水危机事件，讨论事件对今后饮用水安全管理与危机预防及应对的启示，提升幼儿园的相应能力。二是组织团队认真学习《托儿所幼儿园卫生保健管理办法》，对照本园保育保健各项工作现状查找问题，积极反思，认真查缺补漏，确保整改到位。

2. 危机预防

水是生命之源，预防饮水危机是园所卫生保健工作的重点内容。

（1）**建立饮用水管理机制**。园长对饮用水的卫生要求要有清醒的认识，建立幼儿园饮用水的管理制度，设立饮用水管理员。确保饮用水水源、供水设施符合国家卫生标准，供水设施设备安全密闭，并有必要的卫生防护措施；保障班级饮水过程安全，如每日清洗和消毒班级盛放饮用水的保温桶、幼儿水杯、水杯架，一人一杯；保证幼儿足量饮水，养成良好的饮水习惯；加强幼儿园饮用水安全的监督检查，定期对饮用水水质、供水设备、班级饮水过程等进行监督检查。

（2）**宣传饮用水卫生知识**。加强对幼儿进行科学饮水的安全教育和良好习惯的培养，教给幼儿正确的饮水方式，避免喝水时呛到。在一日生活环节中，设定相对稳定的饮水时间，保证幼儿适量喝水，鼓励幼儿多喝白开水，少喝或者不喝饮料，珍惜水资源，喝多少，倒多少，不浪费水。通过家长会、家长育儿经验交流等渠道向家长们传递饮水健康的知识，从而达成家园共育，帮助幼儿养成良好的饮水习惯。

幼儿园的饮水安全直接关系到幼儿的生命安全与健康。只有不断加强幼儿园内部的监管工作，防范水质污染，增进大家对于水质安全、水源管理及卫生保洁等方面的认识，才能保证饮用水的安全和健康。

案例 40
多名幼儿在幼儿园火灾中丧生

案例呈现

某年夏天的一个晚上,某寄宿制幼儿园小班的孩子们进入了甜甜的梦乡。夜晚如此宁静,谁也没想到,一场悲剧在悄悄逼近。

21时许,班主任白老师在寝室里点上了三盘蚊香,分别放在床铺之间南北走向的三条过道的地板上。保育员李老师来接班,两人像往常一样清点幼儿人数,进行了交接班登记。白老师临走时叮嘱李老师:"点了蚊香,注意一下。"

23时10分许,保教主任胡老师与保健医生一同来到小班寝室巡查。胡老师看到了蚊香,转头询问保健医生:"点蚊香对幼儿健康有影响吗?"保健医生说:"对幼儿呼吸道会有影响。"于是,胡老师叮嘱李老师打开窗户,注意通风。

巡查人员走后,李老师离开了寝室,她首先到卫生间洗澡、洗头,之后来到活动室,给幼儿的毛巾编号……45分钟后,李老师听到寝室里发出奇怪的声音,她起身走进寝室。出现在眼前的一幕让她顿时惊慌失措,10号床的被子与14号床的枕头已经冒出了火光与烟雾,她抱起10号床的孩子到寝室外呼救,然后又回到寝室里,陆续抱出了三个孩子……

当幼儿园工作人员和救援人员赶来时,寝室里烟雾弥漫,火光冲顶!尽管救援人员奋力扑救,但是,因为延误了火灾初期的扑灭时机与幼儿逃生时机,这起事故造成多名三四岁幼儿死亡,教训惨痛,也成了人人扼腕叹息的幼儿园火灾事故重案。

(案例提供:湖南省娄底市娄星区恩雅幼儿园 段轶)

案例评析

这是一起因保教人员工作失职引发火灾导致的幼儿伤亡事故。造成这起严重的幼儿伤亡事故的原因是：班主任防火意识淡薄，在寝室内留下火种，造成安全隐患；保育员玩忽职守，在值班过程中离开寝室做其他事情，缺乏相应的消防安全知识和灭火自救技能，酿成火灾；幼儿园消防安全管理制度不健全，没有制定消防安全应急方案，园长等管理人员对幼儿园的防火工作监管不力。几名事故责任人的过错，导致火灾发生，多名幼儿伤亡，幼儿园负有全部责任。

管理建议

1. 危机应对

幼儿园一旦发生火灾，就必须马上启动幼儿园消防安全应急预案，全体教职工必须将保护幼儿的生命安全放在首位，必须冷静、机智地运用火场自救与逃生知识救护幼儿。

（1）及时报警。发现火情，第一时间拉响全园消防安全警报，及时拨打火警电话119。在报警电话中要说明以下情况：起火单位、位置、着火物、火势大小、火场内有无化学物品及其类型、着火部位、报警人姓名及所用电话，同时指定人员在园所入口醒目处等候，迎接消防救火车辆和工作人员。

（2）紧急灭火。发现火情的教职工以及灭火行动小组在第一时间就近使用灭火器材争分夺秒灭火。

（3）控制火势。疏散行动小组第一时间开启消防电源，打开应急照明设施和安全疏散标志。在消防人员到达之前，灭火行动小组使用园内消防设施尽力控制火势的蔓延。

（4）组织幼儿撤离。班级教师保持镇静，明辨方向，第一时间有序组织幼儿进行简易防护，蒙鼻弯腰行走或者贴地匍匐前行，沿着疏散通道迅速撤离。

（5）疏散、施救。救援小组迅速调集社会有关力量以及医疗卫生等部门赶赴火场，幼儿园的教职工全力配合做好疏散施救工作。

（6）控制现场人群。被抢救疏散出来的幼儿一定要有教师专门看护，防止他们再次进入火场；同时应制止幼儿家长盲目、失去理智地进入火场，以免影响灭火和抢救工作，造成更大危机。

（7）善后处置。事故发生后，幼儿园在核实无误的情况下，根据事先制定的幼儿园安全事故责任追究制度对当事人进行责任追究。园长负责将火灾情况和事故处理结果向有关主管部门报告，同时在主管部门的指导和协助下做好相关的善后工作。

2. 危机预防

上述案例带给我们以下有关危机预防的启示。

（1）重视消防安全。幼儿园园长是消防安全的第一责任人，园领导要高度重视消防安全工作，建立相应的消防安全管理制度，明确消防安全管理人。消防安全管理人对校园消防安全工作负总责，要定期检查园内消防设施是否完好、疏散通道是否畅通、安全标志是否损坏、教职工有无违规用火用电等情况，发现隐患要及时整改。

（2）配置消防设备。幼儿园配置智慧消防系统，如智慧消防报警系统、消防烟雾探测器、智慧消防水系统、智能灭火器和智能消防逃生系统等，让高科技、智能化的消防产品为幼儿园生命和财产安全提供更加可靠的保障。

（3）加强培训和演练。邀请专业人员定期开展消防培训，对幼儿园全体教职工定期讲授消防安全知识，使每位教职工都能掌握防火的基本知识、灭火的基本方法、火场逃生的基本技能。要定期开展灭火疏散演练，掌握火灾情况下如何安全、快速地疏散幼儿。利用互联网信息平台保存相关培训与演练视频资料，作为新员工的入职初期培训课程，防止出现新人技能盲区。组织幼儿进行逃生演练。要根据幼儿的特点，开设特殊的消防安全知识讲堂，以游戏、消防趣味运动会、观看警示案例等适当的方式，促进幼儿对消防安全知识与逃生技能的理解。

（4）加强日常管理。加强保教人员的师德师风建设，增强保教人员的危机意识与责任意识，严格管理和督查教师一日生活的组织与实施过程。

幼儿年龄小，自我保护意识和能力都比较弱，幼儿园管理者与保教人员只有具备高度的安全意识、严谨负责的工作态度、熟练的工作技能和科学的管理策略，才能真正保障幼儿的生命安全与健康。

案例 41
夺命窗帘绳

案例呈现

一天中午,某幼儿园小班的三位教师陪护孩子们在教室内用餐。小男孩淘淘第一个吃完,他收好了餐具,跑到教师面前,教师奖励给淘淘一张小贴纸。淘淘非常高兴,独自跑到寝室玩耍。寝室里没有教师,也没有小朋友,淘淘来到窗户旁,玩起了亮晶晶的窗帘绳。他首先拉扯了一阵由一颗颗塑料小珠子串起来的窗帘绳,然后又好玩地把窗帘绳缠在自己的脖子上……几分钟后,一名教师来到寝室,惊恐地发现淘淘头吊在窗户右边的窗帘绳上,窗帘也已经下降了一半。她赶紧抱下淘淘,淘淘已经脸色青紫、没了呼吸。园方迅速将淘淘送医救治,经全力抢救也未能挽回孩子的生命。

(案例提供:湖南省娄底市娄星区恩雅幼儿园 段轶)

📝 案例评析

上述案例既是一起由于幼儿园设施设备存在隐患诱发的事故,又是一起由保教工作失误引起的危机。事故发生的原因主要有以下三点。

(1)**幼儿园安全隐患排查不到位。**幼儿年龄小,活泼好动,对周围环境充满了探索的欲望,缺乏必要的生活经验和常识,对危险的认知少,又不能预见行为后果,悬垂的绳索类物品很容易使幼儿遭受意外。此案例中,如果幼儿园安全管理人员和班级保教人员对悬垂的窗帘绳排查到位,清除了隐患,就不会发生这起事故。

(2)**教师的安全意识淡薄,生活活动分工不合理。**事故发生在午餐环节,三位教师都在活动室内陪伴幼儿用餐,独自去寝室玩耍的幼儿却没有教师看管。这体现出班级教师在组织幼儿一日生活中对保护幼儿安全的重要性的认识不足，同时存在麻痹思想。合理的分工应该是一名教师协助幼儿就餐，一名教师巡回观察幼儿的进餐情况，另一名教师组织管理已经吃完饭的幼儿的活动。

（3）*幼儿的安全意识淡薄*。玩窗帘、玩绳索都是危险行为，教师如果平时对幼儿进行了此类安全教育并注意强化他们的危机意识，那么也能有效避免幼儿玩窗帘绳致死的伤害事故发生。

管理建议

1. 危机应对

幼儿园应制定幼儿意外伤害事故应急处置预案，发生此类幼儿重大伤害事故应立即启动应急预案，由突发事件领导小组组织应对，落实各部门的职责，冷静、妥善处理。

（1）*以人为本，积极救治*。救治小组本着以人为本的原则迅速把受伤幼儿送往医院救治，分管园长与责任人及时通知家长，如实说明情况，并做好家长的安抚工作。

（2）*统一思想，妥善应对*。一是园长立即报告上级教育行政部门，在其指导与协助下，努力使事故得到妥善处置。二是召开全园教职工会议，及时通报情况，稳定情绪，统一认识。三是突发事件领导小组积极配合有关部门调查取证，及时研究处理意见，确定对外发言人，每天和各方面真诚沟通，每天要有专人记录情况。

（3）*善后处理，恢复重建*。在上级有关部门的指导与协调下，根据《学生伤害事故处理办法》中的有关条例进行善后，并尽力做到一次性解决，不留尾巴，如家长不同意，可提醒家长依法起诉。同时，根据幼儿园安全事故责任追究制度的规定，对责任人进行责任追究，组织全园教职工参加事故分析会议，总结经验教训，完善规章制度，避免危机再次发生。

2. 危机预防

保教结合是幼儿园工作的特点，其中，预防保育危机十分重要。

（1）*健全保育危机排查机制*。建立健全幼儿园保育危机排查机制，落实信息报告制度，定期排查和及时掌握本园、本班的保育危机因素；超前预测可能发生的保育危机事件，有针对性地采取防范和控制措施，确保各类保育危机早发现、早控制、早化解。

（2）**增强教职工的保育危机意识**。定期组织保教人员进行有关一日生活各环节安全管理的培训与研讨活动，提高保教人员防范、处置与应对保育危机的能力，如通过培训让每位教职工都掌握海姆立克急救法、心肺复苏等急救方法。

（3）**培养幼儿的安全意识**。采取多种活动形式，让幼儿知道生活中存在哪些危险、哪些行为是不安全的、哪些行为是规范的。教师在日常生活中做好随机教育，及时鼓励或纠正幼儿的行为。例如：走路时要抬头挺胸，双眼直视前方；上下楼梯靠右行走，不嬉戏打闹；吃饭时细嚼慢咽，尽量保持安静；不玩危险物品等。

只有健全园所的危机管理机制，日常认真排查危机隐患，提高保教人员的危机意识和危机处置能力，增强幼儿的安全意识和自我保护能力，才能有效应对和预防幼儿园保育危机，减少事故发生的概率和造成的损失。

案例 42
家长留错言，教师喂错药

案例呈现

某幼儿园托班 2.5 岁的阳阳这两天一直有咳嗽、感冒的症状。妈妈带阳阳看了医生后，让奶奶将其送到幼儿园，并将医生开的药委托给教师帮忙喂服。高老师按照奶奶的委托给阳阳喂了 35 毫升的口服溶液。下午 4 时 30 分左右，阳阳突然脸色苍白、呕吐不止，教师认为他病情加重，于是马上打电话联系阳阳妈妈告知孩子的情况，让妈妈迅速带孩子去医院。阳阳妈妈将孩子带到医院急诊科检查，此时孩子的心跳已经高达 190 次/分，主治医生诊断为药物中毒，需要马上洗胃。

显然，阳阳是因为服药过多而中毒。阳阳妈妈认为这是教师的失责导致的，要求幼儿园必须承担全部责任并予以赔偿。

幼儿园的张园长经过调查，了解了事情的经过：口服溶液是阳阳奶奶早上带来的，她按照幼儿园的服药制度填写了喂药委托单及在园服药情况登记表，并在委托单上填写了服药量为 35 毫升，将委托单亲手交给了高老师。高老师当时觉得服药量很多，再次询问了阳阳奶奶，可奶奶对她说："这是阳阳妈妈交代的，他妈妈在药盒里也写好了，请老师喂服时再核对一下。"下午，高老师给阳阳喂药时，看到药盒里阳阳妈妈写的纸条上也是 35 毫升，就让阳阳服了 35 毫升，导致阳阳的药物中毒事件。张园长出示了阳阳奶奶填写的委托单和妈妈写的纸条，认为教师是按照家长的纸条进行操作，不应该让幼儿园承担主要责任。但是阳阳爸爸表示，即使孩子妈妈写错了，教师们为什么就不能给家长打电话核实，或者向幼儿园的保健医生核实，这也说明幼儿园教师缺乏基本的常识和责任心。

事情最终还是以幼儿园赔偿结束。可是，幼儿园究竟有没有义务给孩子喂药呢？教师不是专业的医生或护士，又该如何避免因喂药而给孩子的生命健康带来的风险呢？

（案例提供：湖南省娄底市娄星区恩雅幼儿园　段轶）

案例评析

此案例是一起因家长委托幼儿园喂药而引发幼儿药物中毒的保育危机事故。通过阅读案例可以发现，该幼儿园有明确的服药管理流程与规范，保教人员严格按照"家长填写喂药委托单及在园服药情况登记表—保育员收药并与家长确认—保育员严格按照委托单进行喂药—喂药后观察幼儿的情况"这一规范的流程进行操作，却没想到还是发生了危机事故。这启示我们：制度的建立要与人的灵活执行相结合。

这起事故的发生主要有三个原因：一是幼儿园缺乏专业的保健医生监管幼儿的服药过程；二是家长粗心，向班级教师提供错误的服药信息；三是教师对有关幼儿服药剂量的常识掌握得不够。案例中的高老师对幼儿的服药剂量不确定时，没有与幼儿的父母及时取得联系，而只是询问幼儿的奶奶，往往老人也不具备这方面的专业知识而错误确认。

管理建议

1. 危机应对

在这起幼儿因服药过量而引发中毒事故的责任纠纷中，家长疏忽大意写错药物剂量是事故的起因，园方未尽到注意义务，也有责任，应该由家长和园方共同承担责任。幼儿园必须第一时间带幼儿到三甲以上医院就医，尽全力救治幼儿。同时，园方要与家长进行真诚沟通，可在教育、公安、医疗等部门的指导与协助下与家长签订并履行赔偿和善后协议。

幼儿园内部要尽快召开事件分析与整改会议，进一步完善幼儿在园服药制度与流程，提升幼儿园的卫生保健管理水平。如果危机事故已经蔓延，园所必须尽快应对舆情危机，在上级教育行政部门的指导下，向幼儿园家长以及社会公众实事求是地公布事件的经过与处理结果。

2. 危机预防

幼儿的身体正处于发展阶段，他们体质较弱，容易生病，照顾幼儿在园服药是不可避免的事情。《幼儿园工作规程》指出："幼儿园应当建立患病幼儿用药的委托交接制度，未经监护人委托或者同意，幼儿园不得给幼儿用药。幼儿园应当妥善管理药品，保证幼儿用药安全。"这说明幼儿园经监护人委托可以给幼儿喂药，但是也有责任和义务保证幼儿用药安全。幼儿服药的管理与落实，需要家长、幼儿园的保健医生以及班级教师各自履行职责，共同承担服药管理的责任。

（1）家长是合格药品与正确服药信息的提供者。家长在向教师传递药品与服药信息的过程中，如果出现错误是非常不安全的。家长是服药环节的发起者，因此，为了保障幼儿在园的服药安全，教师需告知家长依照幼儿园的服药管理规则，保证提供合格药品和全面、准确的服药信息。家长需要将幼儿所服用的药品按剂量分好并详细填写服药信息，检查药品的保质期和适用对象，方便教师对照药物名称和标准用量让幼儿服用。

（2）保健医生是幼儿在园科学服药的监管者。保健医生首先要在幼儿服药之前对家长提供的药品与剂量进行检查和监督，其次要对幼儿服药环节后班级教师的执行结果进行管理和监督。

（3）班级教师是幼儿服药过程的实施者。当班教师除了要明确地按照服药登记表照顾幼儿服药，也要保持用药安全的警惕性，具备幼儿常用药物剂量的常识准备，管理好本班幼儿的药品，防止幼儿误食误用，并对幼儿服药后的状况细心观察，及时向家长反馈。

随着信息技术赋能园所管理，幼儿园可以使用智能管理平台实现服药管理的准确和高效。例如，当前不少幼儿园在使用"掌通家园""爱学通"等智慧管理平台，家长用手机上传幼儿服药信息，班级教师与保健医生都能及时看到幼儿的服药信息，并进行三方确认，就能使服药信息的传递更便捷、准确，防止出现差错而酿成危机。

案例 43
教师患上肺结核，传染给多名幼儿

案例呈现

王老师是某幼儿园的一名年轻教师。某日，她感觉喉咙不舒服，总是咳嗽，于是请假去当地的镇医院检查，检查结果是过敏性咳嗽。7月快放暑假时，王老师的病情仍不见好转，还出现了咯血的症状，于是她到市人民医院检查，结果被诊断为肺结核。

园方得知此消息，立即通知王老师所在班级的所有师幼进行结核病T-SPOT筛查，发现该班的师幼中有十多人有明显的结核杆菌感染存在，发病可能性较大。此时，家长们已经忧心不已，纷纷提出不放心本市医院的检查结果。在多方的协调下，市疾控中心等多部门联合组织该班幼儿赴省会城市某大学附属公共卫生临床中心检查，最终得出的结论是：多名幼儿确诊为结核病。8月，该园又出现了新的病例，市疾控中心对全园所有师幼再次进行筛查，最终又发现了十多个强阳性病例。经调查，这些感染人员与最初的患病教师的病情存在流行病学关联。

该传染病事件发生后，尽管幼儿园就此事发布通告，表示幼儿园已经根据市疾控中心的建议对园区进行了彻底的消毒，并会在复学前组织教师再次筛查，今后也将加强幼儿园健康管理工作，可是到了9月复学季，依然有很多家长不敢再送孩子回幼儿园。家长们纷纷表示，对幼儿园的传染病防控能力与卫生保健工作能力不再信任，孩子的健康安全没有保障，只能考虑为孩子转学。

（案例提供：湖南省娄底市娄星区恩雅幼儿园　段轶）

案例评析

幼儿园是低幼人群高度集中的机构，幼儿是结核感染的高风险人群，一旦发生传染性肺结核，极易在校园内传播蔓延，严重威胁师幼的身心健康，干扰幼儿园的生活秩序，甚至造成社会恐慌。

上述案例中，幼儿园因对师幼健康管理的疏忽，导致了肺结核传染病在幼儿园内的大面积传播，是一起严重的幼儿园保育危机。从7月王老师被市人民医院确诊为肺结核，到8月市疾控中心又对全园师幼再次筛查，就传染性疾病的筛查与控制而言，这个周期过长，充分暴露出园所在应对危机时的被动与行动缓慢的弊端，最终使危机更危，造成失去很多家长的信任、生源大量流失的更大危机。

管理建议

1. 危机应对

教师查出传染病，幼儿园应该立即启动传染病应急预案，成立传染病危机管理小组，采取措施，防止病毒进一步传播，尽可能地减小危机扩散范围和破坏程度。

（1）*积极处置危机*。教师查出患有肺结核后，幼儿园应马上将患病教师隔离，并要求其进行治疗，将传染病实情进行公布，建立信息沟通共享平台，让教职工与家长全面了解传染病信息。同时，向卫生防疫部门报告，在最短的时间内实施适宜的防护策略，做好全园范围内的消毒工作，切断可能存在的传播途径。对全园其他教职工和幼儿进行疾病筛查，加强全园范围内的日常健康检查工作，以免存在潜在的感染问题，如因幼儿园防控措施不力造成多病例传播，幼儿园应承担救治责任。幼儿园还需做好外部公关工作，避免因信息传递错误造成幼儿及家长的心理负担，带来社会恐慌。

（2）*妥善做好善后*。传染病危机过后，幼儿园仍然不能放松警惕，应继续与家长保持密切联系，了解幼儿的健康状态，做好复查、回访和记录等善后工作。对患病幼儿、家长及教职工进行心理疏导，帮助他们重新步入正常的生活轨道；复盘整个处理过程，进行反思，总结经验，促使幼儿园传染病管理工作更加科学化；尽快有目的、有计划地恢复常规的教学秩序，继续加强警惕，做好每日的晨午检工作，尽可能消除所有导致传染病反弹的漏洞；召开家长会或新闻发布会，向家长及公众耐心解释传染病发生的起因、经过以及幼儿园所采取的有效措施，获得家长的理解与支持。

2. 危机预防

幼儿园必须严格执行师幼健康管理制度，将传染病杜绝在园门外，切实保障幼儿的身体健康。2012年，卫生部发布的《托儿所幼儿园卫生保健工作规范》指出，托幼机构需做好健康检查工作。

（1）*重视日常健康筛查*。除了让师幼在入园或上岗前进行体检和每学期的常规体检外，保健医生还应该在日常生活中随时对师幼进行健康筛查，以及时排除疾病隐患。例如，每日坚持晨午检等日常健康检查，了解师幼的健康状况，及时发现异常，出现感冒、发烧、咳嗽或其他疾病情况时，督促其到相关医院接受治疗，并做好病因追踪工作。师幼出现传染性流行疾病时，要求其在家休息，待完全康复后，凭相关医院出具的治愈证明方可返园。

（2）*不鼓励教师带病坚持工作*。上述案例中，教师出现了明显的咳嗽症状，可是仍然带病坚持工作，这是不符合幼儿园健康管理规定的，也是园方健康管理的失误，缺乏危机意识。

总之，对于此类保育危机，预防的意义远远大于应对。幼儿园必须把师幼的健康管理当作幼儿园卫生保健工作的重要内容，思想上重视，制度上规范，措施上落实，才能建构屏障，将传染病排除在园门外，为幼儿提供健康、安全的学习和生活环境。

案例 44
4 岁男童在园被噎身亡

案例呈现

午餐时间到了,某幼儿园中班教室内,孩子们兴奋异常。一位教师站在教室中间大声喊着:"小朋友们来端饭!"另一位教师在给孩子们打饭。孩子们陆陆续续打好饭回到座位上,但整间教室并没有安静下来,孩子们还是有说有笑、边吃边玩。此时,两位教师同时离开了教室,留下这一群兴奋地吃着饭的孩子。

教师离开后,小林小朋友一边吃东西,一边和旁边的孩子玩闹。没过多久,小林便紧紧地捂住嘴巴,并且不停地咳嗽。旁边的孩子看了看他,继续吃饭和玩闹。随后,小林离开座位,一边跳一边用手抠喉咙,发出剧烈的咳嗽声。尽管咳嗽声非常大,却没有教师注意到他,也没有孩子去找教师。

3分钟后,一位教师回到了教室,她注意到小林的异常反应,马上通知园长,她们一起将小林送往医院。可是,因为延误了最佳救治时间,小林最终还是失去了生命。

听到孩子不幸去世的消息,小林妈妈几度哭晕过去。她万万没有想到,一向健康、活泼的儿子却在自己认为最安全的幼儿园里意外死亡。她和小林父亲一起来到幼儿园,查看了事发当时的监控画面,看到自己的孩子在被食物噎住后的3分钟内竟无教师察觉,于是将幼儿园告上了法庭。经法庭调解,幼儿园愿意承担全部责任,赔偿了丧葬费、死亡补偿费以及受害人亲属办理丧葬事宜支出的交通费、住宿费、误工损失费等费用,同时向家属赔偿了精神损害抚慰金。

(案例提供:湖南省娄底市娄星区恩雅幼儿园 段轶)

案例评析

上述案例是一起因教师保育工作失职造成的幼儿意外伤亡事故。

首先,教师在午餐环节的危机管理意识缺失。幼儿园午餐时,教师应该分工合作,组织幼儿自主有序地进餐,要认真观察每名幼儿的进餐情况,如是否挑食、精神状态怎样等,根据幼儿的进餐情况,还需要适时引导。而此案例中,教师没有科学组织餐前活动,导致孩子们在吵闹中开始就餐。教师也没有认真观察幼儿的就餐过程,没有随时提醒幼儿不要边吃边玩、要细嚼慢咽,而是离开就餐区域,在幼儿被食物卡喉3分钟之后才注意到幼儿的异常反应。

其次,教师危机管理应急处置技能缺失。幼儿紧紧捂住嘴巴,不停地咳嗽,并用手指抠自己的喉咙,这符合典型的异物入喉症状。一经发现,需尽快展开急救,但教师没有立即采取海姆立克急救法等急救措施施救,导致幼儿错过抢救的关键时刻而不治身亡。

管理建议

1.危机应对

北京京都儿童医院护理部的王然老师提醒我们:一旦孩子被异物噎住导致窒息,应在事发4分钟内立即进行急救,这是急救的关键时期;若4分钟内不能进行急救,可能会错过急救的黄金时间,造成不可逆的损害,甚至危及孩子的生命。孩子被异物噎住,我们应该如何急救呢?

(1)气管未被堵死。在这种情况下,孩子仍有呼吸,他会猛烈地咳嗽。教师应该首先安抚孩子,保持孩子身体平稳,使气管中的异物尽量不被移动,同时立即将孩子送往医院。

(2)气管已被堵死。在这种情况下,孩子完全无法呼吸,教师可以使用海姆立克急救法:让孩子取站位或坐位,教师坐或跪在孩子身后,从背后搂住孩子的上腹部,一手握拳,用拳眼一面对准孩子的上腹部(肚子2横指处);另一只手抓住握拳手,双手急速冲击性地向内上方挤压,反复有节奏、有力地进行,用形成的气流把异物冲出。

（3）其他情况。幼儿身体发育尚不完全，又缺乏生活经验，常会在玩耍时不慎将异物放入口鼻中发生意外。遇到这种情况，教师不应慌乱，要学会正确的急救方法。除上述情况外，若小物进入鼻孔，可用手指压住另一个鼻孔，再用力使这边鼻孔向外呼气，异物即可随气流冲出；或用被捻细的纸刺激鼻黏膜，使异物随喷嚏打出；若异物进入鼻腔深处或鱼刺卡在喉咙里，要马上到就近医院进行处理。

2. 危机预防

误将食物吸入气管是危及幼儿生命的急重病，幼儿园必须高度重视、积极预防。

（1）加强进餐环节的规范管理。进餐前，教师要组织幼儿有序做好餐前准备，可以播放舒缓、轻松的音乐，帮助幼儿尽快安静下来；进餐时，教师应认真观察幼儿的进餐状态，确保幼儿在轻松、愉悦、安静的状态下专注进食；进餐后，组织幼儿散步，告知幼儿不宜快速跑动或从事剧烈的运动。

（2）重视幼儿良好进餐习惯的培养，家园同步。教师应纠正幼儿嘴里含食物的坏习惯，教育幼儿进食时不大声说话、嬉闹，如果幼儿正在哭闹，则不宜让他进食。同时，要引导家长的教养观念和方式与园所保持一致，不要一到家里就让长辈给孩子喂饭，或允许孩子一边含饭一边玩游戏，破坏孩子良好进餐习惯的养成。

（3）增加急救方面的专业培训，人人掌握基本的抢救措施和方法。幼儿咽部有异物，绝不可以用手指挖取，也不可用吞咽大块食物的方法将异物压下去，应及时到医院耳鼻喉科就诊。当幼儿出现呕吐情况时，教师应协助幼儿将身体向前倾、头稍向下，同时教师的手呈空心状轻拍其背部，让呕吐物从口腔和鼻腔流出，避免发生呛咳，误将呕吐物吸入气管或肺部。

生命没有回车键，保教工作的任何疏忽都可能影响幼儿的生命安全。幼儿园承担着看护幼儿的责任，必须时刻提高警惕，健全管理机制。装再多的监控设施也离不开管理者与保教人员的责任心，这正是幼儿园工作的艰巨性与复杂性的体现。

案例 45
蹊跷发生的脑骨折

> **案例呈现**
>
> 3.5 岁的浩浩在某幼儿园读小班。3 月 9 日中午 12 时 29 分，幼儿园教师通过微信电话告知浩浩奶奶孩子不舒服，让奶奶将其接回家。从幼儿园出来后，奶奶将浩浩带到诊所检查。孩子没有外伤，幼儿园教师又说可能是感冒，诊所医生也没看出有什么问题，奶奶就带孩子回家了。哪知几小时后，浩浩的身体状况急剧恶化，出现了昏迷嗜睡的现象，爷爷奶奶再次将孩子送到当地一家稍微大一点的诊所。接诊医生一看，发现情况很不对劲，让家长赶紧将孩子送往市人民医院急救。当晚的诊断结果是颅骨骨折、颅内出血。医生很快为其做了开颅手术。
>
> 为了找到浩浩的受伤原因，家长前往幼儿园查看监控。幼儿园监控视频显示，3 月 9 日上午 8 时 48 分，浩浩进入教室，10 时 30 分左右离开教室去户外活动。11 时左右，他返回教室，一个人趴在桌子上，精神萎靡、情绪低落。家长由此推断，浩浩出事就是在此前的 30 分钟里。但幼儿园这一时间段的监控是缺失的。园方的解释是，从 10 时 30 分到 11 时，浩浩没在教室里，去了户外的游乐区，但唯独这块的监控没有正常运行。浩浩醒来后告诉父母，他就是在这个区域玩耍时从滑梯上头部朝下掉下来的。
>
> 这样一来，家长强烈质疑，幼儿园没有尽到安全监护的义务，且在事后有隐瞒真相的嫌疑。同时，家长认为班级教师存在失职和误导嫌疑，理由是：浩浩第二次出现在监控画面中时，已经是中午 11 时，此时身体明显异常，午餐环节也没能主动吃饭。监控显示，当时教室内仅有一位教师在忙，因此没有及时发现浩浩的不适，直到 12 时 29 分才告知奶奶，说孩子有可能感冒了。但是，园方抓住浩浩从离开幼儿园到前往医院做开颅手术的时间差，提出了不同的看法。

> 此事发生后,幼儿园所在地的派出所、司法所以及教育部门多次进行了走访调查。初步调查的结论是：根据现有证据以及合理推断来看,浩浩意外颅骨骨折的发生地在幼儿园的可能性更大。如果当事双方的分歧依然较大,当地司法部门将积极指导家长通过法律途径来维护自己的正当权益。同时,当地教育局表示,该园关键区域的监控缺失,已属违规,他们正在深入调查该园的办学行为,并对园区可能存在的安全隐患进行督查。
>
> （案例提供：湖南省娄底市娄星区恩雅幼儿园　段轶）

案例评析

上述案例是一起幼儿在户外活动环节发生伤害的危机事故。面对危机,幼儿园的处置方式明显不当。

（1）幼儿园没有尽到及时救治幼儿的责任。幼儿在游乐区跌落后,教师没有发现或者发现了也没有第一时间告知保健医生和园长；幼儿出现不适、趴在桌子上时,教师没做任何处理,直到12时29分才通知家长将幼儿接回家,并隐瞒了幼儿发生跌落的意外情况,延误了救治时间。

（2）幼儿园对事故的处置违背了真诚处理的基本原则。事故发生后,幼儿园唯独发生事故的游乐区域监控缺失,不能将事实真相还原；幼儿园负责人也没有与家长坦诚沟通,主动安排幼儿就医并协助治疗,而是抱有侥幸心理,企图蒙混过关。事件最后经派出所等机构认定为幼儿是在幼儿园受伤导致颅骨骨折,幼儿园需承担主要责任。园所这种"鸵鸟式"应对策略除了造成幼儿的身体伤害外,还造成了幼儿园的信任危机,导致极其不良的社会舆论影响。

管理建议

1. 危机应对

上述案例提示我们：当幼儿园发生伤害事故时,管理者与教师只有积极、主动、真诚、理性地应对和处理,才能减轻伤害,化危为机。

（1）**及时送往医院救治，使伤害程度最小化**。意外伤害事故发生时，教师先要检查幼儿的伤口，询问幼儿的伤痛情况，安抚幼儿的情绪，第一时间将幼儿送往医务室进行初诊，同时上报幼儿园的相关领导，联系幼儿的家长，如实反映情况。与家长协商，是否前往医院进行更深入的治疗。若前往医院，在家长赶到之前，教师务必全程陪伴在幼儿的身边，细心关注幼儿的实际情况。

（2）**及时与家长沟通，主动承担责任**。教师一定要让家长第一时间知情，了解孩子的状况。自己的孩子受到伤害，家长难免会担忧与愤怒，这时教师一定要主动承担责任，讲清楚事情的来龙去脉，真诚致歉。在孩子治疗或在家休养期间，园所要派专人和当班教师进行家访，了解孩子的恢复情况，向家长说明针对此次事件，幼儿园及班级教师做出的反思及整改工作，争取家长的信任，并且要主动承担应该负责的医疗费用。如果家长索赔，幼儿园应耐心与家长沟通，寻求最合理的解决事情的方式，包括司法途径。

（3）**从中吸取教训，切忌再犯错误**。事故发生之后，幼儿园上下应当进行深刻的自我反省，查明事故的原因是什么、哪个环节出了问题以及谁应该为这次事故负主要责任。幼儿园以及教师应当针对此次事件，及时采取补救措施，引以为戒，更加重视幼儿的安全与健康，相同的事件绝不能发生第二次。

2. 危机预防

幼儿在园参与户外运动或者游戏活动，是一日生活的重要环节。在预防此类活动中的伤害事故时，我们要注意以下几点。

（1）**幼儿上下楼梯时，队伍的前、后都要有保教人员看护**。活动前，教师一定要组织幼儿进行安全教育，保育员配合教师排查活动器械、材料的安全状况，排除器械的安全隐患。

（2）**运动前要组织幼儿热身，运动后要组织放松活动，保证幼儿运动时的生理安全**。活动过程中，保教人员要密切关注每一名幼儿的情况，运动量过大时要提醒幼儿停下来休息；出现随意打闹的现象，一定要及时制止并调节处理。

（3）**教育幼儿摔跤了尤其是摔伤头部时，要及时告诉成人**。幼儿在玩耍中摔到头部,即使没有外部出血等现象,也一定要对幼儿进行24小时的密切观察。如果幼儿受伤后精神不振、恶心呕吐、意识丧失、头部剧烈疼痛、眼耳鼻周围有血或者有抽风、麻痹、言语障碍等情况,应立即将其送往医院救治。

"前车之鉴,后事之师。"过往的事故都应当成为幼儿园的危机管理警示案例。幼儿园管理者要善于从中吸取教训,总结经验,及时发现幼儿园隐藏的危机隐患或事故苗头,防患未然。

案例 46
小帅走失 6 小时后

案例呈现

某天上午,某幼儿园的刘园长在大门口接待两位家长,4岁的小帅趁这个时候悄悄地从幼儿园大门的门缝里溜了出去。午餐时间,班级教师查点人数,发现少了小帅,于是立即将此事报告园长。刘园长立刻发动所有教师出去寻找,还让附近的熟人一起帮忙找。

一直到下午4时左右,幼儿园还是没有找到小帅。小帅爸爸像往常一样来幼儿园接孩子,这时,一位大妈带着小帅主动找到了幼儿园,问幼儿园是否丢了孩子,小帅爸爸大吃一惊,自己的孩子丢了大半天,竟然没人通知!原来在上午的时候,开便利店的李大妈发现小帅独自一人在门口溜达,就将他留在店里等家长前来寻找。几小时过去,不见家长来找,李大妈就带着小帅来到附近的幼儿园询问。此时,小帅从幼儿园走失已经有6小时。小帅爸爸气得火冒三丈,刘园长却说:"我们其实想报警,可是觉得孩子应该就在附近,怕把事情闹大,想先自己找找看。"

事后,小帅爸爸找到幼儿园,表示想给孩子办理退学,请园方退还所有学费并赔偿家庭精神损失费。然而,园方没有接受。

过了几天,小帅爸爸和某台记者再次来到幼儿园,由于当时的特定情况,记者没能进入园内。幼儿园负责人来到园门口告诉记者,他们已经上报给上级教育行政部门,孩子丢失确实是幼儿园的疏忽。当记者询问园方会采取哪些措施来避免再次出现意外时,这位负责人表示不方便告知。最终,小帅爸爸与记者未能从这位负责人口中了解到任何具体的整改措施,随后,小帅爸爸拨打了该市教育局的投诉电话。

(案例提供:湖南省娄底市娄星区恩雅幼儿园 段轶)

案例评析

这是一起虽不多见却性质恶劣的幼儿在园走失事件，幼儿园的危机处置与善后不当，暴露出园所管理者对于安全工作麻痹大意、危机应对消极被动的不足。

在发现小帅丢失并在寻找几小时未果之后，幼儿园选择了消极应对，既没有通知家长，又没有第一时间报警，把幼儿园的"利益"摆在了幼儿的生命安全之上，违背了保育危机处置"以人为本，生命至上"的原则。幸亏小帅没事，万一在他溜出去的6小时里遇到坏人或者发生车祸、溺水……哪怕是极小的可能，后果都不堪设想。万幸的是，小帅遇到了好心的便利店大妈，安然无恙地回到了幼儿园。然而，事情发生后，园方没有全面妥善地做好善后工作，导致家长极为不满，将事态扩大，园所将面临更大的危机。

管理建议

1. 危机应对

幼儿园发生幼儿走失事件后，应该果断采取哪些处置措施呢？

（1）**发现情况，迅速上报**。班级教师在清点人数时如果发现有幼儿不在场，在有效范围内未寻找到幼儿，就要将此事件视为幼儿走失来应对。发现幼儿走失，应第一时间报告园所安全管理负责人，不得隐瞒情况。与此同时，可根据判断派一名熟悉幼儿的保教人员尽快出去寻找。

（2）**果断决策，指导救援**。园长在得知消息后，要与时间赛跑，立即做出决策，成立三人以上的救援小组，必要时可报警，寻求警方的协助。同时，要通知家长，因为家长对孩子日常的游玩路线和行动轨迹更熟悉，有助于尽快找到孩子。园长全程参与指导，救援小组人员的电话保持畅通，每隔15分钟通话一次。

（3）**多方配合，进行搜查**。救援人员要选择不同的路线，如幼儿日常回家的路线，了解周边有什么容易吸引幼儿的商店、游乐场等，并商定详细的实施方案，采取多种搜查方式，尽量将危险降到最低程度。

（4）对于不同情况的处理。救援小组等任何一方若找到幼儿，都要第一时间通知园长。如2小时内还未找到幼儿，园方要求助警方共同制定下一步的寻找方案，可以借助政府安装的"天网"沿途追踪幼儿的去向，也可以借助微信、抖音等网络平台将寻人信息扩散。找到幼儿后，要及时发布消息，告知公众，以免信息不对称造成资源浪费。

（5）做好善后工作。找回幼儿后，园长组织善后工作，包括了解事故的缘由和责任人、统计耗费的人力和财力以及造成的损失等相关情况。园长和班级教师要对幼儿及家长进行心理安抚和相关的善后工作。

2. 危机预防

幼儿在园走失，属于重大安全事故，幼儿园应制定防走失应急预案，并采取以下措施进行预防。

（1）严格把好大门关，绝不允许幼儿独自走出大门。幼儿是无独立行为能力的人，每一天的入园环节，家长和教师完成交接工作的那一刻起，幼儿园就应该肩负起守护幼儿生命安全的神圣职责。

（2）做好幼儿人数清点工作。晨检环节，保教人员要清点好幼儿人数，确保家长亲自将幼儿交给了教师，及时清查缺勤幼儿名单及缺勤原因，如有异常情况，马上与家长联系并向园长汇报。户外活动开始前、户外活动结束回班前和到班后以及教师接班前、幼儿离园前，也要及时、准确地清点幼儿人数。在园内若发现其他班级走丢的幼儿，每一位教职工都有责任和义务帮助该幼儿回到所属班级。

户外活动时，幼儿如有如厕需求，配班教师应亲自带幼儿前去，返回后与主班教师打招呼。托班、小班教师在楼道和户外拐弯处要特别关注幼儿，防止幼儿自行掉队走失或发生其他安全事故。例如，家长在一日生活中间接走幼儿时，班级所有教师要互相沟通并做好交接记录。

（3）教会幼儿自护。教师应经常通过讲故事、游戏、情景表演、谈话等多种形式对幼儿进行防走失教育。让幼儿记住自己的居住地和父母的电话号码，教会幼儿在紧急情况下拨打报警电话110、火警电话119、急救电话120，提高幼儿的自护能力。经常开展有关防走失等问题的安全演练与教育，提高教职工的安全防范能力与幼儿的自我保护意识。

教育为本，幼儿第一；幼儿为本，生命第一；生命为本，安全第一。在人员流动较为复杂的入、离园环节，严防幼儿走失危机的发生，为幼儿的生命安全构建第一道"安全门"。

案例 47
食物倒流致幼儿窒息死亡案

案例呈现

小军是某幼儿园中班的小朋友。这天早上9时,妈妈给小军买了一个糯米鸡和一杯牛奶作为早餐。他们来到幼儿园时,教师正在上课,小军坐在旁边,一直吃到9时30分,才将妈妈买的早餐全部吃完。

中午11时30分左右,午餐时间到了,教师给小军盛了满满一盘饭菜。小军吃了几口就感觉饱了,吃不下了,但他听见教师说"小朋友不可以浪费食物",于是硬撑着将教师分发的一盘饭菜全部吃光。

到了午睡时间,小军翻来覆去睡不着,他对教师说:"老师,我的肚子不舒服,睡不着。"教师对小军说:"小朋友不能说谎话,一定要午睡。"小军只好躺着勉强入睡。下午2时30分,午睡时间已过,其他小朋友陆续醒来进入活动室,但是小军一直没有醒过来。教师以为小军是太迟睡觉的原因,便让他多睡了一段时间。但20分钟后,教师已经整理完其他小朋友的被子,小军还是没有任何动静。她走过去喊小军,发现小军嘴唇发黑,嘴角带有异物,已经停止了呼吸。教师感觉大事不妙,马上抱起小军送往医院抢救。虽然医生积极抢救,但小军还是失去了生命。医生诊断,5岁的小军因为过于饱腹睡觉,导致食物倒流而堵塞气管,致使小军窒息死亡。

(案例提供:湖南省娄底市娄星区恩雅幼儿园 段轶)

案例评析

在上述案例中教师存在教育行为失误和管理缺失的问题,主要表现为以下三点。

(1)管理高控。教师对幼儿的进餐存在硬性规定行为,没有考虑幼儿当下的状态，也没有考虑到进食过度会影响幼儿的身体健康。班级的心理环境不够宽松，师幼关系不平等，教师属于控制者，幼儿处于被指导和被控制的地位。因此，午餐时小军在比较饱的情况下，也硬撑着把分发的饭菜吃完。

（2）*专业缺失*。不管是大人还是孩子，吃饱饭后不能马上午睡，这样容易引起食物反流，从胃部进入食管，轻者会引起食管不适，重者会引起反流性食管炎，进而引发食管糜烂和溃疡。案例中，小军告诉教师自己的肚子不舒服，睡不着，可教师还是强制要求小军午睡，从而导致食物倒流堵塞气管，小军窒息死亡。

（3）*责任心不够*。午睡环节，教师没有细心看护幼儿。幼儿午睡过程中，教师需要来回检查，做到"一听、二看、三摸、四做"。"一听"是指听幼儿的呼吸是否正常，提防幼儿发生食物倒流或者呕吐物堵塞气管的情况；"二看"是指看幼儿的神态，仔细观察幼儿的举动有无异常，发现问题及时处理；"三摸"是指摸幼儿额头的温度；"四做"是为个别踢被子的幼儿轻轻地盖好被子。案例中，教师如果认真地巡回观察，就能发现小军因食物反流堵塞气管而表现出的异样，从而立即采取急救措施，很可能会避免悲剧的发生。

管理建议 💡

1. 危机应对

午睡时间，幼儿若出现意外伤害或疾病，教师必须紧急处理，保护幼儿的生命安全。

（1）*异物堵塞呼吸道*。如果幼儿出现呛咳、脸色发紫、不能说话、呼吸困难、双眼流泪等情况，极有可能是因为呼吸道被异物堵塞，那么教师可采用海姆立克急救法施救，若急救无效就必须迅速将幼儿送往医院抢救。

（2）*高热惊厥或癫痫发作*。如果幼儿发生高热惊厥或者癫痫发作，教师不能慌张，应为幼儿解开衣领，保持呼吸道通畅。让幼儿保持侧卧体位，防止呕吐物或者分泌物进入呼吸道引起窒息。经过简单紧急处理后，立即将幼儿送往医院诊治。惊厥一般能自动缓解，最需要的是教师及时护理，防止因呕吐物进入呼吸道引起窒息，其次不能使劲拽幼儿发生痉挛的肢体，以防骨折。

2. 危机预防

幼儿午睡时的安全管理是幼儿园的一项重要工作，也是幼儿生命健康的重要保障。上述案例提示我们，幼儿园可以从以下几方面入手做好午睡时的危机预防工作。

（1）努力提升教师的专业素养。教师应掌握幼儿卫生保健知识和急救技能技巧，用专业的知识指导保教行为。同时，要清楚自己的角色定位——教师应是观察者、引导者、合作者，与幼儿平等地交流，细心照料幼儿的生活，真正做到以幼儿为本，从专业角度出发规范自己的保教行为，成为幼儿健康成长的守护者。

（2）建立健全幼儿园各项安全管理制度，内化于心、外化于行，提高教师的安全素质。可以建立幼儿进餐安全管理细则、午睡安全管理细则等制度，用制度为孩子们的切身安全守护好每一道关口。

（3）警惕午睡中的意外事故以及疾病的发生与应对。对于幼儿的鼻腔、咽部、气管异物以及高热惊厥、小儿癫痫等情况，园所要合理安排午间的值班工作，加强巡视，监督并引导守睡教师观察每名幼儿的状态，发现幼儿出现异样时要及时进行处理。

进餐、饮水、如厕和午睡等生活活动，是幼儿在园一日生活的重要环节，也是幼儿发生安全事故的高发环节，管理者和教师务必高度重视，避免悲剧发生。

第六章

幼儿园安全危机管理案例与评析

概念

幼儿园安全危机是指发生在幼儿园内，或与幼儿园相关的，严重损害师幼生命安全和财产安全，甚至干扰幼儿园正常运行的突发事件或意外事件。幼儿园安全危机管理是指幼儿园为预防、应对各类安全危机事件发生，在幼儿园内对全体师幼开展专业培训、规划决策、动态调整和处理安全事故等有效管控的活动过程，从而确保师幼的身心健康与生命安全，保障幼儿园各项工作正常开展，实现园所的安全管理目标。

共性特点与危害

共性特点

幼儿园安全危机的共性特点主要有以下三点。

1. 危险性

安全危机往往是因为管理者对日常安全隐患的危害预估不够，当暴发安全事故时，直接造成幼儿园财产的损失，甚至危及师幼的生命。

2. 破坏性

幼儿园安全危机会引发师幼恐慌，导致场面混乱，严重影响幼儿园的正常运行，特别是在"互联网+"背景下，网络平台的发散性传播会直接损害幼儿园的社会形象与信誉。

3. 复杂性

幼儿园的安全涉及面广，囊括师幼一日生活中的吃、住、行等，每一类安全危机都有鲜明的特征，应对策略各具特色，预防措施各有不同，非常复杂。幼儿园管理者需增强安全危机管理意识，针对各类安全危机实施教育活动，培养师幼应对各类安全危机的能力。

危害

幼儿园安全危机的危害主要有以下三点。

1. 师幼生命方面

幼儿园安全危机最大的危害是由安全事故造成的对师幼身心健康的伤害，严重的安全危机会造成人员死亡，也可能有内部人员在安全事故中存在渎职、故意伤害等违法犯罪行为而被刑法拘留。

2. 财产、名誉等方面

幼儿园会出现不同程度的财产损失、名誉受损，导致幼儿园失去社会公信力，与家长之间的关系失去和谐。

3. 教师心理方面

教师往往会因为没有保护好当事人而产生自责、焦虑和愧疚等不同程度的心理压力，或者因为安全事故的发生产生对幼儿园工作的恐惧情绪，从而导致员工离职行为频发，园所队伍极不稳定的情况。管理者也需要回应来自师幼、家长、上级部门等社会多方面的质疑，压力巨大。

管理策略

应对策略

幼儿园安全危机管理的应对策略须遵循沉着冷静、迅速反应、生命第一、统一口径、承担责任等原则，主要策略有以下几点。

1. 与时间赛跑

安全事故一旦发生，无论事件大小，管理者都要保持冷静，快速做出反应，必要时第一时间报警，争取获得专业救护。危机管理人员及时到位，启动危机应急预案。

2. 加强危机评估

安全危机已经形成，幼儿园应千方百计防止其危害扩大，降低伤害程度，直至平息事件。

3. 真诚沟通

事件发生后，幼儿园应安排合适的园方发言人，态度诚恳，采取灵活的危机公关策略，对外保持口径一致的陈述，与受害幼儿或员工的家属真诚沟通，承担责任，争取对方原谅，获得社会公众的理解。

预防策略

幼儿园安全危机的预防策略主要有以下几点。

1. 提高安全管理的思想站位

幼儿园应将"生命第一"放在幼儿园安全管理的首要位置，时刻以保护幼儿园全体师幼的生命安全为己任，不可敷衍了事。

2. 加强制度管理

幼儿园应成立以园长为组长的安全危机管理领导小组，根据幼儿园的实际情况建立详尽的安全制度，制定综合预防和危机应对预案，建立健全安全管理机制，完善安全危机管理制度。

3. 加强幼儿园安全设施设备的管理

要想规避幼儿园安全危机的发生，必须保证必要的安全防护器械等物品的投入，加强各类安全排查，详细记录，建立安全危机预防信息库，及时整改。

4. 加强师幼安全知识培训

不论是意外还是人为造成的，在安全危机事件发生时，教师都是站在幼儿身边的危机预判第一人、危机决断第一人、心理康复第一人。幼儿园应加强有关教师安全防范的业务培训，提高其安全危机管理能力，让他们具备保护幼儿安全的意识和能力。幼儿园还应融安全教育于一日活动中，开展丰富多彩的安全教育活动，掌握自我防护和救助的技能，保障师幼生命安全。

5. 提升参保意识

幼儿园可以向家长宣传保险的益处，在家长自愿的前提下为幼儿购买意外伤害事故险和医疗保险等，有条件的园所也可以统一为师幼购买保险。

案例 48
教科书式的撤离

案例呈现

某县发生 4.5 级地震，不少建筑剧烈晃动，其中包括当地的一所乡镇中心幼儿园。

地震发生时，该园的教师逆行冲回班级，指导幼儿躲在桌子下面，保护好头部和身体。等余震结束后，教师又迅速组织幼儿撤离教学楼。撤离过程中，教师用手一个一个地摸着幼儿的头，安抚幼儿并清点人数，全程迅速而有条理。让人惊叹的是，仅用 17 秒，20 余名教师成功地带领 180 余名幼儿来到安全地带，且一个也没落下，无一人受伤。

（案例提供：湖南省娄底市娄星区新禾中心幼儿园　肖艳）

案例评析

这是一个非常成功的幼儿园安全危机应对案例。在自然灾害地震突如其来时，幼儿园管理者沉着应对，没有慌乱，第一时间启动应急预案，各自迅速赶到负责区域，为幼儿撤离做好准备；教师们没有慌乱，他们清楚自己的职责，冒着风险逆行来到幼儿身边，在震中、震后指导幼儿使用正确的方法保护自己，积极自救；孩子们也没有慌乱，在教师的带领下有序撤离，为保护生命争取时间。

上述案例给幼教行业带来了满满的正能量，正是教师的担当、敬业及专业，以及该园注重日常安全危机管理、常态化开展紧急疏散演练为师幼的生命安全提供了有力的保障。

管理建议

1. 危机应对

《幼儿园教育指导纲要（试行）》明确提出："幼儿园必须把保护幼儿的生命和促进幼儿的健康放在工作的首位。"保障幼儿的生命安全是促进其身心健康发展的前提，是幼儿园可持续发展的关键，更是幼儿园顺利开展一切活动的基础。所以，安全工作是幼儿园工作的重中之重。当地震来临时，教师应积极开展自救。

（1）*迅速启动危机应急预案*。

- 各就各位。当地震来临时，幼儿园应迅速拉响警报，全体教职工尽快赶到自己的负责区域或岗位，班级教师第一时间赶到幼儿身边，安抚幼儿的情绪。
- 室内避险。如果在室内，应指导幼儿就近寻找有利躲藏的区域，如坚固的桌角下、墙角、盥洗室等，避免藏在门、窗户等易碎物附近，保护好自己的头部及颈部。
- 户外避险。如果在户外，应远离高楼、电线杆等易倒塌物，寻找相对开放的空旷区域，以减少受伤的可能性。
- 避开砸落物。地震时会有很多物品从上方掉落，对人身安全造成威胁，在躲避和撤退时都要注意头部的安全，避开可能掉落的物体。

（2）*有序组织幼儿撤离*。余震过后，一位教师在前，简单地清理路面，寻找最有利的安全撤离路线，带领幼儿来到安全区域，引导后面撤离的幼儿找到班级集合点；另一位教师殿后，带领所有幼儿撤离危险区。行政后勤人员在自己分管的楼梯、拐角处进行道路清理，谨防幼儿摔伤和踩踏事件的发生。地震发生后会产生大量的烟尘和灰尘，容易造成呼吸困难。为了保护呼吸道，可以用毛巾、衣物或者直接用手捂住口鼻，防止灰尘进入体内，避免呼吸道受到伤害。

（3）*清点人数，查看幼儿的受伤情况*。到了安全区域后，教师要反复清点人数，若发现幼儿有遗漏，须第一时间上报幼儿园，获得帮助。查看是否有幼儿受伤，根据不同的伤情做相应处置，严重者就近进行医学治疗。安抚幼儿的情绪，理解幼儿当下的恐惧心理，给予拥抱，引导幼儿的情绪逐渐平静。

（4）收集受灾数据，配合保险工作做好理赔。幼儿园后勤人员要统计好幼儿受伤和幼儿园物品的受灾情况，汇总数据后向上级主管部门汇报。如有幼儿意外受伤或身故，可向保险公司申请理赔。

2. 危机预防

在自然灾害面前，人类是渺小的。我们在敬畏大自然的同时，要主动具备应对恶劣天气的能力，做好危机预防。

（1）开展科学有效的紧急疏散演练。幼儿园要增强自然灾害危机管理意识，开展常态化紧急安全疏散演练，提高师幼快速、有序、安全撤离的应对能力，培养一支作风硬、经验足的教师队伍。在开展紧急疏散演练前，各班教师组织幼儿先了解开展活动的目的，为幼儿积累认知经验；活动中，紧张有序，各尽其责；活动后，小结反思，优化危机预警方案，确保实用有效。同时，幼儿园还可以通过官方公众号、视频号、新闻报道等途径向家长和社会宣传演练活动，推广科学自救方法，将相关视频保存下来作为园所安全教育的电子资料。

（2）提高教师预判与应对危机的执行能力。教师是幼儿在园的安全管理第一责任人，要做工作中的有心人，了解各类自然灾害发生前不同的自然预兆，提高精准的预判能力，具备应对危机事件时所必需的敏锐的反应力和果敢的执行力。

（3）向家长推荐相关保险，规避部分风险。"明天和意外不知道谁会先来"，购买意外保险是为了保障在遭遇不幸时能得到部分经济补助。在很多保险条款中，地震、海啸等自然灾害属于"不可抗力因素"，被列在"责任免除"条款内，但还是有一部分保险公司是可以理赔的。所以，幼儿园在学期初向家长推荐相关保险时，需要全面了解保险条例，选择保险责任范围大的保险公司进行购买。

"防患未然"，预防危机的发生，必须将预防措施落实到行动，才能有效提高园所及师幼面对各类危机的应急能力，保护生命安全。

案例 49
闯入幼儿园的"罪恶"

案例呈现

某市一幼儿园里的孩子们午休后刚起床,一名青年男子强行闯入幼儿园内,持刀捅伤多名师幼。在周围群众和警方的围捕下,犯罪嫌疑人被控制。事件发生后,当地相关部门高度重视,第一时间将所有伤者及时送医救治。

第二天,该市公安局就事故情况进行通报,告知民众该园发生了持刀行凶案件,犯罪嫌疑人已被警方当场抓获。案发后,上级公安部门派出工作组赴案发地指导办案等相关工作。审讯中,发现犯罪嫌疑人精神异常,经司法鉴定机构鉴定,初步认定犯罪嫌疑人为精神分裂症患者。

该起事故造成数名幼儿死亡、多名幼儿受伤的严重后果。公安部发出通知,要求公安机关联合当地教育部门开展校园安全隐患大排查、大整治工作,采取有力措施,坚决维护校园师生安全和社会大局稳定。

(案例提供:湖南省娄底市娄星区新禾中心幼儿园 肖艳)

案例评析

安全危机管理落后的园所,随时都有可能发生惨痛的事件。这是一起严重的幼儿园安全危机事故,在网络上一经发布,引发了广大网友的恐慌。

该园安全意识淡薄,体现为:首先是门卫看守不严,园门形同虚设,导致犯罪嫌疑人乘虚而入,闯进幼儿园行凶;其次是制服犯罪嫌疑人不力,应对行动缓慢。案例中的犯罪嫌疑人一人行凶就造成了数人死亡、多人受伤的重大伤亡局面,说明该园在遇到暴力袭击时,安防人力、物力薄弱,毫无应对能力,直至路人和警方助力,才一起制服犯罪嫌疑人,让行凶事件暂停。园所的安防人、物配备(如专业的保安人员、标准的安全防护工具和器械等)

也不达标,以至酿成这么大的惨案。

管理建议

1. 危机应对

该案发生后,教育部、公安部高度重视,要求全国各地切实强化中小学、幼儿园的校园安全工作,重视安保工作,落实门卫制度,有效构筑保护校园安全的重要防线。若遇到暴徒硬闯入幼儿园行凶,我们应从以下几方面积极应对。

(1)*大声疾呼,紧急闭户*。第一个发现暴徒的人一定要大声疾呼,迅速通过幼儿园的广播发出警报,提醒全园师幼进入警备状态,行政后勤人员迅速赶到管辖范围。在户外活动的幼儿由教师带领就近进入室内,关好门窗。在教室里的教师要关好门窗,谨防暴徒硬闯教室行凶。

(2)*立即报警,制服暴徒*。迅速按下"一键式报警器"报警,取出防暴器械,尽最大能力与暴徒对峙,等待救援。其他教师,特别是男教师,应该迅速寻找长棍、钢叉之类的物件,遏制歹徒向有幼儿的活动区域靠近。不得让某个人独自与暴徒交锋,迅速增加支援,寻找时机,合力一举拿下暴徒。如果在搏斗中有人受伤,尽快拨打急救电话120,就近求助医院开展救援。

(3)*做好善后,反思总结*。幼儿园及时向上级主管部门报告危机事件的过程及处置情况,详细记录。积极救治伤者,做好安抚工作,同时与保险公司沟通赔付事项。事后,邀请专业的心理辅导专家来园对师幼进行心理疏导。

2. 危机预防

近年来,外来人员闯进幼儿园行凶的案件时有发生,给幼儿园的师幼带来恐慌,造成生命威胁,也引起社会的广泛关注。为了避免园所出现此类伤人的恶劣事件,可从以下几方面积极预防。

(1)*压实安全责任,规范演练*。制定幼儿园防暴防恐应急预案,成立危机管理领导小组,把安全责任细化到每一个环节。开展规范的防暴演练,让每个教职工都清楚自己在紧急情况下的职责,快速做出科学判断,提高教职工应对突发事件的能力。也可以聘请退伍军人或武警战士入园指导保教人员如何自救,学习基本的擒拿格斗技能,弥补大部分女幼师"手无缚鸡之力"

之不足。

（2）*加强门卫管理*。幼儿园的大门是入户门，必须有专人看守，及时落锁，以防在门卫空档期出现犯罪人员闯入园内行凶事件。幼儿园要积极联系社区，协调辖区警务人员，调动家长资源，落实上下学时段"高峰勤务"和"护学岗"机制，确保重点时段园门口"见警察、见警车、见警灯"。在偏僻地区警力不足的园所，可调动家长成立家长志愿者护学岗，为幼儿上下学保驾护航。

（3）*加强"五类重点人群"排查*。幼儿园要联合社区、辖区派出所对周边刑释解教人员、社区矫正人员、精神患者、吸毒人员和信教人员等开展排查，如有发现，报告上级，并主动提出请社区、辖区派出所加强对重点人员的监管，及时掌握重点人员的动向。

（4）*完善技术防范设施*。随着信息技术的发展，人脸识别系统和一键报警系统已成为较为便捷的门卫管理模式。人脸识别系统能让门卫快速识别本园的幼儿、家长和教师等人员，为安全管理工作设置第一道坎，把外来人员挡在园外。一键报警系统能在犯罪行为刚发生时，第一时间向公安部门发送报警信息，让师幼在最短的时间内获得救援。园所要及时添置、更新这些能辅助危机管理的技术防范设施。

幼儿园师幼是弱势群体，在园的女教师居多，幼儿也毫无反抗能力，因此容易成为不法分子的攻击对象。园所务必高度重视，提高警惕，采取妥善措施，保护师幼不受伤害。

官方微店　　万千教育微信公众号

/ 专业图书，陪伴您的专业成长 /

图书咨询：18610088465（微信同号）

案例 50
家长疏于看管，3 名幼儿溺亡

案例呈现

7月的某南方乡村，天气炎热，正值暑假在家的3名幼儿，在离家不远的马路边玩耍。马路旁边有一口水塘，他们纷纷捡着路边的石子往水塘里扔，当石子落入水中时，水面荡起的层层涟漪引起了他们的兴趣。随后，3名幼儿慢慢靠近水塘，捡起木棍反复拍打水面。在这个过程中，家长没有出现，路人也无人制止。

就在3名幼儿在水塘边兴致勃勃地玩耍时，悲剧发生了。年龄最小的妹妹失足滑落水塘。看见妹妹掉入水中，哥哥蹲下来，手撑地面，伸出右脚试探，试图拉妹妹上来，最终失去重心掉入水塘。另外一个小男孩伸出右脚直接"迈进"水塘。这样，3名幼儿在短短的15秒内先后坠入水塘，不幸溺亡。

（案例提供：湖南省娄底市娄星区新禾中心幼儿园　肖艳）

案例评析

这是一起因家长看护缺失而引发的重大安全危机事故。3名幼儿在靠近水塘时，浑然不知死亡向他们走来。首先，幼儿没有"水塘是存在安全隐患的"这一意识；其次，监护人让幼儿长时间在自己的视线范围之外，偶尔路过的行人也没有警惕并及时制止幼儿远离危险区域或者呼唤幼儿家长出来看护孩子。3名幼儿就这样相继跌入水塘中溺亡，酿成悲剧。

虽然事故发生在暑假时段，幼儿园没有赔偿责任，但是，如果幼儿园的防溺水安全教育能强化幼儿的安全意识，让幼儿自我警惕，远离危险水域，或者园所加强对家长进行有关暑期监护防溺亡的指导，悲剧也许就不会发生。

管理建议 💡

1. 危机应对

"珍爱生命,预防溺水。"溺亡已成为儿童非正常死亡的"第一杀手"。2021年4月28日,第七十五届联合国大会通过决议,将每年的7月25日定为"世界预防溺水日",旨在提醒全球人民增强预防溺水的安全意识,严防溺水事故发生。面对幼儿的突发落水事件,我们应从以下几方面积极应对。

(1)*开展自救*。在日常防溺水安全教育中要告诉幼儿,若不幸落水,首先不要惊慌,要保持冷静、屏住呼吸、全身放松、卸下身上的重物,包括书包和鞋子;随后双手交叉于胸前,头往后仰,下巴上仰,口鼻露出水面,让身体自然上浮,再把双手紧贴水面伸出头顶,膝关节微屈;最后寻找身边的漂浮物,如书包、木板、大树枝等,借浮力浮出水面等待救援。不要觉得幼儿年龄小,我们如果长期坚持教会幼儿一些自救知识,到了关键时刻就能帮助他们保命。

(2)*寻求他救*。告诉幼儿,当同伴不幸落水时,首先要大声呼救,向周围成人求救,拨打火警电话119和报警电话110。随后查看四周是否有救生圈、竹竿、木板等救援工具,将其抛向落水同伴,让他攀扶,等待救援。切记,保护自己的人身安全也很重要,幼儿不得私自下水盲目施救。

(3)*科学急救*。将溺水幼儿救上岸后,应立即清理其口鼻内的污物。让溺水幼儿仰头,抬起下巴打开气道,抢救者单腿跪地,另一条腿屈起,将溺水幼儿俯卧置于屈起的大腿上,使其头足下垂,然后抖动大腿或压迫其背部,使其呼吸道内的积水倾出。如溺水幼儿呼吸、心跳微弱或者已经停止,那么控水时间不宜太长,应立即采用心肺复苏急救方法。当溺水幼儿的体温较低时,救援者需脱下其湿外套,擦干身体,盖上干燥衣物,开展长时间抢救,不要轻易放弃,直到专业的医务人员到达。

2. 危机预防

幼儿防溺水教育是安全工作中的重要内容,需携手家长、社会共同完成。

(1)*重视防溺水安全教育*。幼儿园是幼儿的安全教育基地,应成立以园长为组长的防溺水安全教育工作领导小组,把防溺水安全教育纳入幼儿园安全教育体系中，开展防溺水应急演练活动，指导教师、家长、幼儿在紧急时刻科学应对溺水事件，掌握正确的自救和施救方法。

（2）设计符合幼儿年龄特点的防溺水课程。幼儿园可以让幼儿了解水的两面性，通过情景模拟不同高度的水位线，幼儿体验在蹲、坐、站等不同姿势下的安全水位线，感受水对人体呼吸系统的威胁。开展"危险的水"主题活动，让幼儿在成人的陪伴下寻找周边的危险水池，设计防溺水警示标志，围绕"看不见的陷阱""玩水时的风险""如果有人溺水了"等话题展开讨论，帮助幼儿增长防溺水知识，由被动防护变为主动防护。

（3）筑牢家庭屏障。在众多溺水事故中，最主要的原因是成人防溺水安全意识薄弱，对幼儿看管不够。幼儿园应通过防溺水安全讲座、防溺水专题家长会和防溺水安全教育小视频等多种形式，加强家长防溺水安全教育。在暑假时期，重视家园联络，通过微信等网络平台，覆盖每一位监护人，加强他们对幼儿的监护。

（4）社区联动全民防溺水。2021年，教育部印发《关于做好预防中小学生溺水事故工作的通知》，各省市积极探索在互联网时代利用信息技术开展防溺水工作。湖南省教育厅遴选了25个县、市、区，将其列为2023年湖南省疏堵结合防溺水试点，积极探索通过现代技术手段全天候监控防范的技术，由此各试点加快游泳池建设，培养孩子的游泳技能。

防溺水安全教育发展到现在，伴随着科技进步、管理升级和社会助力，已多维度地为幼儿编制了防溺水"防护网"，共同保护幼儿的生命安全。

案例51
校车倒车不当致幼儿死亡

案例呈现

一天下午，某乡镇幼儿园的校车送最后一批幼儿离园。随车照管员接到一位家长的电话，这位家长说自己临时有急事外出，家里只有奶奶带着幼儿的弟弟在家，辛苦教师把幼儿送到家门口的马路旁。

快到目的地时，校车拐入小道后，司机却直接把校车开到了幼儿家的院子里。看着校车驶入自家院内，奶奶带着2岁的小孙子走出来。随车照管员把幼儿交到奶奶手中，完成交接手续，校车司机就自行倒车，做离开准备。哪知，意外发生了，随奶奶出来接姐姐的弟弟被压在校车右后轮下，大家立即拨打急救电话120。急救医生赶到后，虽然采取了紧急抢救措施，但还是没能把弟弟抢救过来，弟弟最终不幸离世。

（案例提供：湖南省娄底市娄星区新禾中心幼儿园 肖艳）

案例评析

这是一起因校车司机倒车时疏于查看路况而引发的幼儿园校车安全危机事故。校车司机、随车照管员规范操作的意识不强，工作不严谨，造成这起安全事故。

首先，存在违规操作行为，案例中的校车司机把校车驶入了幼儿自家院内，带来安全隐患；其次，司机警惕性差，在没有随车照管员帮忙排查汽车盲区的安全隐患的情况下自行倒车，导致幼儿的弟弟被碾压身亡。

痛定思痛，园所的举办者和管理者都应该从这样的事故中吸取血淋淋的教训，高度重视校车的日常管理工作。

管理建议

1. 危机应对

当今社会的交通越来越便捷,校车成为部分幼儿上下学的必备工具,校车接送为家长们带来了方便,但也成为幼儿园最大的安全隐患。当幼儿园校车突发事故时,我们需从以下几方面积极应对。

(1)*立时报警,保护现场*。校车司机迅速停好车,下车了解事故情况。若发现有人受伤,须立即与医院取得联系,做好抢救工作,确保伤员得到救助,必要时要求助消防等部门参与现场抢救。拨打交通事故报警电话,讲清楚事故发生的地点、缘由、受伤人员等情况,保护好现场,协助交警进行现场拍摄、绘图及书面记录。

(2)*启动预案,开展救护*。随车照管员立即向园长汇报事故现状,园长启动应急处置预案,报告属地教育部门和校车管理办事处,成立事故处理小组,赶至事故现场开展救护工作。随车照管员照看好幼儿,查看幼儿的受伤情况,安抚幼儿的情绪,将车上的幼儿转移到安全地段,清点人数,在自己能力范围之内对受伤幼儿采取简单的急救措施,并通知家长前往事故地点接幼儿,履行好交接手续。

(3)*积极善后,做好赔偿*。交通安全事故立案后,园所要积极配合交警的调查,接受处理。依据《中华人民共和国民法典》的第一千一百七十九条的规定和《最高人民法院关于审理人身损害赔偿案件适用法律若干问题的解释》的第十五条规定:"死亡赔偿金按照受诉法院所在地上一年度城镇居民人均可支配收入标准,按二十年计算。"上述案例中的园所应依法依规、合情合理做好理赔工作,安抚家长的情绪,关注社会公众的反应,避免引发舆情危机。

2. 危机预防

2012年,国务院颁布的《校车安全管理条例》以及工业和信息化部发布的《专用校车安全技术条件》规定,学校必须使用合格的专用校车接送学生,校车载人数不得超过核定的人数,并对校车驾驶员的安全驾驶、文明驾驶提出了操作规范要求。近些年,校车安全运营在多部门的强强联手下,运用互联网监管，校车事故已大幅减少，但幼儿园管理者依然要强化校车安全意识，做好危机预防。

（1）勤查设备，照章行驶。每天早上发车前，园长要和驾驶员对校车进行仔细检查，查看校车的油路、电路、气压等，确定无异常再发车，发现问题及时整改。司机、随车照管员要严格遵守校车安全运行制度，规范操作，严禁随意更改路线，在行驶途中遇到问题要及时向园长反馈。

（2）技术赋能，全程监管。在车上安装行车记录仪、可视监控设施，实行全程透明化监管。校车在平坦的路面上容易超速，超速报警器可在超过一定速度时自动报警，提醒司机减速。执法记录仪可要求家长在记录仪的可录范围内接送幼儿，记录交接过程，既有助于缓解随车照管员因家长签字难而产生的焦虑情绪，又可以加强过程性监督，以免因交接不严谨而造成其他安全事故。

（3）规范流程，通力合作。校车接送幼儿的途中，随车照管员要随时观察幼儿系安全带的情况，提醒司机注意路况。在特殊地段，随车照管员需下车协助观察路况，重点是校车盲区内的异常情况。随车照管员下车送幼儿回家时，司机要停车熄火，看护车内幼儿不得解开安全带、不得随意走动。接送完幼儿后，随车照管员要巡视车厢，查看是否有遗漏的幼儿。司机收车熄火后，也要在车厢内检查一遍，避免将幼儿遗留在车上。

（4）增购保险，缓解压力。幼儿园应重视商业保险对校车安全的保障。为了给在重大校车交通事故中受伤的患者提供良好的就医环境，转移赔偿压力，幼儿园除了购买法律强制的交强险外，还可适当选择商业险进行补充。校车商业险的主险包括机动车损失保险、机动车第三者责任保险、机动车车上人员责任保险三种，投保人根据自己的需求选择险种额度投保。随着各保险公司业务的不断成熟，幼儿园只需在购买校车商业险时适当增加保额，就能获得相对应的赔偿，给予受害者更高的保障。但是，根据《中国保险行业协会机动车商业保险示范条款（2020版）》的第二十一条规定："保险人依据被保险机动车一方在事故中所负的事故责任比例，承担相应的赔偿责任。"保险公司会根据交警部门划分的不同主次责任承担相应比例的赔偿。所以，事故一旦发生，特别是如上述案例中由于司机操作不当造成的事故，幼儿园还是会承担一定的经济损失。因此，规范管理校车，才能规避风险。

《校车安全管理条例》的第七条规定："保障学生上下学的交通安全是政府、学校、社会和家庭的共同责任。"政府及有关部门履行安全监管职责，幼儿园做好师幼安全教育、依法依规使用校车，家长支持并遵守交接制度，幼儿掌握一定的交通安全知识，才能实现平安出行。

案例 52
超市火灾殃及二楼幼儿园

案例呈现

一天中午,某市一超市突发火灾,交通管理部门要求广大网友扩散信息,过往车辆绕行,为救援行动腾出生命线!

随后,消息得到进一步证实:当日10时30分,一家超市着火,火势迅速上窜,殃及二楼的一所幼儿园。该园当日在园幼儿大约有200名,因组织撤离不及时,导致多名幼儿被困。受伤人员分别被送到附近的多家医院救治,包括幼儿几十名,成人十多名,所幸未造成人员死亡。

后来,经上级政府研究,对辖区教育部门的三位行政管理人员做出停职决定。超市老板及该幼儿园法人、园长因涉嫌事发前拒不执行消防整改决定导致事故发生而被刑事拘留。

(案例提供:湖南省娄底市娄星区新禾中心幼儿园 肖艳)

案例评析

上述案例中的幼儿园忽视了消防安全在幼儿园日常工作中的重要性,酿成百余名师幼受伤的消防突发事故,万幸的是没有人员死亡。不难看出,这所幼儿园消防安全管理混乱是造成事故的主要原因。

(1)园所选址不规范。《托儿所、幼儿园建筑设计规范》对幼儿园的建设基地提出要求:"不应与大型公共娱乐场所、商场、批发市场等人流密集的场所相毗邻。"而该园将办园场所选在地形复杂、消防安全隐患较多的超市二楼,违背了国家标准。

(2)忽视消防检查整改意见。幼儿园对上级消防检查下发的消防整改决定不重视,不落实,抱有侥幸心理,最终酿成灾难。

(3)危机应对策略混乱。一楼的超市在白天起火,如果撤离时组织有序,就不会导致二楼的多名幼儿被困，这说明该园没有消防安全应急预案，日常不重视消防紧急疏散演练，遇到紧急情况时手忙脚乱，错过最佳撤离时间。

管理建议

1. 危机应对

幼儿园的任何人发现火情都不得迟疑，应迅速通知全园师幼有序撤离。

（1）*报警*。发现火情的人员须第一时间拨打火警电话119，准确描述火灾发生的地点、时间以及火势大小、因何物着火等信息。园所启动消防安全应急预案，向全园发出警报信号，安排专人拉闸断电，向上级报告火情。预案中的各岗位负责人赶到自己的负责区域，打开消防通道，到明显路口引导消防车入园。

（2）*组织撤离*。保育员和教师迅速准备好湿毛巾，指导幼儿把毛巾叠成小方块捂住口鼻后在教师的组织下有序撤离。教师带领幼儿到达安全地带后，立即清点幼儿人数，查看幼儿是否有伤情。如有意外，应及时将幼儿送至保健医生或专业医疗机构进行相关处理。

（3）*协助救火*。园长现场组织施救，安保人员负责维持现场秩序，确保消防人员的救火通道畅通，了解班级师幼的受困情况，帮助传达指令，及时施救。

（4）*积极善后*。园长向上级部门汇报幼儿园人员受伤和财产受损的情况，积极应对伤者的治疗与赔付，组织员工分析事故原因。

2. 危机预防

消防安全重在日常的危机预防。

（1）*完善消防设施*。消防设施是在火灾时救命的保障。互联网时代，幼儿园要利用信息技术赋能管理，装置火灾自动报警器和喷淋系统，与传达室的监控视频信息互通。确保绿色通道标志明显、应急灯能正常使用，设置紧急逃生窗口，将消防器材摆在醒目位置。

（2）*排查消防隐患*。常态化开展消防隐患排查和整治行动，建立消防安全隐患台账，保持绿色通道畅通，及时开展隐患"清剿"。

（3）*加强消防培训*。重视师幼消防知识的学习与宣传，制定切实可行的紧急疏散方案，加强消防应急演练，指导教师掌握正确使用灭火器材的技能，提高师幼应对消防危机的处置能力。

"火灾无情，警钟长鸣。"任何一个生命都能因一口浓烟而结束生命。只有保持对生命的敬畏，不断强化消防安全意识，紧绷消防安全这根"弦"，有效地常态化开展消防演练，才能在紧急情况下做到忙而不乱、快中有序。

案例 53
持续下暴雨致幼儿园围墙倒塌

案例呈现

某乡镇持续几天连降暴雨,一处与该乡镇中心幼儿园相邻的山坡出现了山体滑坡。因幼儿园地势较低,大量的石头、泥土和雨水冲击着园所的围墙。该园园长听到"轰隆"一声巨响后,随即组织人员四处查看,最后发现是山体滑坡导致幼儿园操场西南角的围墙倒塌,所幸当时孩子们正在室内活动,无人员受伤。

发生灾情后,幼儿园立即上报辖区内的乡镇中学,申请支援,并在危险地段设置隔离区域,摆放护栏,设置"危险,不得靠近"的警示标志。园所通知家长来园接幼儿,同时将位于西南角风险区域的班级师幼全部转移到最北端安全的活动室里。在活动室里,教师一边安抚幼儿的情绪,一边与前来接孩子的家长对接。大约1小时后,100多名幼儿均被家长接回了家。

(案例提供:湖南省娄底市娄星区新禾中心幼儿园 肖艳)

案例评析

这是一起因自然灾害强降雨而引发的幼儿园安全危机事故。上述案例中的幼儿园在勘查到园外山体滑坡致围墙倒塌后,第一时间上报主管部门,并采取紧急措施应对:设置隔离区域,组织班级转移,通知家长来园接幼儿,安抚幼儿的情绪。在整个过程中,幼儿园反应迅速,安排有序,成功应对本次危机。

管理建议

1. 危机应对

随着气候变暖,地球上的暴雨、干旱、暴雪、台风等自然灾害逐年增加。

我们需要提高警惕，一旦出现汛情，可以从以下几方面积极应对。

（1）*启动预案*。向全园发出警报，保持冷静，查看险情，启动应急预案，要求全园师幼进入应急状态。迅速切断所有电源、燃气和供水系统，扑灭明火，防止洪水中触电等其他险情的发生。

（2）*疏散转移*。园长向上级部门报告，组织人员疏散和转移，清点人数，排查是否有遗漏的师幼。在安全地点集合后，稳定幼儿的情绪，查看师幼是否有人受伤，需要紧急处置的，须及时联系医护人员或送医治疗。

（3）*积极善后*。对受灾情况进行排查、统计并书面汇总上报，启动灾后重建，做好园舍及围墙的检查和修缮工作以及淤泥清除、卫生清洁、全面消毒等工作。派出"新闻发布人"向家长做好解释工作，安抚幼儿及家长的情绪，为尽快复学获得家长和社会的理解与支持。

2. 危机预防

幼儿园教育包括生命教育，应对自然灾害的教育也是生命教育的重要组成部分。在突如其来的自然灾害面前，幼儿往往会恐惧，会因不熟悉正确的逃生方法而受到伤害。因此，自然灾害危机预防非常重要。

（1）*让幼儿了解自然*。大自然除了美好，还会给人类带来伤害。在日常生活中，我们可以通过播放视频、纪录片，让幼儿了解自然灾难的危险，敬畏自然，萌发保护大自然的意识。

（2）*帮助幼儿学会自救*。幼儿园可以组织游戏、主题演练等活动，引导幼儿学习和巩固逃生技能，提高幼儿应对突发事件的反应能力，同时培养勇敢、互助的良好品质。教育幼儿在危机时刻应该勇敢地面对现实，听从成人的指挥。当同伴陷入困境时，可以第一时间报告教师，在保证自身安全的前提下帮助同伴脱离险境。

（3）*关注自然灾害预警信息，采取应对措施*。一是加强领导，成立自然灾害应对领导小组，制定预案，明确岗位职责，把保障师幼安全作为首要工作来抓。二是做好宣传，及时关注天气变化的相关信息，开展有关恶劣天气的安全教育，加强防寒、防冻、防滑和防交通事故等宣传教育，通过家长微信群提醒安全出行的注意事宜。三是排查隐患，幼儿园应对校舍、楼道、路面、围墙、厕所和水电线路等容易遭受恶劣天气破坏的区域开展拉网式安全督查，排除安全隐患，规避安全风险。四是坚持值班，严格落实 24 小时值班、夜间巡查制度，及时做好记录，确保 24 小时信息畅通。

人类需要与自然和谐共处。敬畏自然并不是指在灾难面前束手无策，而是要坦然面对、积极处置。如果遇到由自然灾害造成的安全事故，教师要带领幼儿迅速脱离险境，保障幼儿的生命安全。

案例 54
诺如病毒暴发后

案例呈现

一天早上,某幼儿园小二班的微信群里有家长留言:"老师好,我家孩子昨晚多次呕吐,今天需带去医院检查,特向老师请假。"随后不久,又有家长在群里说:"孩子在来园的路上呕吐,需请假回家换衣服。"半小时内,教师就接到 7 名幼儿因呕吐症状请病假的信息。

班主任教师对早上 7 名幼儿请假一事进行分析,认为本班在 24 小时内出现多例相同症状的病例,符合传染病疫情报告条件,便立即上报给保健医生。保健医生第一时间来到班级了解情况,随即向幼儿园传染病领导小组组长——园长报告,园长立即上报上级教育主管部门和属地街道办事处卫生服务中心。

很快,属地疾病预防控制中心派人来到幼儿园,对现场进行采样,指导班级教师观察已来园幼儿的健康状况,排查未入园幼儿的身体健康状况,要求家长带出现呕吐症状的幼儿去疾控中心检查,建议该班停课三天。幼儿园在得到教育主管部门的同意后,立刻发布停课通知并一一打电话通知家长,解释缘由,请家长对幼儿进行居家观察,幼儿的身体若出现异常应迅速去疾控中心进行检查。该班保育员在疾控中心的指导下,按照规定配方对室内外活动场所和事物表面进行严格消毒。

当晚,属地卫生服务中心向幼儿园通报化验结果:取样 22 份,5 份检出诺如病毒 G 型。随后,由幼儿园指定的疫情发布人就当日小二班发生的诺如病毒事件,组织各班家长委员会召开视频会议做出情况说明,告知幼儿园采取的应对措施、上级部门对事件的处理办法,委托家长委员会向各班家长做出解释,避免家长因不了解实情而恐慌。

小二班经过放假隔离,三天内无新增病例,得到了所属街道社区卫生服务中心和教育主管部门的同意后顺利复课。确诊感染诺如病毒的幼儿，凭所属街道社区卫生服务中心开具的复课证明返园。

（案例提供：湖南省娄底市娄星区新禾中心幼儿园　肖艳）

案例评析

上述案例中的班主任教师根据家长的请假理由，及时判定出传染病的突发，迅速上报保健医生。传染性疾病在幼儿园这样的人员密集地威胁巨大，关系师幼的健康安全。幼儿园启动了突发传染性疾病安全危机预案，第一时间向上级部门报告，配合相关部门完成现场取样、判断等工作，并接受处置建议及消毒指导。在确定小二班携有传染性强的诺如病毒、幼儿园存在传染性疾病流行危机时，幼儿园推出疫情发布人，通过视频会议，实事求是地向家长委员会做出解释说明，避免不实信息的传播。

在这起突发的公共卫生安全危机事故的处置过程中，该园准确判断、科学管理，是一个较为成熟的安全危机应对案例。

管理建议

1. 危机应对

诺如病毒属于肠道传染病，是最近几年在校园内易暴发的传染性疾病，主要症状为腹痛、腹泻、恶心和呕吐等。每年的春、夏、秋季是各类传染病的高发期，幼儿是易感人群，不管哪种传染病，幼儿园都容易成为传染病流行及暴发的高危场所。传染病一旦没有得到及时控制，就有可能造成严重的突发性公共卫生事件。遇到突发的传染病危机时，幼儿园应从以下几方面应对。

（1）**及时上报，查明感染源**。教师一旦发现一个班级 24 小时之内出现 3 名（及以上）幼儿有相同症状的病情，就应提高警惕，及时上报。保健医生在核实情况后，应立即启动应急预案，由传染病领导小组组长上报上级教育主管部门和卫健部门，配合专业人员查明并迅速控制感染源。

（2）**全面消毒，隔离治疗**。幼儿园对室内外及幼儿接触用品进行专业消毒。针对不同病情，园所应听从医护人员安排进行医学隔离，追踪观察，患者直到痊愈后凭属地街道社区卫生服务中心的复课证明方可入园。

（3）真诚沟通，家园合作。在获得卫健部门的检验结果后，幼儿园应推出具有权威的"新闻发布人"，借助互联网平台的力量，及时向家长告知本次传染病的起因、幼儿园的应对措施及家长需配合的事宜，让家长知实情、不传谣，避免引发舆情危机。

2. 危机预防

幼儿园常见的传染病主要分为呼吸道传染病和肠道传染病，一般有诸如病毒、流行性感冒、手足口病、流行性腮腺炎、麻疹、水痘、疱疹性咽峡炎、红眼病和鼻病毒等。幼儿园是传播传染病的高危场所，加强日常的卫生保健预防，才能更有效地规避传染病安全危机。

（1）健全并落实管理制度。充分认识到传染病疫情会威胁幼儿的身体健康和社会稳定，认真落实门禁管理制度、晨午检制度、因病缺勤追踪制度、复课证明查验制度、入托入学预防接种证查验制度、通风消毒制度、健康管理制度和健康教育制度等，不断完善幼儿园传染病应急预案，常态化组织全体教职工进行传染病专业知识业务培训，规范开展应急演练。

（2）注重家园合作。幼儿园通过互联网平台发布"致家长书信""传染病防控小知识"等信息，指导家长做好传染病防控和治疗过程中居家（医院）隔离的幼儿的学习、情绪安抚、复课手续办理等工作。

（3）积极推进疫苗接种工作。疫苗接种是目前控制传染病暴发的最有效措施。幼儿园要按照《中华人民共和国传染病防治法》《疫苗流通和预防接种管理条例》《托儿所幼儿园卫生保健管理办法》的规定，通过校园微信公众号、班级微信群等途径积极开展各类疫苗查漏补种工作，本着"知情、同意、自愿"原则，引导幼儿完成疫苗的接种，用最经济、最有效的措施建立最可靠的免疫屏障。

幼儿年龄小，抵抗力较差，因此幼儿园集体环境中一旦出现传染病就极易导致群体感染。幼儿园应提高警惕，做到五早：早发现、早诊断、早报告、早隔离、早治疗。

案例 55
牙齿不见了

案例呈现

一天上午,某乡镇中心幼儿园中班的孩子们正在排队下楼梯,小冉紧跟着教师走在队伍的最前面。快进教室时,小冉突然加速,超越教师跑进教室,怎料脚下一滑,嘴巴碰到了教室的门槛石上,鲜血瞬间从口中流出,小冉被吓得大哭起来。园长听到哭声随即从办公室里跑出,给小冉的伤口消毒、止血。在查看伤情时,园长发现小冉口腔流血处的门牙不见了,周边并无其他伤痕,奇怪的是,在小冉摔跤的四周找了个遍,也没找到那颗牙齿。

园长随后与小冉奶奶通过视频电话说明情况,并安慰说,不用太担心,孩子乳齿脱落会再长出来的。奶奶表示自己做不了主,需与小冉妈妈商量,园长委托奶奶与妈妈进行沟通。5分钟后,在外地上班的小冉妈妈打来视频电话,口气满是责备,在与小冉视频后,要求园长马上带小冉去医院进行检查。园长立刻带上小冉和奶奶,直接去了小冉妈妈指定的医院。

经过拍片、CT扫描等一系列的检查后,医生的诊断结果是:牙齿没有脱落,是磕进牙床了。医生建议先观察,半年复查一次,让恒牙长出来时把乳牙顶出来。听医生这么一说,园长和奶奶都松了一口气。到了晚上,小冉妈妈又给主班教师打了近1小时的电话,询问整个事件发生的过程,责备教师不负责,没照顾好她家宝贝。

第二天早上,奶奶又告知园长,小冉妈妈联系了另一位牙科医生,这位医生建议把磕进去的那颗牙拔出来。于是,周六一大早,园长开车带着小冉和奶奶去指定的牙科医院拔牙,忙了半天,最后把他们安全送到家。

事情至此应该算告一段落。在这个过程中,园长和教师积极配合,费用全由园所承担。但在周一早上，奶奶又转达了小冉妈妈的话：如果小冉6岁时恒牙还没长出来，园所要负担后续的治疗费用。此时此刻，园长和教师们都觉得特别委屈，连连感叹：幼师难当，幼儿园不好办。

（案例提供：湖南省娄底市娄星区新禾中心幼儿园 肖艳）

案例评析

幼儿在园磕磕碰碰是常有的事，上述案例中尽管园长在事发后又出钱又出力，尽力满足家长的需求，感慨办园难，但是综合来看，园所在整个安全危机事件的处置过程中还是存在问题的。

- 处置不专业。小冉摔跤后，园长帮忙初步处理伤口，但没有第一时间带小冉去医院排查原因，自以为是牙齿磕掉了，简单处理后持观察态度。案例中没有保健医生出现，也反映了大部分乡镇幼儿园中保健医生的缺失，通常由园长兼任保健工作，存在专业漏洞。
- 回避与第一监护人沟通。园长在幼儿的奶奶与妈妈中选择了自认为好打交道、易交流的奶奶，回避与"爱纠缠的"妈妈直接沟通，让家长觉得园长对事故并不重视，心存埋怨。面对小冉妈妈的强硬态度、对治疗方案反复提出新要求，园长始终处于被动地位，被家长牵着走，让人感觉到她对患儿能省则省的小气，这是危机应对之大忌，违背"以人为本""真诚至上"的危机应对原则。

管理建议

1. 危机应对

幼儿园在遇到类似的幼儿安全事故时需主动应对。当发现幼儿有出血较多等较为严重的伤情时，园长、教师都应该提高警惕，在初步处理伤口后立即联系家长，主动带幼儿去当地较好的医院进行检查。幼儿得到及时医治，家长才能放心。幼儿园应从以下几方面进行应对。

（1）主动与幼儿的第一监护人——父母取得联系。可通过视频电话让家长了解幼儿的伤情，在园所保健医生（兼职人员应通过正规培训取得保健员岗位证）初步诊断后，及时送幼儿去医院，要求家长尽量到场共同陪护孩子，见证检查和治疗过程。

（2）*处理因意外导致的其他问题*。意外可能会导致幼儿的身体或衣服被弄脏，例如血迹，专业止血后要处理好幼儿伤口的血迹，帮助幼儿换好干净的衣服，并清洗衣物。

（3）*积极承担应负的责任*。教师要有同理心，主动向家长耐心解释，阐述事情的经过，做好情况说明。幼儿园要积极承担幼儿伤情治疗等相关费用，该道歉的道歉，该赔偿的赔偿，争取得到家长的理解。

2. 危机预防

幼儿园的安全危机无法完全避免，但是，幼儿园尽最大努力做好预防工作，就能极大地降低幼儿在园发生安全事故的概率。

（1）*园长强化"安全无小事"意识*。园长要增强安全管理意识，认识到"安全无小事"的真正意义。幼儿在园不管遇到什么样的意外，幼儿园都要重视，积极面对，不得避重就轻；还需给各班级配备医药箱，配齐体温计、创可贴等医用用品。

（2）*教师工作要务实*。教师要注重幼儿一日生活中良好习惯的培养，通过安全教育课程，帮助幼儿理解不良行为习惯会给自己或他人带来危险。教师要把日常工作做得更细致，尽职尽责，经得起事发后家长查看班级监控视频。当幼儿出现磕磕碰碰时，教师要先说明事情的缘由，满足家长的知情权，获得他们的理解与包容。

（3）*开设家长云课堂*。很多在园易摔跤、碰撞的幼儿，往往是因为他们的身体动作发展滞后，与家长的保姆式、包办式育儿行为有直接关联。幼儿园可以利用互联网技术，开设家长云课堂，用系列家庭教育课程引导家长转变观念，提高科学育儿能力。

幼儿园教育是一日生活中的教育，我们只有增强责任心，把安全工作做得更细致，引导家长理性看待孩子成长中的磕磕碰碰，实现家园共育，才能更好地为幼儿的全面发展提供保障。

案例 56
幼儿在离园时骨折

案例呈现

某年6月末的一天,下午离园时间到了,某幼儿园大二班的教师带着孩子们在园门口等候校车。一个小男孩趁教师不注意爬上了门口附近的滑梯,不过很快就回到队伍里。这时校车到了,孩子们在教师的组织下排队上车。

晚上7时,随车照管员在微信群里反馈,说这个小男孩的家长告知她,小男孩回家后手疼,说是在滑梯上摔了。园长赶紧调出监控查看,这个小男孩确实独自爬上了滑梯,但是下来的区域在另一侧,属于监控盲区,看不到他是怎么受伤的。园长赶紧安排教师联系小男孩的家长,得知他们已经去医院了,就一边向保险公司报案,一边和教师赶往当地的市人民医院,但是找了一个多小时也没在医院里找到小男孩及其家长,此时家长的手机也关机了。直到晚上9时,家长才发微信跟园方沟通,说手机没电了,孩子的胳膊已经打上了石膏,半个月后再去复查。

第二天,园长买了鸡蛋、牛奶和水果等营养品与班级的两位教师一起去探望孩子,并约好半个月后园方陪同家长去医院拍片复查。第七天,家长向园方提出赔偿要求,说月底就要带孩子去省外的外婆家,想在出发之前把赔偿的事情解决了。园长表态说:"请安心带孩子治疗,医药费全由幼儿园承担。"对此,家长不满意,说这件事不单单是医药费的事,必须赔偿家长的误工费、孩子的营养费等共计2万元,还说有孩子在别的幼儿园仅仅摔了一跤、破了点皮,园里就赔了1万元,自己孩子遭这么大的罪——骨折了,幼儿园赔偿2万元是应该的。之后,双方协商多次都不能达成共识。

8月初,园方主动联系家长,询问孩子的康复情况并告诉家长保存手机上的缴费记录以走保险赔偿程序,因为园方在孩子入园时购买了个人意外保险和校方责任险。但是，家长依然强烈要求园方赔偿2万元。

9月1日开学这天，家长带领几个亲戚跑到幼儿园大吵大闹，堵在幼儿园的门口不准师幼进出，还说要将事情发到网上。园方见状，立即拨打电话报警求助。几经周旋后，家长依然要求园方除医药费外赔偿费不能少于1万元，园方不予接受，告知只走保险程序，按照规定理赔。见园方态度坚决，村领导也出面调解，家长只好答应了，配合园所走保险公司理赔的渠道，报销了孩子的治疗费用。

（案例提供：湖南省涟源市六亩塘街道良溪幼儿园　谭雄飞）

案例评析

幼儿在园发生安全事故，园所和家长沟通不顺畅，极易衍生家园关系危机。上述案例就是一起幼儿在园意外伤害事故善后过程中的家园矛盾事件。

在上述案例中，幼儿因违反纪律、脱离教师组织的离园队伍而受伤，园所在幼儿最爱玩的滑梯这样大型器械的游戏区未将监控全面覆盖，教师未及时发现离队的孩子，因此幼儿园和教师负有一定的管理责任。事发后，园长主动向保险公司报案，迅速和班级教师赶往医院，第二天又和教师带上营养品登门看望孩子，体现了园所应对危机的积极一面。但是家长存在攀比心理，提出远超治疗费用的经济赔偿，并采用极端的方式"堵门"，上演"园闹"，园所采用沟通、报警和求助村委会等调解方式，最终解决了危机。

管理建议

1. 危机应对

面对上述危机，建议从以下两方面积极应对。

（1）依法依规、合情合理地理赔。园所处理幼儿伤害事故时应该依据《学生伤害事故处理办法》的第三条规定"学生伤害事故应当遵循依法、客观公正、合理适当的原则，及时、妥善地处理"和第三十一条规定"学校有条件的，应当依据保险法的有关规定，参加学校责任保险。教育行政部门可以根据实际情况，鼓励中小学参加学校责任保险。提倡学生自愿参加意外伤害保险。在尊重学生意愿的前提下，学校可以为学生参加意外伤害保险创造便利条件，但不得从中收取任何费用"。上述案例中园所的保险意识较强，购买了校方责任险，也鼓励家长为幼儿购买意外险。当然，除了保险公司对受伤幼儿的合理赔偿外，园所出于对幼儿的关爱与安抚家长的情绪，带合适的慰问品、慰问金上门看望，力所能及地帮助家长解决因照护幼儿带来的困难，是有必要的，有利于良好家园关系的建立或恢复。

（2）*及时解决问题*。幼儿园如果在暑假期间能够更主动些，及时找到家长当面沟通，或者早点利用村委会的桥梁作用解决危机，就不会发生开园季被"堵门"的事件。

2. 危机预防

幼儿园的安全危机预防涉及方方面面，也极易衍生家园矛盾，需要幼儿园切实加强管理。

（1）*防幼儿受伤*。幼儿在入园、如厕、盥洗、就餐、午休和离园等生活环节中发生事故的概率较高，主要原因是幼儿在生活环节更自由、兴奋，教师更忙碌，如果班额大、师幼配比低、设施设备存在安全隐患，就容易引发安全事故。园所要有针对性地采取有力措施，如进一步指导教师合理站位与分工、增强管理和巡查等，预防幼儿在一日生活中受伤。

（2）*防事故不清*。"互联网+"背景下信息技术的使用，为幼儿园的安全危机管理提供了便利，也是预防因安全危机衍生公共关系危机的辅助手段。上述案例中，园所在幼儿最爱玩的滑梯这样大型器械的游戏区域未将监控全面覆盖，为事实不清留下了隐患。除盥洗室、卫生间等涉及师幼隐私的区域外，幼儿园园区内的监控应该尽量覆盖，避免留死角。

预防安全危机的功夫在平时。秉承为幼儿好的原则，做好"硬环境"与"软环境"的安全保障，是幼儿园与家庭共同的责任。

第七章

幼儿园后勤危机管理案例与评析

概念

幼儿园后勤危机是指由幼儿园后勤管理工作引起的，危及幼儿园师幼的健康安全，影响幼儿园后勤组织的正常运作，严重威胁或可能严重威胁幼儿园组织功能的管理难题、突发事件或重大事故。幼儿园后勤危机管理是指幼儿园为了防止出现后勤危机，尽量减少或消除后勤危机在幼儿园运转、师幼安全等方面造成的多重危害而积极开展的危机监控、危机预测、危机处置和危机善后等有针对性的、系统化的管理行为和管理活动。

共性特点与危害

共性特点

幼儿园后勤危机的共性特点主要体现为以下三点。

1. 必然性

幼儿园后勤管理工作涉及面广，是一项全局性工作。因后勤岗位分类比较分散，幼儿园后勤管理工作大多为服务型和保障型工作。工作人员的素质参差不齐，难以管理，工作绩效容易被人忽视，易造成各岗位工作人员被动工作甚至产生懈怠状态，而任何一个岗位的失误、失职都可能造成后勤危机。

2. 复杂性

后勤工作涉及财务管理、安保管理、资产管理、园舍维修管理和食堂管理等多个领域，其工作内容具有专业壁垒，尤其是财务工作、资产管理工作等。工作人员如果没有经过跟岗学习或专业培训，那么必然会因对工作流程不熟悉而导致操作不规范，埋下危机的隐患。幼儿园管理层作为非专业人员，对于其工作漏洞往往难以察觉和监管到位。

3. 关联性

后勤管理工作同幼儿园的各项工作、各个部门乃至每个人都紧密联系，牵一发而动全身。后勤危机的出现，无论大小都会造成财物浪费，幼儿园的日常运营也会受到影响，甚至导致人员伤害。

危害

幼儿园后勤危机的危害主要表现为以下两方面。

1. 危害师幼的身体健康

某些幼儿园的后勤岗位职责不明确，不注重岗位培训，危机一旦发生就可能严重危害师幼的生命安全与健康。例如：食堂的食材管理存在漏洞，导致幼儿突发食源性中毒；采购不合格的设施设备，导致幼儿在使用过程中受伤；膳食营养长期不均衡，导致幼儿大规模贫血等。

2. 危害幼儿园的良性发展

幼儿园管理者对危机管理不重视，在后勤危机发生后无法有效控制事态，就会危害幼儿园的稳定与发展。例如：财务操作不规范、缺少财务监督，财务人员可能会利用管理漏洞挪用公款；家底不清、账物不符，就会造成园所资产流失、重复购置；安保人员随意离岗，导致不法人员混入园所，造成财物丢失、人员伤亡等。

管理策略

应对策略

幼儿园后勤危机的应对策略主要体现为以下三点。

1. 沉着冷静，快速反应

一旦危机发生，幼儿园相关负责人要第一时间出现在现场，迅速成立危机处理小组；各组织成员快速进入角色，有序、高效地实施救助工作，最大限度地保证师幼安全，减少财产损失。

2. 态度诚恳，承担责任

园所要如实公布事件的原委，澄清误会，诚恳地接受批评，秉承"以人为本"的原则，主动承担相应的义务，直面问题，积极处理，争取赢得家长和社会的理解。

3. 多方助力，转危为安

必要时，可主动寻求政府、家长等社会各界的指导和帮助，调动多方力量，缓解危机和矛盾，最大限度地消除负面影响，为恢复和重建做好时间与物质上的准备。

预防策略

幼儿园后勤危机管理的预防策略主要有以下四点。

1. 完善制度，规范行为

后勤管理制度是岗位人员必须遵守的办事规程或行为准则，是规范工作人员行为的重要依据，如财产管理制度、后勤采购制度和饮用水安全制度等。各项制度的制定要充分考虑本园的实际情况，条文尽量简洁，执行相对稳定。

2. 明确职责，强调责任

幼儿园管理层要根据不同岗位设定相应的岗位职责，具体明确各岗位所需要完成的工作内容以及应当承担的责任，提高后勤工作执行力，有效避免后勤管理危机事件的出现。

3. 制定流程，细化要求

后勤工作具有标准化和重复性的特点。将各后勤岗位的具体工作内容流程化，明晰各岗位做什么、谁来做、何时做、怎么做、做到什么标准，制定一套简单明了、易于理解和操作的流程体系，可有效避免因随意性而出现漏洞和危机。

4. 有效巡查，及时上报

检查是监督机制的主要实施手段。在日常巡查的过程中，相关人员要注意收集问题，做好记录，及时上报，快速解决，将危机消除在萌芽状态。

案例 57
"毒操场事件"后遗症

案例呈现

近年来,大量学校升级改造,用塑胶跑道代替原有的砂石跑道。但是由于缺乏监管机制,塑胶跑道的质量参差不齐,全国多地学校出现"异味跑道""异味操场",此类事件的连续报道,让广大家长忧心忡忡。

某幼儿园作为一家新开办的园所,园内环境优美,拥有宽阔的户外活动场地,场地内设置有各种适合幼儿爬、钻、荡、平衡和投掷的运动器械,也有一块漂亮的塑胶操场。

秋季新学期开学了。一天下午,后勤王园长在进行日常巡查时,听到小班的一位家长在和另一位家长聊天,说自己的孩子这段时间经常无缘无故地流鼻血、头晕,担心会不会和幼儿园的塑胶操场有关系,对方家长听了眉头紧锁。听到家长的言论,意识到家长有媒体报道的"毒操场事件"焦虑情绪后遗症,王园长没有马上上前做解释,而是走进班级向教师了解这名幼儿的情况,并要求教师密切关注这名幼儿近段时间的在园表现和家长的反馈,如有异常,必须及时向保健医生和园长汇报。几天后,这名幼儿的不适症状有所好转。虽然之后确定这名幼儿是因为自身身体状况出现不适症状,但怎样才能让家长们消除这方面的担忧呢?经过管理层的讨论,幼儿园马上采取了行动。

首先,通过园所微信公众号平台推送文章进行情况说明,因小、中班的幼儿身体协调性、灵活性相对较差,自我保护意识相对较弱,摔跤后易磕碰伤,设置塑胶操场可以在一定程度上保证幼儿的活动安全。其次,通过家长会介绍幼儿园的办园条件,上传塑胶操场的施工安装情况、施工单位资质材料合格证等资料截图和专业检测报告,让家长了解幼儿园塑胶操场的建设和使用情况。塑胶操场是开园前暑期铺设的,铺好后又在操场旁边设置了多个水龙头,每天下午会安排专人进行洒水,加速残余化学物质的蒸发,最大限度地保证操场的使用安全。最后,和小班组教师商议提前举行亲子半日活动,请家长来园体验幼儿园塑胶操场的安全性能。

从那以后,再也没有幼儿家长出现过此类言论。

（案例提供：湖南省娄底市涟源市现代教育技术管理中心　许春霞）

案例评析

幼儿园的后勤管理同幼儿园的各项工作、各个部门乃至每个人都紧密联系,又相互制约,既要考虑园所的总体情况,顾全大局,实现各个岗位的优质服务,又要精准把握幼儿园的现状和内外环境的变化,充分贯彻幼儿园管理层的工作思路和各项决策,实属不易。

在上述案例中,后勤王园长的安全危机意识很强,仅从两名家长的几句对话中就敏锐地捕捉到了新入园家长对幼儿园设施设备的不了解、不放心,孩子稍有异常情况他们就会联想是否与幼儿园的环境、材料有关系,这可能会影响今后家长工作的顺利开展。她马上了解情况,积极应对,经过管理层的讨论,有序开展幼儿园的各项宣传工作,危机管理取得了预期的效果。

在这次家长"毒操场事件"焦虑情绪后遗症危机的应对中,幼儿园的应对策略科学,不仅让幼儿园在家长的舆论导向中处于积极主动的地位,而且让家长更加信任、支持幼儿园的工作。

管理建议

1.危机应对

面对后勤管理危机,幼儿园的后勤部门和其他相关工作人员都应该高度重视,积极应对,以最大限度地降低其负面影响。

（1）采取措施,正面应对。当发现有家长对幼儿园建设项目或购置物品有质疑言论的情况后,幼儿园要第一时间采取正面应对的措施,了解具体情况,秉承对每名幼儿的身心健康负责的态度与涉事家长进行面对面的沟通,不敷衍、不回避问题。

（2）**发布声明，说明情况**。幼儿园可以通过班级微信群等平台发布正式声明，进行情况说明，对质疑事件如实澄清，上传各种佐证材料，直面家长的忧虑，回应家长的疑问和关切，让更多的家长了解事件实情。

（3）**亲身体验，化解担心**。幼儿园可以利用家长开放日、亲子活动和游园活动等，让家长以实地参观、亲身体验的方式，在活动中感受幼儿园建设项目或购置物品的安全性能，在无形中化解家长的担忧。

2.危机预防

幼儿园的后勤工作可实行统一领导、分工负责、责任到人的管理体制，明确各自职责，从源头进行危机预防。

（1）**通过正规渠道购买，索取相关凭证**。幼儿园进行的各项工程建设、设施设备采购、班级和幼儿活动用品添置等大大小小的项目实施，都要从正规渠道采购物资，后勤项目组要及时索取、整理供货商的资质证明、产品合格证、保修凭证等材料，分项目管理，整理归档，做到既有电子档资料又有纸质凭证。

（2）**建立健全安全检查机制**。幼儿园管理人员在日常安全巡查时要重视对园内外设施设备、活动物品使用情况的检查，一旦发现异常，必须及时登记并上报。

（3）**重视使用情况反馈**。班级教师和幼儿是幼儿园建设项目、活动物品的直接使用体验者，他们的使用体验是判断项目建设是否合格、产品质量是否达标的重要指标，所以幼儿园后勤人员要重视来自教师、幼儿及家长的使用情况反馈，不要因为怕担责、怕麻烦而敷衍了事。

幼儿无小事，闲聊不轻视。从本案例中一件偶发事件的处理可以看出，幼儿园管理者除了要对幼儿园内部危机防患未然，更要对社会热点、网络热搜进行关注，及时把握家长的思想动态，把幼儿园的安全隐患处理于无形当中。

案例 58
这些费用不能收

 案例呈现

某日,幼儿家长李女士通过"市长热线"平台反映问题:她的孩子就读的幼儿园通过班级群向家长们发通知,每名幼儿家长需缴纳下学期的报名押金 200 元,另要求家长为幼儿统一预定被褥六件套和园服七件套,被褥是 250 元,园服是 400 元,三项费用共计 850 元。李女士认为该项费用收取不合理,看到班级群里陆陆续续有家长开始缴费后,她拨通了"市长热线"反映情况,希望得到政府相关部门的帮助。

接到李女士的投诉后,当地教育局高度重视,立即安排相关工作人员对该家长反映的情况进行实地走访调查。经核实,李女士反映的情况属实。针对该园存在的部分违规收费问题,当地教育局责令该园限期整改:首先,责令该园严格落实教育部等部门的相关规定,整改收费行为,尽快全额清退家长已缴纳的报名押金;针对被褥费和园服费,幼儿园要逐一核实家长的购买意愿,对非自愿购买的,应全额退还费用。其次,对该园园长进行诚勉谈话,要求该园坚持实行收费公示制度,公示所有收费项目。

三天后,园长才备好资金,不少家长表示不满意,在园方准备通知班级教师请家长来园退费时,某媒体记者却带着摄像机来到了园长办公室……

(案例提供:湖南省娄底市涟源市现代教育技术管理中心 许春霞)

案例评析

这是一起典型的因违规收费引发的幼儿园后勤管理危机事故。幼儿园收费问题,是广大家长最关注、最敏感的问题之一。

2011年，国家发展改革委员会、教育部、财政部联合印发的《幼儿园收费管理暂行办法》对幼儿园的收费项目进行了明确规定。其中，第三条规定："学前教育属于非义务教育，幼儿园可向入园幼儿收取保育教育费。"第十一条规定："幼儿园为在园幼儿教育、生活提供方便而代收代管的费用，应遵循'家长自愿，据实收取，及时结算，定期公布'的原则，不得与保教费一并统一收取。"

对标发现，上述案例中的幼儿园存在乱收费现象，暴露出该园管理者无视国家规定，随意收费，造成被家长质疑和投诉的后果，幼儿园陷入被上级教育行政部门责令整改与园长被诫勉谈话的危机，其社会信誉度大打折扣。尤其是幼儿园管理者收到整改令后重视度不够，没有在第一时间安排部署退款事项，引发家长不满，以致舆情发酵。记者的上门访谈很可能使幼儿园乱收费事件危上加危，使幼儿园处于舆论的风口浪尖，引发新一轮更严重的管理危机。

管理建议

1. 危机应对

目前，面对有些幼儿园存在的收费不规范、不透明等问题，家长往往会质疑，如若处理不及时、不恰当，就会导致矛盾激化，极易引起后勤管理危机。面对这种情况，幼儿园应该如何应对？

（1）*及时反应*。第一时间召开工作会议，积极应对，落实整改措施，安排退款事项，列出整改时间表，确定具体负责人。

（2）*合理安排*。各班级安排教师和家长进行沟通，说明情况，并根据班级缴费花名册逐一核对退款名单。财务室统计核对后，全额退还家长已缴纳的报名押金。同时，请班级教师收集、核对退款转账记录，确定没有人员遗漏。此外，班级教师要核实每位幼儿家长购买被褥和园服的意愿，签署代办服务内容收费同意书，对于非自愿购买的幼儿家长，班级教师要分别造表上报。

（3）*积极善后*。完善幼儿园收费公示制度，在幼儿园醒目的位置公示本学期所有收费项目，接受家长和社会的监督。此外，针对本次收费事件，幼儿园还可通过线上或线下家长会、微信班级群详细介绍本学期收费的相关情况，回答家长们的疑问，取得家长们的谅解。

当出现危机处置过程中有媒体记者闻风而来的情况，幼儿园管理层要迅速控制事态，向记者表明园所已经努力采取措施进行整改，请记者监督园所的退费过程。必要时，要向上级教育行政部门和宣传部门报告，消除记者以负面新闻进行报道的意愿。

2. 危机预防

为了使园所规范、健康地发展，幼儿园的收费工作除了接受有关主管行政部门的严格监管外，还应主动加强对各项收费工作的管理与公示。

（1）*加强管理，增强依法收费意识*。幼儿园要加强对收费工作的管理，成立幼儿园收费管理领导小组，组织相关工作人员学习各级教育行政部门下发的幼儿园收费管理文件，增强依法收费的意识，了解收费细则，不随意增加收费项目，不随意扩大收费范围，不随意提高收费标准。

（2）*依规依程序，公示各项收费情况*。开学前严格按照规定在园里醒目的位置张贴教育收费公示表，或通过微信公众号公示教育收费情况，将收费项目和收费标准列入招生简章，真诚地接受幼儿家长和社会的监督。当收费变动时，应及时变更公示内容，确保公示内容准确。同时，召开教师会议、家委会会议，让教师和家委会代表了解本学期的收费情况。各班还可以通过家长会、班级群，向家长讲解收费工作，以得到他们的支持。如有代收费项目，可先进行"代办服务内容收费征求意愿"问卷调查，统计数据，分析可行性，耐心接受家长的咨询，并做好签名和解释工作，以免诱发家长的不满和抵触情绪。对于幼儿意外保险投保等工作，幼儿园要严格按照自愿原则，本着方便和服务幼儿的宗旨，为幼儿办理。

（3）*畅通举报渠道，开展自查自纠*。平时定期开展幼儿园收费情况自查自纠工作，开通举报热线，严格要求班级教师不得私自设立名目收取费用。如有特殊情况需要经费支持，教师需及时向幼儿园汇报情况，争取幼儿园的支持和协调，不得擅自收费。

目前，设立名目繁多的收费项目，擅自提高收费标准，或以开设各种兴趣班的名义变相向家长收取费用等种种收费乱象，引发不少家园矛盾。因此，幼儿园一定要在教育收费问题上本着"统一规范,公开透明"的原则,慎之又慎,明明白白收费用,实实在在办教育,这样才能取得广大家长的认可与支持,才能更加健康、稳定地长期发展。

案例 59
没有"通关文牒"怎么办？

案例呈现

为保证幼儿的交接安全，新开办的某幼儿园从秋季入学开始就实行接送卡制度，与家长签订交接协议，为每位家长配置接送卡，约定家长必须凭卡才能入园交接孩子。

实行接送卡制度快一周了，家长们都非常配合。这天，小四班的豆豆奶奶因急着出门，走到幼儿园门口才想起忘记带接送卡了。这可怎么办呢？豆豆奶奶想"浑水摸鱼"跟随其他家长入园，没想到被细心的门卫发现了。任凭怎么解释，门卫就是不同意让她入园。豆豆奶奶当时就急了，硬要往里冲。门卫也急了，拦着不让进。豆豆奶奶冲着门卫大喊起来："你怎么这么傻，不晓得变通，我家孙子要是在教室里哭，看我不找你麻烦！"不远处执勤的后勤园长赶紧走过来，向豆豆奶奶解释："这位奶奶您别着急，他也是为孩子好，他这么负责任，您的孙子在这里多安全啊。您告诉我孩子在哪个班，咱们给老师打个电话核实一下。"豆豆奶奶这才平复了激动的情绪。后来，经过核实身份，豆豆奶奶顺利入园接孩子。

经过这场风波，幼儿园完善了接送制度，约定接送人在没有带卡的情况下，可与班级教师联系确认身份后登记入园，教师在班级交接登记表上详细记录交接情况，家长确认签字后可带孩子离开。如果约定接送人因故不能来园接孩子，而是委托他人代为接送的，受托人必须出具代为接送孩子的授权委托书，经幼儿园核实后方可入园接孩子。

（案例提供：湖南省娄底市涟源市现代教育技术管理中心　许春霞）

案例评析

幼儿园门卫的主要工作任务包括：守护幼儿安全，严禁幼儿单独外出，对出入大门的人员、车辆、物资进行严格检查、查验和登记，防止不法人员和可疑物品混入幼儿园，防止幼儿园财物丢失，维护幼儿园内部秩序以及保护人、财、物的安全。

在上述案例中，幼儿园的管理者和门卫对待没有按照园所要求交接孩子的家长的举措是正确的。为了规范管理，严把幼儿"离园关"，避免幼儿走失，幼儿园采取了"一人一卡"的制度。在发生有家长忘带接送卡而不能及时入园的情况后，幼儿园管理层灵活变通，核实家长身份后允许其入园，并以此为契机完善接送制度，坚持了原则，小小的细节呈现的是幼儿园管理的人性化、精细化。

管理建议

1. 危机应对

幼儿入、离园的特殊时间段，是出现幼儿走失事故的高发期，门卫、值班人员等需坚守岗位，严格执行相关交接制度，遇到特殊情况及时上报，寻求援助。

（1）*坚持原则，不随意放行*。在园幼儿的入、离园交接管理制度是为了保障每名幼儿的接送安全，交接方式、交接要求都是已经与幼儿家长约定好的，所以每位幼儿家长都应该遵守幼儿园的交接制度，支持、配合幼儿园的安全管理工作。因此，如果幼儿园出现如上述案例中家长未遵守交接制度时，门卫应先请家长在门卫室等候，同时将情况及时上报后勤值班人员。

（2）*详细登记，认真核实*。后勤值班人员要向家长耐心说明不能随意入园的原因，遇到上述老人被拒情绪急躁的情况，一方面要安抚家长的情绪，避免老人身体出现意外，另一方面要迅速与班级教师联系，核实家长身份，核实无误后方可请家长入园接幼儿。需要提醒的是，幼儿园在面对父母离异的幼儿时，要摸清情况，一旦有非约定交接幼儿的家人或亲属来接孩子，即使孩子确认，也必须与现在的法定监护人联系是否同意其接走孩子，否则容易引发家园矛盾。

2. 危机预防

为了确保幼儿的交接安全，家园应该密切配合，明确相关责任和义务，为幼儿的安全出入保驾护航。

（1）规范接送管理，严把"交接关"。幼儿园可建立交接管理制度，与幼儿监护人签订交接协议，约定交接的时间、地点、交接人及交接方式，明确双方的职责范围并严格遵守。管理人员加强入园时间段的巡视，确认门卫是否坚守岗位、是否及时将大门上锁。幼儿离园时，要求约定交接人按时来园进行交接。如果是委托他人代为接送的，要出示接送委托授权书，幼儿园须向幼儿监护人核实委托的真实性，保留通话录音，进行交接情况登记。

（2）完善制度，规范管理。幼儿园可以制定"家长接送幼儿进园流程""外来人员进园流程"等制度，将其张贴在幼儿园门口的醒目处，这样既能规范门卫管理，使门卫工作有序化、科学化，有据可依，有标可循，同时也能让家长一目了然，遵从管理，理解和支持幼儿园的管理要求。

（3）重视门卫的选任。幼儿园管理者要认真审核和考察门卫的年龄、性格、健康状况和资质，以及是否接受过相关专业培训并掌握一定的门卫技能。同时，加强对门卫的培训，将门卫的培训纳入队伍建设，组织门卫学习幼儿园各项规章制度，了解幼儿园的相关工作流程，熟知岗位职责。

目前，不少幼儿园在幼儿的交接管理中仍存在着或多或少的安全隐患和漏洞，如何完善幼儿园交接制度、利用现代科学技术（如智能闸门门禁系统）创新身份识别等问题应成为幼儿园管理者要考虑的重要问题。

案例 60
"变矮了"的茶水桶柜

案例呈现

某幼儿园秋季开学前按照需求新添置了许多班级及幼儿活动用品，其中就订购了三个木质茶水桶柜。茶水桶柜到货后，马上被发放到各个班级。它既可以放保温开水桶，又可以放幼儿水杯，边角进行了圆角处理，安全不怕撞，底部装有垫脚更耐磨，还有纱窗透气、防蚊虫。幼儿园领导很满意，教师们也觉得很不错。但是开学没几天，大一班就发生了茶水桶柜前的"惊险一刻"。

这天上午，孩子们和往常一样从户外活动后回室内洗手、喝水。突然，喝水的队伍一阵喧哗，紧接着传来了哭声。教师发现不对劲，赶紧去盥洗室查看。原来是保温桶柜的位置比较低，萌萌在蹲着接水时，身后的承宇推了一下准备来插队的皓轩，结果皓轩没站住，压住了蹲在前面的萌萌。萌萌的头撞在了茶水桶柜上，左眼角出现红肿症状。教师一边赶紧抱起萌萌观察伤口，一边组织其他孩子回到座位休息。幸好，萌萌没有伤到眼球。教师不放心，立即与家长取得联系，如实反映情况，然后带萌萌来到保健医生处仔细检查并进行消毒、冷敷处理，同时把情况上报了幼儿园。

后勤园长马上带着采购人员仔细检查茶水桶柜，这一查，发现茶水桶柜的高度比样品竟然足足矮了8厘米。因为保温桶柜的位置太低，孩子们倒水时需弯着腰，高个子的孩子甚至需要蹲下身子接水。这样一来，孩子们排队喝水的环节出现了安全隐患。当出现个别孩子往前拥挤时，前面接水的孩子就有被挤压的危险。意识到这是质量问题，园方赶紧联系厂家要求退货。事后，后勤园长又带领相关人员制定了翔实的"幼儿园采购物品验收流程"，要求今后采购的物品必须严格按流程、按标准验收，以保证质量过关。

（案例提供：湖南省娄底市涟源市现代教育技术管理中心　许春霞）

案例评析

幼儿园里,无论是在班级还是其他办公室和功能室,所使用的各种设备、办公用品、工具和材料都是由后勤部门购买后配给的。这些物品要经过采购、验收、发放与使用各个环节,其中采购是首要环节,发放与使用是最终目的,中间的验收环节是关键。采购的产品如果质量不合格或者存在安全隐患,就很容易给幼儿园带来危机。

上述案例中的幼儿园在订购茶水桶柜后没有执行严格的验收程序,就发放到班级直接使用,这样的做法是错误的。万幸的是有惊无险,幼儿只是受到轻微撞伤,没有造成严重的不良后果,但我们也不能心存侥幸,避免因后勤管理的疏忽大意给幼儿和教师造成不必要的伤害。

管理建议

1. 危机应对

在日常管理中,因幼儿园的设施设备引发的安全事故屡有发生。因此,幼儿园要提高警惕,发现安全隐患后必须立即采取应对措施。

(1)*暂停使用,及时上报*。在活动用品和教学用品的使用过程中,一旦发生异常情况,教师应立即停止使用,做好幼儿安抚工作,并将情况马上报告给幼儿园。

(2)*快速反应,了解情况*。后勤园长收到消息后要快速组织人员了解具体情况,初步判断异常情况是属于物品使用方法不当还是采购物品不合格。如果是前者,幼儿园应组织相关班级教师解读使用说明书,学习正确的使用方法;如果是后者,必须马上通知其他班级停止使用并联系生产厂家,沟通退换事宜,将不合格产品退货,追回购物款。这样既可以避免幼儿在后续的活动过程中遭遇危险,又可以避免幼儿园的经济损失。

(3)*妥善补救,整改善后*。在退货退款、等待新的活动用品和教学用品到货的过渡期间,后勤部门要采取妥善的补救措施,提供安全的活动方式和必要的替代用品,不能因此影响幼儿园正常的一日生活。

2. 危机预防

为了避免幼儿园提供给师幼使用的活动用品和设施设备不符合国家规定，或者存在安全隐患，幼儿园必须规范相关后勤管理工作。

（1）*成立采购工作小组*。幼儿园要重视物品的采购工作，严格管理，可以成立物资采购工作小组，以"保证师幼安全、方便使用、不浪费"等为前提，做到严格把关、次品禁入，让每件物品都能物尽其用，物有所值。当前各地政府加快建设的政府采购线上平台，可以在一定程度上帮助幼儿园规避物资采购带来的风险。

（2）*重视验收环节*。幼儿园要关注物品的验收环节，制定"幼儿园采购物品验收流程"。所采购的物品要经多人验收，对于不符合标准的物品要及时退换处理，避免残次品入园。在商家送货到园后，先经采购员验收、签字，再经库管员验收、签字，商品才能入库。

（3）*初步判断安全属性*。教师在领取生活用品和教学用品时，需对所领取的物品进行初步的安全性查验，判断物品的材质、大小、高矮、长短和边角等是否适合本班幼儿的年龄特点，如有疑义应当场询问和确定。

（4）*密切关注使用情况*。幼儿园在进行每日安全巡检时，可询问班级教师新投放物品的使用情况。如果发现所购物品有质量问题或异常情况，应及时登记上报。

幼儿园所有添置的用品都是为了给幼儿创设一个安全、舒适、适宜的环境，只有物品质量达标、使用安全，才能保障师幼在园安全、愉快地生活。因此，幼儿园管理者应建立科学完善的采购制度，将风险挡在门外，严把物品"入园关"，这是幼儿园后勤安全管理的重要职责。

案例 61
施工场地里的"小插曲"

  案例呈现

某幼儿园为了丰富幼儿的户外活动项目，决定拆除园区西边靠近角落的老旧滑梯组合，将这里升级改造成攀爬区，并聘请了施工队利用暑期进行施工。施工队在工地和幼儿活动场地之间竖起了隔离挡板和警示标志。因天气、设备等多种原因，9月初开学了，但户外攀爬区还没有施工完毕，攀爬木桩、绳索玩具也还没有全部安装到位，场地施工仍在进行中。不知什么时候，有一块隔离挡板松动了。

一天下午，大一班幼儿在户外开展活动。趁教师不注意，几名幼儿悄悄来到未完全竣工的攀爬区，其中一名幼儿居然从松动的挡板缝隙中钻进了施工现场。正当他好奇地这里看一看、那里摸一摸时，被现场作业的工人发现并制止，将他送到了闻讯赶来的教师那里。教师马上将情况上报给负责施工管理和安全管理的后勤园长，后勤园长当即要求施工队马上修复隔离挡板，完善隔离设施。

（案例提供：湖南省娄底市涟源市现代教育技术管理中心　许春霞）

案例评析

幼儿的生活经验不足，因此对危险的识别能力较差，自控能力也不强。有时，越是成人不让靠近玩耍的地方，他们越感到好奇，想去探个究竟。

在上述案例中，因天气、设备等因素影响了施工进度，到了9月开学季，户外攀爬区的改造还未完工，不仅影响了幼儿园正常的教育教学活动，也对幼儿在园的户外活动形成安全隐患。虽然施工前期对场地采取了一定的防护措施，但当隔离挡板出现松动后，施工队并没有及时发现和修复，后勤工作人员也未在巡查过程中发现异常，导致幼儿从隔离挡板的缝隙中钻进去玩耍，所幸有惊无险。

由此可见，园方在户外场地改造这样极易引发各种危机的关键时期，存在管理漏洞：一是工程延后，没有按照计划在暑期完成，影响正常的教学秩序；二是防护措施不周全，安全监管不严，隐患排查不细致。所幸幼儿没有受伤，园所也能亡羊补牢，采取补救措施。

管理建议

1. 危机应对

幼儿园场地改造、装修等阶段是后勤管理的特殊时期，极易引发各种危机，不能马虎、大意。那么，一旦发现事故或者苗头、隐患，园所应该如何应对呢？

（1）*发现异常，立即处置*。本案例中，幼儿园发现施工场地有异常情况后，应马上告知施工负责人，要求加强对施工队的管理，并立即着手修复隔离挡板，在安全距离外加设警示围栏。同时，园所应在施工场地旁边的醒目位置设立幼儿能够看得懂的警示标识，联系园内视频监控技术人员，在施工区域安装摄像头，升级安全警示措施和监管措施。

（2）*家园合作，加强教育*。请各班级教师加强对幼儿的户外活动安全教育，向幼儿及家长强调施工期间不允许去施工现场附近玩耍的纪律。尤其是离园时段，幼儿容易兴奋、自由奔跑，脱离成人视线，可以提醒家长尽快带幼儿离园。

（3）*有效调整，减少影响*。幼儿园的场地施工最好选择在时间充足的暑假，对于实在未按期完成的，要通知施工单位调整施工计划，如户外施工应尽量在幼儿进行室内活动时开展，同时降低噪声，保质保量完工，根据现实情况及时、有效地调整工作方案。

2. 危机预防

幼儿园要根据园所的实际情况，加强对某些特定高危时期、高危区域的安全管理，消除或降低危机造成的威胁和损失。

（1）*合法合规*。幼儿园配备的建筑物附属设施设备应符合国家安全标准和规范，严格遵循《托儿所、幼儿园建筑设计规范》的要求，不得降低安全与质量标准。初建时的达标建设与施工，能为园所稳定办学提供预期保障，减少翻修、维护等后续工程。

（2）高危区域重点防范。每个园所都有一些场所和设施容易引发安全事故，相关管理人员应找出本园的高危区域，重点防范。尤其是幼儿园在进行维修、施工作业时，应与施工单位签订安全责任书，对施工场地和幼儿的活动区域进行有效隔离，封闭施工，全面覆盖监控视频，在醒目位置竖立警示标志，并安排专人监督施工的安全，防止幼儿因误闯、误入而受到伤害。

（3）安全警示直观、童趣化。幼儿园的安全警示标志需考虑幼儿的理解能力，最好以卡通画、象形符号等便于幼儿理解的形式呈现，以便时刻提醒、引导幼儿加强自护。平时，教师应当对幼儿开展认识安全标志的教育活动，让幼儿理解各种安全标志的含义，并养成时刻留意自己身边的安全标志的好习惯。

后勤管理的工作繁杂，但是意义重大。努力优化管理，科学、有效地预防和应对可能出现的每一次后勤危机，是每一位后勤管理者务必掌握的管理学问。

案例 62
幼儿食用受污染的豇豆引发肠胃炎

案例呈现

某幼儿园放学后,园长陆续接到家长的反映:孩子从幼儿园回家后,出现了腹痛、腹泻、呕吐等不适现象。园长连夜召集幼儿园相关工作人员开会研究,查找可能出现问题的原因。第二天早上,部分家长聚集在幼儿园,有媒体记者到幼儿园进行采访,要求了解事件经过。园长向来园家长解释事件可能发生的原因,并报告教育行政部门等有关部门,安排保健医生和教师陪同出现症状的幼儿到医疗机构就诊,这部分幼儿被诊断为急性肠胃炎,幼儿园垫付资金治疗。

经相关部门调查检验,确定是幼儿园的中餐出了问题——幼儿食用的肉末豇豆中的食材豇豆(俗称"长豆角")没有经过充分浸泡与清洗,残留农药未能全部清除,从而导致多名幼儿出现了食物中毒的症状。第三天,园所继续全力协助医治工作,大多数幼儿经过治疗恢复正常。第四天,幼儿园按照教育行政部门的指示和要求,在园所召开新闻发布会,教育行政部门的领导到场发言,园长向媒体及家长们公布事件经过与进展,如实回答了在场记者的提问,诚恳地接受批评并致歉。

(案例提供:湖南省娄底市涟源市现代教育技术管理中心　许春霞)

案例评析

这是一起因幼儿园后勤管理不到位、食堂工作人员严重失职而引发的危机事故。在这场危机处置中,幼儿园采取了一些应对措施,但还是存在不少问题:幼儿园危机预防、预警机制缺失,未立即启动食品安全应急预案,未第一时间上报上级教育行政部门及卫生管理部门,也未安排相关人员进行随访。后勤管理混乱,食堂采购验收流程不规范,所采购蔬菜受农药污染且没有达到食用标准是事故的根源。所幸幼儿食用受污染的豇豆不多，因此症状轻微，如果食用的豇豆多一点，恐怕会造成特大安全事故。

食物中毒主要分为三类：感染性（细菌和真菌毒素）食物中毒、有毒的动植物食物中毒、化学性食物中毒。上述案例中的豇豆残留农药引发的食物中毒，属于化学性食物中毒。一般而言，幼儿食物中毒后，其临床表现主要是胃肠道症状，如上腹部疼痛、恶心、剧烈呕吐、腹泻等，有的还会出现发热、视力模糊、呼吸困难甚至休克和昏迷。幼儿园教师应当根据这些常识，尽早发现幼儿食物中毒的情况，以便在第一时间对发病幼儿进行救治。

管理建议

1. 危机应对

园所出现食物中毒危机后，应该如何应对呢？

（1）*启动应急预案，开展紧急救援*。当在园幼儿出现食物中毒症状或食源性疾病症状时，幼儿园应立即启动食品安全应急预案，协调指挥各方力量进行应急救援。立即停止食堂的生产活动，第一时间将受害者送往医疗机构进行救治，并及时通知幼儿家长，同时上报上级教育行政部门及卫生管理部门，保护好事故现场，做好秩序维护等工作。也要保留留样食品，如实提供相关材料，配合有关部门进行调查，落实卫生管理部门要求采取的其他措施，把事态控制在最小范围。

（2）*安抚家长的情绪，做好善后服务*。每个班级安排专人做好随访工作，继续摸排调查，做好幼儿家长的情绪安抚工作，及时解答家长提出的问题，力所能及地为家长做好服务工作，防止其过激行为的发生。保健医生做好食物中毒事件的专册记录，统计和登记患病幼儿的具体情况，包括班级、人数、发病日期、主要症状和就医情况等。

（3）*确定事故原因，依法依规追究责任*。根据现场调查和技术鉴定的情况进行综合分析，确定事故原因，追究相关管理人员和从业人员的责任，并吸取教训，制定整改措施，以最大的诚意赢得家长和社会的理解，尽快恢复正常的后勤服务和保教活动秩序。

2. 危机预防

幼儿园食品安全危机对师幼的生命健康危害极大，直接影响幼儿的健康成长，因此对待任何食品安全问题，幼儿园必须慎之又慎。

（1）*制定应急预案，明确岗位职责*。根据国家有关规定并结合本园实际情况，成立突发事件应急指挥领导小组，制定食物中毒应急处理预案，明确各小组成员的具体任务和分工，定期进行应急演练，增强对突发性师幼集体食物中毒事件的应急处置能力。对食堂从业人员加强岗位培训，提升其专业素养，要求其熟知岗位职责，熟悉操作流程。

（2）*落实防控措施，加强安全管理*。幼儿园要特别加强对食堂的安全管理，制定完善的管理制度，证照齐全，所有食堂从业人员须持证上岗并要求作业期间全程佩戴口罩，实行刷脸门禁制度，非工作人员严禁进入操作间。每日清扫、消毒，保持内外环境整洁。食品加工用具必须生熟标识明确、分开使用、定位存放。餐饮具、熟食盛器应在食堂或清洗消毒间集中清洗、消毒。库存食品应当分类存放、注有标识、注明保质日期、定位储藏。严格履行进货查验记录义务，落实索证索票制度，对过期、变质食品及时清理并记录。按照要求制定食堂留样、陪餐、试餐制度，严格执行并拍照记录存档。禁止食堂加工变质、有毒、不洁、超过保质期的食物，不制作和提供冷荤凉菜。将留样食品按品种分别盛放于经过清洗和消毒的密闭专用容器内，在冷藏条件下存放48小时以上，每样品种不少于100克以满足检验需要，并做好相关记录。

（3）*利用信息技术，助力食堂管理*。幼儿园积极配合各地政府大力推动的"明厨亮灶"工程建设，按照要求联网教育行政部门与市场监管部门的监控系统，并借机完善内部的后勤管理机制。

2019年，教育部联合多部门发布了《学校食品安全与营养健康管理规定》，对学校（幼儿园）职责、食堂管理做出了严格而明确的规定。幼儿园始终要把食品安全作为重点，建立健全食品卫生安全管理的各项制度，规范食堂食品采购、储存、加工、配送等工作流程，有效防范幼儿食物中毒事件的发生。

案例 63
家长质疑某幼儿园使用自备井水

案例呈现

一日,某乡村幼儿园家长向当地媒体求助说:"不知什么原因,孩子就读的幼儿园自9月至今,一直使用自备井供水。自备井里的水没有经过消毒和检验,孩子们每天都要在幼儿园里喝水、吃饭,让人非常担心孩子们的健康和安全。"

接到这位家长的求助后,有记者联系到了该幼儿园的园长。园长称,幼儿园前段时间确实曾因资金周转问题拖欠了部分水费,被自来水公司关闭了供水阀门,但已和自来水公司协商解决,目前幼儿园师幼饮用的都是安全卫生的自来水。园内的自备井是以前建私房时挖掘的,并未给师幼饮用。为了消除家长的疑虑,园长将园内的自备井进行封闭。

(案例提供:湖南省娄底市涟源市现代教育技术管理中心　许春霞)

案例评析

上述案例是一起因家长怀疑幼儿园擅自使用自备井水而引发的后勤管理危机事件。幼儿园水质卫生直接关系到师幼的健康问题。《幼儿园工作规程》指出:"幼儿园应当严格执行国家有关食品药品安全的法律法规,保障饮食饮水卫生安全。""幼儿园应当配备必要的设备设施,及时为幼儿提供安全卫生的饮用水。"

上述案例中的幼儿园因为存在拖欠水费的问题,被自来水公司中断了供水。而自备井因为管理跟不上,没有相应的检测设备,没有配备专人进行管理,取水人员没有接受规范培训,饮水卫生设施与管理中存在不少问题,因此不适合幼儿园师幼饮用。当获悉媒体刊登了家长对此问题的质疑后,为了消除家长的疑虑,幼儿园才同意将自备井封闭。在这一场危机应对中,幼儿园管理层的处置是滞后的，所幸没有师幼出现身体异常情况。

管理建议

1. 危机应对

幼儿园发生饮水事故危机后，应该本着最大限度地减轻危机对师幼身体健康的影响和威胁的原则有效应对。

（1）*当幼儿园发生饮用水困难的情况后，应积极向上级行政部门、社区寻求帮助*。幼儿园应秉承"师幼生命健康至上"的原则，向各部门反映情况并寻求帮助，通过多方协商、筹措资金，尽快恢复幼儿园师幼的正常饮水。

（2）*如有师幼因饮水出现身体异常情况，幼儿园应立即启动饮用水突发事件应急预案，迅速向上级和有关部门报告*。第一时间将病人送医检查治疗，同时通知其家长或家属。组织有关人员对师幼饮用水封样，并送防疫部门检测。做好随访工作，如实向家长说明情况，并做好家长和家属的工作，争取他们的配合和谅解。保健医生进行专项登记工作，包括饮水污染情况、班级、人数、因饮水而身体异常的师幼姓名、发病日期、主要症状、处理情况等，协助相关部门做好调查工作。

（3）*在卫生防疫等专业部门的指导下做好善后工作，并与保险公司取得联系，做好理赔*。在师幼饮水突发危机事件的发生、报告和处理过程中，有关部门和相关人员如果未按规定履行职责、违反操作规程，就要予以严肃处理，并承担相应责任。

2. 危机预防

饮用一定量安全的水是身体健康的基本保障，幼儿的饮水安全必须被列入幼儿园重点工作危机的管理清单，预防危机出现。

（1）*加强管理，建立和完善相关管理制度*。幼儿园应认真落实生活饮用水卫生安全管理工作的相关规定，建立和完善幼儿园饮用水安全事故应急预案和清洗、消毒、巡查、检测及报告等相关制度。

（2）*建立台账，消除饮用水卫生安全隐患*。幼儿园不能使用未经正规水质检测的自建水源，使用二次供水和直饮水的要定期进行水质检测，定期向供水单位索取《生活饮用水水质检测报告单》，明确专人管理。定期开展相关供水管道及贮水设备的维护、消毒、清洗工作，进行详细记录，严防水质污染。使用桶装水的幼儿园，要严格审核桶装饮用水供应企业的资质并索取生产许可证、工商营业执照、产品检验合格报告及检测报告等相关证照，建立进货及索证台账。对饮水机进行定期清洗和消毒，春、夏季每两周一次，秋、冬季每月一次，每学期开学前必须进行一次拆机清洗消毒，同时详细记录。

水是生命之源，饮水问题直接影响人的生活质量和生命安全。幼儿处于生长发育阶段，身体对各种危害健康的因素更敏感，耐受力更低，所以幼儿园管理者应结合本园实际情况，有针对性地加强对幼儿园生活饮用水的监管，有效预防师幼饮用水突发污染事故和水源性传染病的发生，保障师幼的健康与安全。

案例 64
"对不上"的伙食费退款

案例呈现

小一班的雅琪因为早产的原因,其身体抵抗力相对较弱,经常请假。一个学期快结束了,雅琪妈妈通过微信向教师询问孩子请假期间可不可以退伙食费,教师回复信息:"雅琪妈妈不用担心,我们每天都有出勤登记,请假期间是可以退伙食费的。"

第二天,雅琪妈妈来到幼儿园财务室提出伙食费的退费申请。财务老师马上放下手头的工作,从一叠考勤表中找到了小一班的进行核对。待家长确认后,财务老师复印了考勤表,然后按照幼儿园的退费标准计算并列出清单,请家长再次核对。雅琪妈妈却说:"老师,这个伙食费是不是算错了,怎么对不上呀?"财务老师看出家长的疑惑后,对清单进行了仔细说明。原来幼儿园的退费制度明确规定:幼儿因自身原因不能来园者,应及时向班级教师请假,连续缺勤三天以上(不含节假日)应退伙食费,伙食费按出勤记录计算缺勤天数,未履行请假制度者不予退费。财务老师是按照连续三天及三天以上的缺勤天数计算的,而雅琪妈妈是按照实际缺勤天数计算的,所以出现了偏差。财务老师找来纸和笔,对照小一班每个月的出勤表,一项一项地计算,对于不能计算的天数则耐心解释原因。雅琪妈妈边看边听,紧锁的眉头终于舒展开来。财务老师见核对无误后,请家长签字确认,留下银行账号和联系号码。

三天后,雅琪妈妈收到了银行发来的短信,伙食费退款已到账。"对不上"的伙食费退款问题就这样解决了。

(案例提供:湖南省娄底市涟源市现代教育技术管理中心 许春霞)

案例评析

幼儿园后勤系统是保证日常教育教学的综合管理系统，工种多、摊子大、范围广，必须有一支懂专业、会管理并且有事业心、责任心和爱心的后勤队伍。而幼儿园财务管理工作更是一项专业性、政策性、服务性强的后勤工作，财务管理人员的政治思想、品格作风、业务水平都是做好财务工作的关键要素。

在上述案例中，财务老师凭借自己的专业素养、耐心、细致，一点点打消了家长对伙食费退款的疑虑，赢得了家长对幼儿园管理工作的信任与理解，成功化解了一次可能因伙食费退款不明朗而引起的幼儿园后勤财务管理危机。试想，如果财务老师只是简单确认后就让家长离开，那么后续家长完全可能因为退费金额与自己的计算结果对不上，对幼儿园的管理产生不信任、不理解而出现过激言行。因此，财务工作的特殊性决定了严谨、细致的工作作风是考量的重要指标。

管理建议

1. 危机应对

幼儿园作为公共服务单位，需要经常处理各种财务事项。园所在遇到因财务工作导致的管理危机时，如何快速应对呢？

（1）*及时回复，核对信息*。如上述案例，班级教师在接到家长的退费要求后，及时回复，同时将幼儿园的退费制度向家长如实说明，让家长详细了解退费要求，并出具幼儿出勤情况登记复印件，请家长核对。

（2）*热情接待，耐心解释*。财务人员需热情接待，确认家长是否已了解退费制度与相关要求，再核对幼儿出勤登记情况，统计相关数据。如家长对统计结果有疑义，认为退费金额低于预期，财务人员应秉承真诚的态度，接纳家长的负面情绪，耐心做好解释工作。

（3）*依法依规，合情合理*。幼儿园应在园所醒目位置，或通过微信公众号、班级群公示收费项目、收费标准以及退费制度细则，预先告知家长自己的相关权益。对于因特殊原因（交通事故、重大疾病等）中途转园、退园、请假而要求退费的幼儿，以及家庭困难的幼儿，园所可酌情给予适当的人道主义援助，或减免相关费用，做到一方面依法依规，另一方面合乎情理。

2. 危机预防

幼儿园财务工作敏感度高，相关工作人员如果未及时规范履行工作职责，就极易造成矛盾冲突，引发信任危机。因此，一定要严格遵守相关财务制度，规范办园。

（1）*聘用专业人员*。幼儿园应按照规定配备专门的财务管理人员，遵循"财务人员两条线"的原则，各尽其责，互相监督制约，防止因为制度落实不到位或执行过程不规范引发财务管理混乱。如果幼儿园没有配备专业的财务人员，可购买外包服务代理记账，请专业的财务公司进行业务指导。

（2）*加强专业学习和培训*。注重财务人员的专业素养，定期进行有关业务素质的学习、培训和考核，如学习最新的财务软件信息技术操作技能。此外，幼儿园的教职工都应接受一定程度的财务知识培训，学习相关法律法规和财务管理制度，增强教职工的风险意识。

（3）*定期进行监督和审核，自查自纠*。幼儿园应建立财务监督机构，对收费、退费涉及的所有资金进行严格的审核和登记，确保财务活动的真实性、合法性和规范性。财务工作人员在录入数据时要进行前后核对，会计与出纳在日常工作中要做到"日清月结，账账相符"，一旦发现差错，就立即进行纠正和改进。在统计并核实相关退费数据时，幼儿园可结合班级出勤情况登记表和幼儿园智能门禁系统的数据进行对比确认。

目前，很多幼儿园管理者比较注重专任教师的专业能力提升，忽视后勤人员的专业能力。特别是某些民办园，从事财务工作的大多是管理者的亲友，很多人没有经过专业培训，也不具有会计从业资格证书，这是不利于幼儿园财务管理工作的，容易出现财务管理危机，值得大家警惕。

案例 65
某幼儿园的"感恩餐"引热议

案例呈现

近日,某幼儿园的梁园长跟朋友"吐槽",自己的园所因为幼儿膳食问题被家长举报,教育局责令限期整改。怎么回事呢?原来前不久,梁园长在一次行业协会举办的异地交流活动中,了解到当地的一家民办园的国学教育很有特色,他们对幼儿进行传统蒙学教育,还为幼儿提供全素感恩餐,完全不食用任何肉类食物,主要提供蛋类、牛奶、豆类及其制品、谷类、薯类、时令蔬果等。梁园长很感兴趣,"取经"回来后立即在自己的园所试行。谁知这项举措推行不到一周就引发了家长们的热议,遭到强烈反对。某幼儿家长将幼儿园的食谱转发到朋友圈,并向当地教育局进行举报。

当地教育局高度重视,立即组织相关工作人员组成调查组对梁园长的幼儿园进行调查核实,并就此事件进行通报。因为园所供应的部分菜品不符合《学校食品安全与营养健康管理规定》和《托儿所幼儿园卫生保健工作规范》等相关文件的要求,调查组下发限期整改令,督促梁园长改进园所的膳食供应,为幼儿提供营养又健康的膳食。

(案例提供:湖南省娄底市涟源市现代教育技术管理中心　许春霞)

案例评析

幼儿正处于生长发育的奠基阶段,营养状况良好与否直接影响其健康成长。在上述案例中,梁园长因缺乏科学素养,从经济利益的角度出发,以打造幼儿园特色教育为噱头,给幼儿提供全素感恩餐,从而引发家长的热议、质疑、举报,随即被当地教育局调查,要求限期整改,这是一起严重的幼儿园后勤管理危机事件。

《托儿所幼儿园卫生保健工作规范》明确规定:"托幼机构应当根据儿童生理需求,以《中国居民膳食指南》为指导,参考'中国居民膳食营养素参考摄入量(DRIs①)'和各类食物每日参考摄入量,制订儿童膳食计划。""托幼机构至少每季度进行1次膳食调查和营养评估。儿童热量和蛋白质平均摄入量全日制托幼机构应当达到'DRIs'的80%以上,寄宿制托幼机构应当达到'DRIs'的90%以上。维生素A、B_1、B_2、C及矿物质钙、铁、锌等应当达到'DRIs'的80%以上。三大营养素热量占总热量的百分比是蛋白质12~15%,脂肪30~35%,碳水化合物50~60%。每日早餐、午餐、晚餐热量分配比例为30%、40%和30%。优质蛋白质占蛋白质总量的50%以上。"

上述案例中幼儿园的所谓全素感恩餐根本满足不了幼儿的健康成长需要,幼儿的健康尚且不能保证,何谈幼儿的全面发展。

管理建议

1. 危机应对

幼儿园时期是儿童成长的重要阶段,膳食营养直接影响幼儿的身体发育和智力发展,是幼儿园后勤工作的重点。幼儿园若发生因膳食营养搭配不科学、不达标而引发的管理危机时,应当如何有效应对呢?

(1)*立即整改*。幼儿园收到整改通知后,应第一时间开会部署整改事宜,立即安排后勤相关管理人员、保健医生和厨房工作人员负责调整幼儿食谱。对外公布幼儿园的伙食收支账目,将调整后的食谱进行详细阐述。

(2)*诚恳致歉*。园所对外发布致歉信,向家长和公众诚恳致歉。向家委会提供伙食费使用明细,请其监督幼儿园是否做到了幼儿伙食费专款专用、幼儿膳食营养健康。也可以组织家长代表到食堂实地参观,进入班级体验幼儿的进餐活动,通过零距离的实地查看,让家长们安心、放心。

2. 危机预防

幼儿园应当加强对膳食营养的管理,保证幼儿获得充足、均衡、多样化的营养,进行危机预防。

---

① 英文全称为 Dietary Reference Intakes。

（1）**制订合理的幼儿膳食计划**。保健医生要根据幼儿的生理需求，与厨房工作人员共同制订营养平衡、便于操作、易于烹制的幼儿带量食谱。注重主食与副食、粗粮与细粮、荤食与素食的合理搭配，力求营养均衡、品种多样，每隔一两周更换一次。

（2）**科学制作营养美味的幼儿膳食**。在主副食的选料、洗涤、切配和烹调的过程中，方法应当科学合理，减少营养素的损失，符合幼儿的清淡口味，达到营养膳食的要求。注意食物的色、香、味、形，提高幼儿的进食兴趣。幼儿园每季度须进行一次膳食调查和营养评估。

（3）**成立幼儿园膳食管理委员会**。幼儿园管理者定期就园内的膳食进行沟通和交流，对食谱营养计算、膳食费用结算等情况进行审议，定期收集广大家长和教师对幼儿膳食的意见，适当进行调整。有条件的幼儿园可为贫血、营养不良和对食物过敏的幼儿提供特殊膳食。

为幼儿提供营养平衡的膳食，是幼儿园后勤工作的重要内容。幼儿园管理者应为幼儿的饮食健康负责，带领后勤工作人员以专业的态度用心付出，让孩子们在幼儿园真正吃得健康、吃得快乐、吃得幸福。

第八章

幼儿园公共关系危机管理案例与评析

概念

幼儿园的公共关系有内外之分。其中,内部公共关系是指幼儿园内部上下级之间、师幼之间、教职工之间和部门之间的关系,外部公共关系是指幼儿园与家长、政府各职能部门、新闻媒体、社区和公众等之间的关系。幼儿园公共关系危机是指由幼儿园自身或有关联的因素引发的各类内外部矛盾与纠纷、公众投诉、网络舆情等,会影响幼儿园的正常运作,对园所公众形象和声誉具有一定的破坏性。幼儿园公共关系危机管理是指幼儿园为了防止出现公共关系危机,减少公共关系危机带来的损害,抓住危机中蕴藏的转危为机的机会,对危机进行事前预防、预警,事中准确识别、积极应对、科学处置,事后反思总结、有序恢复的系统化管理过程。

共性特点与危害

共性特点

幼儿园公共关系危机的共性特点主要体现为以下四点。

1. 普遍性

这一特点主要体现为无论公办幼儿园还是民办幼儿园,对外因为处在错综复杂的社会关系这张大网中,所以调适工作烦琐;对内因为教育对象——幼儿处于个体安全事故相对高发的成长期,即使保教人员悉心照料也难以实现事故为零,这个过程中园所或教师如果处置不当,就有可能发生公共关系危机。

2. 传播性

这一特点是指在互联网时代背景下,各类幼儿园事故极易"借网扩散",在极短的时间内就家喻户晓,甚至滋生谣言,危机管理呈现失控状态。

3. 破坏性

幼儿园公共关系危机对园所的破坏涉及面广,立体多维,除了会破坏积极、稳定的人际关系,造成内外部"失和",破坏幼儿园的形象、声誉,还会消耗园所的财力,影响园所的可持续发展。

4. 延续性

这一特点是指幼儿园公共关系危机发生后，尽管园所或者个人采取了一定的应对措施，解决了危机，平息了风波，但是仍会存在一定的延展性隐患。例如：如果与周边社区居民有过争吵或者矛盾，那么即使事情经调解已经得以解决，但是被破坏的邻里关系难以恢复如前；曾经有关园所的各种危机经媒体报道，由于自媒体时代传播渠道多而广，难以从源头上消除影响，即使很长时间过去了，事情也能在网络上延续甚至扩展，被公众"翻旧账"。

危害

幼儿园公共关系危机的危害体现为以下两方面。

1. 内部方面

幼儿园公共关系危机容易破坏内部的和谐与团结，造成师幼关系紧张，员工与领导之间缺乏信任和关爱，员工之间易发生矛盾，部门之间缺乏合作精神，团队没有凝聚力，集体归属感差，保教质量下降，严重制约幼儿园的发展。

2. 外部方面

幼儿园公共关系危机易影响来自外部的信任、支持、帮助和理解，家长、上级教育行政部门、媒体、社区等可能对幼儿园的管理、保教质量失去信心，易出现各类矛盾，如：被有关部门批评处罚；被家长或社区居民阻拦、责备、投诉等；被媒体报道负面新闻，容易出现网络舆情。

管理策略

应对策略

幼儿园公共关系危机的应对策略主要有以下四点。

1. 果断

园所应对危机时需避免采用遮遮掩掩、拖拖拉拉的"鸵鸟式"应对方式，要抓住危机应对的黄金 24 小时，果断采取措施。

2. 主动

要服从上级教育行政部门的管理，尊重并信任内部员工和外部公众，实事求是，主动承担该承担的赔偿责任，即使园方不必对事故负责任，也要发扬人道主义精神给予受伤害的对象或家属一定的帮扶。

3. 冷静

保持冷静是解决危机的心理基础。当事态复杂、超出园方的能力时，也要迎难而上，保持头脑清楚，并借助上级教育行政部门、家长委员会、社区管理者等外力积极解决危机，切忌意气用事、激化矛盾。

4. 真诚

园所要自觉接受媒体监督，积极配合有关部门的调查。当需要向媒体或公众发布事故原因或对当事人的处理意见时，要在上级主管部门的指导下，备足功课，选出最合适的发言人，注意着装、妆容的适宜性，注意说话的语气等细节，公布真实的信息，态度真诚，合理合情地表态。

预防策略

幼儿园公共关系危机的预防就是指通过强化危机意识、制定预防预案、排查各类隐患、采集预警信息、加强危机演练、调适内外部公共关系来进行防范，还需特别注意以下三点。

1. 坚持底线

园所要坚持依法依规办园的底线，将尊重和关爱师幼、体现人格尊严、感受和谐快乐作为幼儿园育人文化建设的核心。

2. 与时俱进

在"互联网+"时代，园所预防公共关系危机必须与时俱进，管理者和员工都要学习信息技术和互联网平台的使用技能，辅助管理，加强对抖音、微博、微信公众号、微信视频号等平台的舆情监测，引导全体员工规范自己的网络行为。

3. 发挥园长的"领头羊"作用

园长要提升自己对外调适的专业素养和能力，带领团队努力获取外部力量的支持，预防危机发生。

案例 66
一条微信惹的祸

> **案例呈现**

小明最近不想上幼儿园,这天早上又开始哭闹,妈妈问原因,他说班级李老师打他。妈妈问怎么打的,小明说打头还掐手,边说边做动作。妈妈对孩子说:"不能骗人哦,李老师那么喜欢你,怎么会打你呢。"在妈妈的安慰下,小明还是去上幼儿园了。

妈妈来到班上向班主任叶老师了解情况。叶老师说,从来没见到过李老师打小明。本以为这件事情就这样过去了,谁知接下来的几天,小明每天放学回家都跟妈妈说李老师打他。妈妈满怀疑惑地向叶老师发信息,要叶老师中午查看一下班级监控,叶老师答应了。中午一吃完饭,叶老师就找来管理监控的张主任一起查看近几天的监控。这时,小明妈妈发来短信:"您有看监控吗?"叶老师回复"有",但在发送过程中,小明妈妈第二条信息紧接着:"老师有打人吗?"叶老师马上回复"没有"。不料,问题来了,家长的两条信息发送间隔很短,叶老师的第一条信息"有"回复在家长的第二条信息"老师有打人吗?"的后面,而第二条信息回复"没有"还在编辑中,小明妈妈的第三条信息"我们马上过来"却已经发送过来了!

叶老师一看微信沟通有差错,赶紧打电话给小明妈妈,可是她不接电话。十几分钟后,小明的妈妈和小姨来到园里直奔班级,紧随其后的小明爸爸直接来到监控室。张主任和叶老师看到小明爸爸,马上打开监控给他看,并且说连续看了几天的视频都没有发现李老师打人的现象。小明爸爸见状,说:"那快去教室!"张主任和叶老师这才反应过来,马上跑去教室,只见小明的妈妈和小姨正抓住李老师拉扯。叶老师做了解释,但小明妈妈仍不相信,也跑来查看监控,还坚持说孩子是不会撒谎的,要求园长公开道歉。

此时，李老师到幼儿园上班刚过试用期，工作认真负责，园长正想当天下班后跟她谈转正的事情，没想到下午就发生了这件事。李老师边哭边把班级工作做完，下班回到家跟老公诉说了当天的遭遇。老公听后十分愤怒，立刻就报了警。这时，园长带着班子成员来到李老师家里看望，李老师的老公表示必须要求家长道歉并赔偿。

在警方的通知下，园方、小明父母和李老师都来到了派出所。经协调，小明父母向李老师道歉并赔偿4000元。事发时，幼儿园还未跟李老师签订劳务合同，也向李老师补偿4000元劳务费。后来，李老师离职，当班的叶老师因小明家长打教师的事情心存恐惧，向园所提出换班或者申请离职。小明父母意识到自己的冲动行为造成的不良影响难以消除，向园方赔礼道歉后，给小明转学了。

（案例提供：湖南省娄底市经济技术开发区宝高幼儿园　龚园）

案例评析

这是一起严重的幼儿园家园关系危机事件。互联网时代，微信等社交软件已经成为家园沟通的重要工具，监控也是园所管理的重要辅助工具，然而，如果在使用过程中出现问题，就会成为引发园所危机的新诱因。

上述案例的标题是"一条微信惹的祸"，但是事件发展到家长进班级对教师拉扯、严重干扰教学秩序、教师家人报警、当事教师离职、任课教师内心惶恐、孩子转园等一系列严重的后果，罪魁祸首就不是一条微信那么简单了，而是暴露出园所日常管理的漏洞：一是视频监控管理制度不健全，查看监控太随意，家长给教师发一条信息，教师找来张主任就可以看监控视频。二是员工危机意识薄弱，叶老师知晓自己与家长信息交流的环节出现了误会，又联系不上家长，却没有危机意识，未向上级报告事故隐患，而且同在监控室的中层管理干部张主任也没有危机意识，没有在第一时间阻止这起家园关系危机事件，从而出现不理性的家长直奔教室打教师的恶劣事件发生。三是危机应对不主动，园所没有及时为事故受害教师维权。李老师在工作岗位上身心受到伤害，家长的行为已涉嫌违法，园所没有及时采取有力的措施维护教师利益，而是在教师家属报警后在警方的协调下被动处理。

管理建议

1. 危机应对

上述案例中的危机发生时，可以尝试采取以下应对措施。

（1）*家长反馈不忽视*。案例中的叶老师收到"家长反映幼儿说李老师打他"的消息时，可以通过暗中观察教师行为以及教师与班级幼儿的关系来了解事实真相。若感受到家长的情绪较为激动，幼儿园应该报告上级，启动危机预警机制，按照"教师上报—园所查看监控—回应家长"的步骤，由专人负责。

（2）*家长闹事不怕事*。当出现"家长进班级对教师拉扯"的严重危机后，必须尽快制止事态恶化，让家长先冷静下来，劝离家长去会客室或园长办公室协商处理。若家长不听劝解、吵闹不休，干扰幼儿园的正常教学秩序，园所警告无效，就应该立即拨打报警电话110，让警方带离滋事家长，安排教师安抚受惊吓的班级幼儿。

（3）*利用监控查明真相，依法依规严肃处理*。在事实清楚、监控表明教师没有打人的行为时，园方必须要求家长立即诚恳致歉，视教师伤情送教师到医院就医，依法依规为教师维权。若监控表明教师有打人行为，园所就要申明会依法依规处理，绝不纵容，但要正告家长不能使用暴力解决问题、干扰教育教学秩序。

2. 危机预防

幼儿园可以从以下三方面预防因幼儿"向家长告状"引发的家园矛盾。

（1）*健全家园关系危机管理机制*。当家长质疑孩子被教师打骂时，园所应该启动预警机制去解决问题，而不是随意应对。

（2）*加强教师专题培训*。园所平时要注重教师的专题培训，引导他们了解家长工作的复杂性，掌握方法，多与家长沟通，用专业知识帮助家长了解幼儿的年龄特点和心理特征。例如，3—6岁幼儿的心理不成熟，有时教师一个拍拍肩、摸摸头的动作，在其眼中就会成为"老师打我"的表现，他们有时会将自己想象的和实际发生的事情混淆，引起家长对教师的误会。

（3）管理人员巡查班级要勤，发现问题要及时。数字化校园建设为园所管理带来便捷，但是再好的设备与技术手段都只能辅助园所进行精细化管理，监控再清晰，也不能代替园长和管理者走近教师和幼儿，观察他们的言行，感受他们的情绪。若发现教师行为举止中的不适宜之处，应及时采用合适的方式与教师沟通，交换意见，消除引发师幼关系紧张、危害幼儿身心健康的隐患。

微信早已是我们生活与工作中的密切伙伴，然而，与之"亲密合作""和谐相处"也是有学问的，否则微信一不小心就成了"危信"。

案例 67
一场尴尬的座谈会

案例呈现

某幼儿园是一所老牌省级示范性幼儿园,其办园质量和口碑在当地一直不错。园长科班出身,管理能力与专业水平良好,是一位优秀的老园长。市教育局督导处要对全市所有省级示范性幼儿园开展新一轮的复查与评估。这天,评估团来到该园进行半天的实地评估与考察。

上午 10 时 30 分,评估团按照评估流程召开园所的教职工代表座谈会,很快,十余名教职工聚集在三楼的会议室里与评估团开始了面对面交流。其中一位教师说道:"幼儿园从去年开始进行班级教师岗位运行改革,过去,上午班的教师只需上午入班,孩子中餐时另一位教师到岗,接下来就由该教师和保育员组织幼儿活动,直到孩子离园。这样,轮到自己上上午班时,下午就可以在办公室备课、准备游戏材料等,下午 4 时 30 分就可以下班了。可是实行改革后,上午班的教师工作时间延长了,即使是上午班,也必须在下午 4 时 30 分回到班级,与另一名教师共同组织离园活动,直到幼儿全部离园。这一改革遭到教师们的集体反对,多次向园长提出更改,但是园长却说这样做是为了在离园环节两位教师都能在场,与家长交接时多沟通,有利于提升整体保教质量。"又一位教师补充道:"不仅集体反对无效,自己偶尔因孩子生病或者家中有事向园长请假,却因无人愿意代班而遭拒。"这两位教师说着说着,情绪突然失控,变成了哭诉。很快,消极情绪感染了在场的其他人,一时间,大家纷纷诉说自己平常与园所管理层之间的不愉快。

一场省级示范性幼儿园督导评估复评教职工座谈会变成了教师的哭诉会,评估团意识到该园的内部公共关系出现了危机。评估结束后,评估团组长向市教育局督导处反映情况,提出要督促该园尽快整改。督导处主任很快约谈了园长,肯定了她为提升园所保教质量进行改革的勇气和付出的努力，也对其当前园务管理工作中存在改革步子过快、管理方式简单、沟通缺乏耐心等问题提出了整改建议。

（案例提供：湖南省娄底市教育科学研究所　王立群）

案例评析

幼儿园内部团结和谐，凝聚力强，才能"心往一处想，劲往一处使"，保教质量才能稳步提升。园长作为优化内部管理和调适外部环境的关键人物，处于管理系统的核心地位，其个人的思想、行为和作风会影响全局。上述案例中的幼儿园作为一所口碑良好、质量上乘的省级示范性幼儿园，在园所进行班级教师岗位运行改革的过程中，出现了内部公共关系危机，园长要负主要责任。

案例中，教师针对园长提出的意见主要集中在以下两点：一是园所改革前的准备不充分。园所在做改革决策时，要将改革意图、园所发展愿景与教师的职业理想、成长规划很好地结合起来。二是园长工作方式欠妥。教育管理是一门艺术，需要讲究工作的方式。该园教师对岗位运行改革感到不适，再加上因工作或生活面临困难而与园长交流时，园长情感冷漠、态度生硬，教师由此深受打击，觉得园长和单位没有人情味。面对有情绪的教师，园长是动之以情、春风化雨，还是胁之以威、火上浇油，这考验着园长的管理能力。

管理建议

1. 危机应对

内部公共关系危机的破坏力巨大，园所必须积极应对。

（1）虚心接纳，向评估团做出客观、真实的解释。上述案例中的与会幼儿园代表出现集体负面情绪，主要是因为幼儿园在改革过程中没有得到一线教师的理解和支持。园长一方面要虚心接受评估团的反馈意见，表示理解和接纳教师的抱怨，另一方面可以就园所的改革目标与实施过程向评估团或督导处做出合理的解释和汇报。

（2）以人为本，真诚沟通。园长要立即召集班子成员开会商议、制定应对本次危机的方案，带头深刻反思，分析原因，寻找对策。要走近教师，与他们谈心谈话，虚心接受意见；可以利用互联网发放问卷来搜集问题或者在校园网站上增设"园务管理我有话说"栏目，建立人人献计献策的沟通渠道；还可以召开民主生活会，请教师就园所提升保教质量所采取的措施交流意见，就请假制度与代班制度展开讨论。

（3）持续关爱教师，做好心理疏导。园所既要按照制度进行管理，也要体现人文关怀，对于特殊情况要特殊对待。可以邀请国内知名的积极心理学专家为教师做线下或线上讲座，聘请心理健康专业人士作为心理辅导员，定期为教师进行心理健康疏导和心理危机干预，帮助教师做好情绪管理，提高抗压能力。

2. 危机预防

严重的园所内部公共关系危机的形成，可谓"冰冻三尺，非一日之寒"。俗话说"伤口好了还有个疤"，因此，公共关系危机的预防意义重大。

（1）成立以园长为组长的危机管理领导小组，制定危机预防预案。新时代，幼儿园管理面临许多新问题，幼儿园要将教师队伍建设危机的预防纳入园所危机预防的重要内容，采取有效策略预防出现内部危机。例如，可以建立谈话制度，园长定期与教师进行"一对一倾听"，积极沟通和交流，开展谈心活动。园长更是要做终身学习、孜孜不倦的榜样，加强自我反思，保持对工作的热情与追求卓越管理的内驱力。

（2）坚持制度和温度并存的管理原则。管理者与教师之间是彼此成全、共同成长的关系。管理者在严格执行制度的同时，要关爱、尊重每一位教师，要让制度的"刚"与"柔"和谐共生。

园长与教师是"船长"与"水手"的关系，在园所为幼儿提供安全优质的教育的保驾护航任务中，人人都很关键。

案例 68
幼儿园能私自提前放寒暑假吗？

  案例呈现

某年1月中旬，各幼儿园进入秋季学期的工作扫尾阶段，园长和教师们想到即将到来的寒假与新年，内心满怀喜悦与期待。然而，某民办幼儿园的Z园长却怎么也开心不起来。原来，他刚刚接到当地县教育局的红头文件，通报他和所在的幼儿园私自提前放寒假的事情。通报内容如下：经查明，××幼儿园擅自从1月10日起放寒假，幼儿园和Z园长违反了××市教育局关于义务教育学校与幼儿园从1月18日起开始放寒假的文件精神，违背市、县教育局三令五申强调的相关放假规定，造成不好的社会影响，给予该幼儿园年检定为不合格、暂时收回办学许可证、立即挂牌整改等处罚，同时取消Z园长年度评优评先资格，责令园所立即复课，并与家长结算清退好擅自放假期间的费用。

教育局的红头文件一发，Z园长意识到自己确实犯了个大错，后悔莫及，赶紧通知全体教职工返回园所做好复学准备，让各班班主任逐一打电话通知家长带孩子来园复课。由于有些孩子已经被家长送往外地过寒假，因此有10余名幼儿未返园复课，有家长在班级微信群里质问："这样折腾我们是闹的哪一出？"

（案例提供：湖南省娄底市教育科学研究所　王立群）

案例评析

擅自放寒假的××幼儿园和Z园长受到了上级教育行政部门的严肃惩戒，此事也给其他幼儿园提出警告：遵纪守法、依法依规办园是幼儿园举办者与园长应该坚守的底线。

园所私自提前放寒假，任意缩短幼儿在园学习生活的时长，侵犯了幼儿接受平等教育的合法权益，破坏了教育行政管理的权威性，也破坏了区域内学校教育的正常秩序，并给幼儿家长增加了因提前放假需照护幼儿的负担。一旦幼儿在此期间居家出现安全问题，后果将不堪设想。教育行政部门给予该园和Z园长严厉处置，是规范区域内行政管理的有力措施，也是在维护教育公平，保护师幼在假期的身体健康与生命安全。

Z园长尝到了自己无视组织纪律、漠视规则带来的恶果，好在能及时采取复课的措施，尽可能地补救错误。

管理建议 💡

1. 危机应对

为了减少此次危机造成的影响和损害，Z园长及其所在幼儿园必须刻不容缓地展开应对。

（1）*积极整改，做好汇报*。幼儿园在Z园长的带领下要立即着手整改，召开班子会议讨论整改方案，向县教育局递交反思深刻的材料，并借此机会将园所存在的管理漏洞补上，全面做好恢复幼儿入学的准备以及面向家长的解释工作，遵照整改方案做好整改，不拖延，不泄气，早日整改到位。

（2）*争取内外支持，尽快复课*。尽快复课是本场危机应对的重要举措。如果因为提前放寒假已造成部分教师离开本地，那么园所要做好解释工作，为离园教师尽快返岗创造条件，如报销车旅费等。复课前召开教师大会，公布事实真相，争取职工的理解和支持。园所要利用微信群或校园网络平台向家长诚恳道歉，为擅自提前放寒假而给幼儿和家庭带来的不便表示歉意，争取家长的谅解。

2. 危机预防

幼儿园举办者和管理者是危机管理工作的核心，要增强危机预防意识。

（1）*加强学习，知法守法*。民办幼儿园是我国学前教育的重要组成部分。作为民办幼儿园的投资者和管理者，既要对《中华人民共和国教育法》《中华人民共和国教师法》等常见的教育法律法规知情，又要熟悉针对民办教育专门制定的相关法律。修订后的《中华人民共和国民办教育促进法实施条例》规定，民办学校若有"违反法律、行政法规和国家有关规定开展教育教学活动的；侵犯受教育者的合法权益，产生恶劣社会影响的；有其他管理混乱严重影响教育教学的行为的"等情形之一的依照民办教育促进法第六十二条规定给予处罚。可以看出，案例中的民办幼儿园违反上述条例。举办者和管理者要与时俱进，做到知法守法。

（2）规范管理，健全机制。为防止出现因制度缺失、个人主观决策失误而引发的危机事件，幼儿园要整章建制，完善园所管理机制，并按照制度落地实施，避免因投资人或者执行园长的主观错误而给幼儿园制造人为的危机。即使规模再小的幼儿园，也要组建管理团队，依托团队的力量，集思广益，共筹智慧。

案例 69
遇上难缠的家长

案例呈现

小 Y 是 A 园的在读幼儿。一天晚上,其家长打电话给园长,说孩子回家告诉他们"老师打我"。虽然孩子身上没有挨打的痕迹,但家长还是相信孩子说的话,担心孩子被打。

园长接到家长的投诉后高度重视,第二天一大早就展开了调查。园长仔细查看了班级近期的监控录像,约谈班级教师、保育员等相关人员,但没有发现家长所反映的情况。之后,主动邀请该家长来幼儿园共同查看近期的监控录像,告知园所调查的结果——教师没有打人。但是,家长不认同调查结果,并向园长提出了无理要求:要教师赔礼道歉、开除班级两位教师等。

园长见家长如此无理吵闹,正告家长:"目前没有任何事实依据,仅凭孩子的一两句话就判定教师有错,园方是不会处理教师的,如果家长不信任我们,那么可以给你们办理本学期的学费退费并转园。"家长对此感到不满,竟然拨打报警电话 110。警察到园调看监控,同样没有发现教师打孩子。但家长不依不饶,提出园所要退还一年学费的不合理要求,民警调解无果。

次日,园长得知,该家长在其个人私建的包含了 40 位班级幼儿家长的微信群里传播"A 幼儿园老师打孩子"的言论。园长立即邀请派出所民警和所在班级 8 位家长代表一起来幼儿园查看监控,大家一致认为该家长在造谣滋事。随后,A 幼儿园在民警和家长代表的公证下,在微信群里向全班家长发布"不存在教师打人"的调查声明。

随后,该家长变本加厉,向当地教育局、市长热线举报"A 幼儿园老师打孩子"。教育局约谈家长和园长,并去派出所了解情况。调查结束后,教育局正告家长:"没有发现教师打孩子的违规行为,不要再纠缠此事，否则以扰乱学校正常教学秩序处置。"同时，督促幼儿园积极、妥善地解决问题。

园方再次主动联系家长，希望消除误会，建议小 Y 留下来上学，但家长坚持退费转园。于是，园方为小 Y 办理了一个学期的保教费退费，事情终于得以平息。

（案例提供：湖南省娄底市经济技术开发区教育科学研究中心　陈芝）

案例评析

上述案例中的幼儿园在应对这次公共关系危机时，采取了以下策略：一是迅速反应。园长前一天晚上接到投诉，第二天早上立即展开调查。二是用事实说话。了解事情真相后，园长并非只是简单打电话告知家长结果，而是主动邀请家长来园观看视频并做出解释。三是坚持原则。园方在处理过程中既不推卸责任，也不容忍家长无理的要求。四是合理寻求外力。园方在面对家长私建微信群发布谣言，造成公众信任危机的紧急关头，果断邀请派出所民警和家长代表共同参与调查，并发布说明，尽力消除不良、不实的言论影响。

该园在本次事件中总体来说应对及时、有效，但其危机影响从园内扩散到园外，重要原因是该家长实属无理取闹。这些年，社会上的"医闹""校闹"事件对某些公民有认知误导的作用，生事者以为闹闹就有好处。该家长与园所的矛盾不断升级，发展到向教育局和市长热线举报，但园所这个因"告状"而面临的危机最后还是在教育行政部门的介入下得以解决。

这类事件在幼儿园公共关系危机中并不少见，反映了家长群体思想与观念的复杂性。如何与这些爱纠缠的家长打好交道，确实是很多园所危机管理中的难点问题。

管理建议

1. 危机应对

就此事而言，虽然责任不在园方，但是如果园方工作更加细致一点，更加主动一点，在方法上讲究策略，也许能早点解决危机。

（1）*灵活处理，以柔克刚*。园所在发布调查声明之后，本着和解的原则，邀请家委会代表或善于做和解工作的社区、居委会热心人士一起主动登门与家长交流，也许对这些难纠缠的家长管用。避免正面交锋，以柔克刚也是解决问题之良策。

（2）*坚持原则，不逃避、不纵容*。该家长提出无理要求，以子虚乌有的教师打人事件为由竟然要园方退还一年的学费，这就是在上演"园闹"。园方后期处理时，退还了一个学期的保教费，这肯定超过了幼儿园关于退费的规定额度，因为这件事不是发生在开学初。退费过多，对闹事家长来说就是纵容；如果是把下一学期预交的费用退还，那么园所就存在跨学期收费的违规行为，必须改正。

2. 危机预防

家长对教师的不信任极易上升为家园公共关系危机，我们可以结合时代特征和信息技术做好预防工作。

（1）*多渠道做好园所与教师群体的正面宣传*。当前，许多家长因为受到媒体报道的"幼师虐童案"影响，担心孩子在园被教师打骂，对教师不够信任。幼儿园要通过多种渠道做好正面宣传，利用家长微信群、园所公众号以及当地官方媒体，多宣传园所为幼儿一日生活所做的科学安排，宣传教师的专业性、保教人员的先进事迹等；也可以通过"六一"活动、亲子活动、家长志愿者服务活动等，让家长入园、进班体验教师的职业特点，感知教师的爱心，拉近家园之间的距离，建立信任。

（2）*与相关部门建立友好关系*。园所平时要注意协调好与社区、派出所、医院、报社和电视台等单位的关系，力求得到相关单位的支持与配合，在幼儿体检、受伤就医、社会治安、宣传报道等环节，与这些单位沟通顺畅，请它们施以援手，为园所办学争取良好的外围环境。

（3）*办好家长学校*。家长的素质参差不齐，园所可以通过互联网等多种渠道进行调查，充分了解家长群体的年龄、学历和职业等情况；也可以利用大数据，向社区了解特殊情况，如下岗失业、离异的家长，或有家暴、吸毒、犯罪史的家长，建立特殊家庭幼儿帮扶档案，关注家长的不同需求，依据班情、园情完成家长学校课程的建设。

数字化校园建设为园务管理的透明、公开化提供了科学依据,本案例中监控视频是事实调查的重要依据,还了当事教师的清白,也决不纵容来校园"碰瓷"的行为发生。

案例 70
某幼儿园公众号被起诉侵犯著作权

案例呈现

2022年12月初，某乡镇幼儿园的张园长突然收到所在地区人民法院的传票，内容是：园长张某的幼儿园注册的微信公众号在2015年发表过一个幼儿故事作品，现在被外省的曾某向该法院起诉侵犯著作权，要求幼儿园立刻删除此作品，并在报纸上刊登道歉，赔偿曾某经济损失1万元。传票上附有对方提供的相关证据。张园长懵了，冷静下来仔细回想，自己确实曾安排教师们利用园所微信公众号讲述幼儿故事。

7年前，张园长考虑到自己园里的孩子很多是留守儿童，爷爷奶奶不会讲故事，因此想到利用微信公众号发故事录音，帮助家长引导和培养孩子们睡前听故事、阅读书籍的好习惯。教师们接到园长安排的任务，立即响应，到处搜索素材。其中，谢老师在网上搜索了标题为《××好习惯》的幼儿故事，将故事的文稿进行了编辑和录音，随后将文稿和录音一同发布到了公众号上，没想到7年后被人起诉作品侵权，而当年寻找素材、对故事录音和编辑文稿的谢老师早已离职。

2022年12月底，法院针对原告曾某与被告张园长的幼儿园作品著作权权属、侵权纠纷一案进行了开庭审理。在这个过程中，张园长积极向法官陈述：幼儿园教师使用此资料用来教学，辅助本园家长对孩子进行学习习惯的培养，故事来自网络资源，网络上并没有注明是曾某的，无法联系作者，后期也没有出版发行，更没有以盈利为目的，希望没有构成侵权。最后，法院认为：曾某为证明其权属主张提交了刊载有署名为"曾某"涉案作品的出版物，经比对，被诉侵权作品与涉案作品的标题虽然不一样，但主要内容相同，两者在整体结构安排、故事内容等方面完全一致，法院认定曾某对涉案作品依法享有署名权、信息网络传播权，应受法律保护；被告幼儿园未经曾某许可，也未支付使用费，在其

> 经营的微信公众号向公众传播与涉案作品实质性相同的作品，侵害了曾某对涉案作品享有的著作权，根据《中华人民共和国著作权法》第十二条和第四十四条的规定，判决被告赔偿原告经济损失及合理维权的开支，驳回原告的其他诉讼请求。
>
> （案例提供：湖南省涟源市六亩塘街道良溪幼儿园　谭雄飞）

案例评析

上述案例是"互联网+"背景下的一起典型的幼儿园公共关系危机，对幼儿园举办者和从业者具有很大的教育意义。

当前，很多幼儿园申请了自己园所的微信公众号以及视频号，旨在利用这些信息平台向家长和社会公众宣传园所的办园理念，记录幼儿园丰富多彩的师幼活动，转发具有学习价值的课程资源等。案例中的张园长利用园所的微信公众号推送教师们搜集录制的幼儿故事，本意是引领乡村的家长们帮助幼儿养成听故事、阅读的良好习惯，实现家园共育。不曾想到的是，看上去出发点很好的创意和行为却隐藏着不小的危机，在时隔7年后，幼儿园因为其中一个故事涉及著作权侵权而被起诉，最后被法院判处对原告进行经济赔偿。

张园长当初并不了解这方面的法律知识，对园所微信公众号推送的故事内容是否涉及侵权没有仔细考量，因此存在管理漏洞。她作为法人，存在审核把关不严的责任，但是在危机暴发后，她能保持冷静，积极应对，向法庭尽力申诉，最终赔偿金额较少，也降低了本次危机对园所造成的负面影响。

管理建议

1. 危机应对

面对突如其来的诉讼，陷入官司风波的园所和个人务必紧急应对。

（1）**保持冷静，调查取证**。无论因为何种事情被人起诉，幼儿园举办者和管理者接到法庭传票后都不要慌乱，越是这种时候越要保持冷静，在充分调查真相的基础上做好事件复盘，搜集证据，整理资料，通过集体讨论商量对策。

（2）*咨询律师，积极申诉*。法律是非常严谨的，遵守和维护司法公正是每一个公民应尽的责任和义务。园所作为被告方，在条件允许的情况下可以聘请专业律师应诉，支付一定的律师费；也可以通过阅读和查找相关法律标准、咨询律师朋友或运用团队智慧，积极应诉，全力争取胜诉，减小危机的破坏力。

（3）*反思总结，吸取教训*。惹上官司终究是陷入危机的表现，应付官司费钱又费力，给幼儿园的正常办学带来干扰，对园所的声誉也极为不利。因此，在官司结束后，园所要专门进行事故分析，从中深刻反思，总结经验教训，加强队伍的培训和团队建设，避免内部成员分崩离析，滋生新的危机隐患。

2. 危机预防

幼儿园举办者和管理者要从以下几方面积极预防类似事件。

（1）*加强法律学习，增强危机意识*。法律是维护社会公平和正义的行为准则，法治社会的建立也是社会进步的标志。近些年，我国逐步加强法治社会的推进力度，公民的维权意识也越来越强。幼儿园举办者和管理者要带头加强法律知识的学习，做到知法懂法，严格守法，才能不触碰法律的红线，预防因违法带来的各种危机。例如《中华人民共和国教育法》《中华人民共和国侵权责任法》《中华人民共和国未成年人保护法》《中华人民共和国劳动法》等，都是教育工作者必须了解的，更是幼儿园管理者应该熟知的。

（2）*聘请法律顾问，做好专业保障*。专业的事情交给专业的人去做。园所管理工作千头万绪，琐碎复杂。为避免出现涉及法律问题的危机事故、更好地应对法治社会中更高标准的行业发展要求，园所非常有必要聘请专业的法律顾问，由专业人士定期对职工进行普法知识教育，也可以提供法律咨询，在园所做决策时提供专业保障。

（3）*与时俱进，加强互联网平台的管理工作*。微信公众号、抖音号、微信视频号、校园网站、企业微信等网络平台的合理运用，可以为园所管理赋能，但是务必强化风险意识。园长是园所对外宣传的第一责任人，要严格审核文字与视频资料，既不出现专业知识错误，也要符合正确的意识形态；既要从专业上把关，也要从法律层面把关。关于著作权的侵权问题，还需要提醒大家的是：不仅仅是案例中的文学作品的引用可能涉及侵权，还有音乐作品、绘画作品、摄影作品等，在没有得到作者或当事人的许可就随意引用的行为，很可能会让园所和个人陷入官司风暴，只有加以预防，才能规避风险。

总之，互联网时代，信息非常发达，知识产权纠纷也越来越多，园所和个人都要保持谨慎，避免出现此类危机。

案例 71
幼儿园内受伤,家长索赔整容费

> **案例呈现**

一天早上,小班的李老师在操场上带领孩子们做晨间锻炼。在活动结束后班级回教室的途中,一名幼儿在迈台阶时不慎摔倒,嘴角内侧被牙齿硌破了一个口子,血顿时流了下来。李老师马上给这名幼儿的家长打电话。家长很快来园,在李老师的陪同下带孩子去医院就诊,孩子的嘴角内侧被缝了三针。

两天后,家长气愤地来到园长办公室,言辞激烈,指责园方对其孩子受伤的事情毫不重视,要求幼儿园为孩子今后可能进行的整容承担费用。家长称,孩子刚上幼儿园半年就受伤了,而且是伤在面部,这两天嘴肿,不能很好地进食,孩子在受罪,家里人都很心疼,但幼儿园没有人探望孩子,实在令人气愤。家长还说,自己带孩子又去了一趟医院换药复查,询问医生有无后遗症时,医生说孩子面部的肌肉有可能会发生些许萎缩,造成两侧脸颊不对称。家长因此要求幼儿园赔偿将来的整容费用。

见家长情绪激动,园长先尽量安抚家长的情绪,劝导家长:"孩子受伤了,从教师到园里都很关心,对于家长提出的问题和要求,园方在进一步了解情况后会在最短的时间内给予答复。"送走家长后,园长经了解得知,事发当天,保健医生因在园门口忙晨检,认为有家长和李老师一起陪同孩子去医院,人手已经够了,就没有按照惯例陪着去医院。李老师也因工作忙,事发当天的傍晚,见家长来园取书包,就将园所事先买好的食品、营养品等直接让家长带回家中,而按照园所的规定,此类情况是要班级里的两位教师一起去家中探望孩子的。

园长了解完事情的经过,马上安排保健医生和教师到幼儿家中探望。一周后,当家长再次来园要求赔偿时,园长心平气和地说道:"几天过去了,孩子嘴角的肿胀已慢慢消了,说明伤口在愈合,这是伤口恢复的一个必然过程。对于医生所说的可能性,因为现在还没有成为现实,所以我们目前也不可能支付未发生的费用。孩子的伤口是否存在后遗症,必须参照权威医院的书面诊断证明,不能只凭医生的口述,建议耐心等孩子的伤口愈合,观察伤情的发展,一有异常,及时去医院检查鉴定,幼儿园是不会逃避责任的。"

又过了几日,孩子的面部渐渐恢复正常,再加上保健医生和教师再次来家里探望,家长的情绪慢慢平复下来,也没有再提赔偿整容费的事。

(案例提供:湖南省娄底市双峰县机关幼儿园 陈小凤)

案例评析

孩子园内受伤,家长心疼,看到孩子受伤后在吃饭、饮水方面的诸多不适,以及听到医生那句"有可能会发生……",更加剧了愤怒、焦虑的心情。保健医生当天没有陪同孩子去医院,班级教师也没有去家中探望孩子,没有认识到很多时候"情义到"比"物质到"更能安慰心灵。多种原因交织,导致家园关系危机暴发。

上述案例反映了保健医生和班级教师在日常工作中由于忙碌、疏忽大意,没有按照既有的制度应对幼儿的意外受伤,导致家长情绪有些失控、向园所讨要说法并提出赔偿的危机。好在园长有经验,沉着应对,有理有据地与家长沟通,采取补救措施,消除了危机。

管理建议

1. 危机应对

因幼儿安全事故而不得不应对与家长之间的公共关系危机,是每所幼儿园管理团队和班级教师都不可回避的话题。

(1)及时安抚幼儿的情绪。幼儿园是无法完全避免幼儿受伤的,多数幼儿会因为身体某个部位受伤、流血而害怕。教师面对因受伤而哭闹的幼儿不能简单地只要求其不哭，还要接纳他们受到惊吓后的害怕、伤心的情绪，守护在他们身边，通过抚摸、言语鼓励、唱歌转移注意力等方式缓解幼儿内心的无助感和焦虑的情绪。

（2）**持续关注，关爱幼儿**。人心都是肉长的，幼儿嘴角的伤口愈合过程比起外表的刮伤肯定要慢，幼儿会因疼痛而影响到吃饭，从而哭闹、焦虑、心烦，家长面对这种情况往往会很难过。教师可以适当地多去探望幼儿或者与幼儿视频，通过讲述故事、同伴鼓励等方式持续关注幼儿，给予幼儿和家长被重视感，从而消除其负面情绪，也有利于幼儿尽快康复。

（3）**耐心向家长做出解释**。很多家长与园所发生争执，就是因为幼儿受伤事件。班级教师是幼儿受伤的第一目击者或知情人，要有同理心，理解为人父母的心情，耐心做好解释工作。园所可以利用网络技术开设家长云课堂，将正确的教养理念传递给家长，如幼儿在上下楼梯时摔倒受伤，说明他的动作发展较弱，家长可以通过踢球、户外游戏、少乘电梯多爬楼、少乘车多走路等方法，帮助幼儿发展能力，减少受伤害的概率。

2. 危机预防

为了防止幼儿受伤事故衍生的家园公共关系危机所带来的较大的破坏力，园所可以采取以下措施进行预防。

（1）**在运动和游戏中培养幼儿身体的灵活性，提高其自护能力**。保教人员既要消除园所的安全隐患，又要改变观念、摒弃传统的保姆式看护，多开展体育运动、游戏活动，以锻炼和发展幼儿的力量、平衡能力、协调性，增强幼儿的运动能力，从而让幼儿既有保护自己不受伤的意识，又有保护自己不受伤的能力。

（2）**制定并落实危机管理制度**。上述案例中的幼儿园已经制定了相关的家园关系危机管理制度，如保健医生需要陪同受伤的幼儿去医院治疗、班级里的两位教师需要登门看望受伤的幼儿等，但是没有落实，造成家长失望与焦虑情绪加重。在孩子入、离园这种保教人员和保健医生都比较忙碌的环节，园所可以采用人脸识别门禁、红外线测体温等互联网技术设备，减少保健医生的工作任务量，以保证保健医生能陪同受伤流血的幼儿就医。

（3）**聘请专业人士为法律顾问**。条件允许的话，幼儿园可以聘请律师作为法律顾问，也可以利用家长资源，邀请在法院、律师事务所工作的家长当幼儿园的普法志愿者，对教职工进行相关法律知识的培训，从而为面对园所危机中的事故责任划分、家长索赔和维权等做好法律知识的储备。

科学养育，让幼儿身心健康、成为有能力的人，需要园所与家庭共同努力，而不是在发生危机后进行抱怨与指责。信赖，才能创造出美好的世界。

案例 72
幼儿举报遭遇同伴"性骚扰"

案例呈现

某幼儿园大班女孩童童回家后哭哭啼啼地跟妈妈说不想去幼儿园，因为坐在她旁边的男孩洋洋总是摸她的大腿。妈妈听了，很着急，立即打电话给班主任柳柳老师，说洋洋对她女儿"性骚扰"，天天摸她的大腿，要求他的家长赔礼道歉；质问幼儿园是怎么教育孩子的，要求其赔偿精神损失费，开除洋洋。柳柳老师一听也急了，竟然有这样的事，赶紧打电话给洋洋的家长。柳柳老师是刚从幼师学校毕业的新教师，她直接告诉洋洋妈妈，童童妈妈说洋洋最近每天摸童童的大腿，对她进行"性骚扰"，搞得她哭哭啼啼，都不想来上学了，还要求幼儿园赔偿，请帮忙问一下洋洋，他是不是这样做过，如果是，请帮忙教育，叫洋洋不要这样做了。洋洋妈妈一听也火了，在电话里朝教师嚷嚷："什么，你竟然污蔑我家洋洋'性骚扰'，这么小的孩子怎么可能这样做，他天天在你的眼皮子底下，你怎么教的，你这个老师怎么当的……"她还不解气，一个电话打到园长那里告状，扬言要告到教育局。柳柳老师非常害怕，她才入职，如果家长告到教育局，会影响幼儿园的声誉，而且自己可能被解聘。紧张之余，她只好求助园长。

园长把柳柳老师叫来，耐心地对她说："孩子很小，这么做纯粹是出于好奇、觉得好玩，6岁的孩子有点性意识萌芽，根本不用调查，这肯定是真的，即使要调查，也只能是你暗地里观察，不能动不动就惊动家长，这样的事要大事化小、小事化了，处理得不留痕迹。当你接到童童妈妈的电话后，不要着急，要先安抚她的情绪说'童童妈妈，您别急，我从明天开始不让洋洋和童童坐在一起，我会特别注意观察童童和洋洋，确保不再出现类似的情况'。"

园长继续对柳柳老师说："孩子还小，绝对不是真正意义上的性骚扰，但我们也要重视，可以这样引导：一是开展更多有趣的游戏活动，转移洋洋的兴趣点和注意力，对于童童，我会给她更多注意和关爱，让她投入有趣的游戏活动中，忘记不愉快的事；二是借助故事和图片等向孩子们渗透性教育，让孩子们知道什么部位是隐私部位，不能让别人碰，自己也不能去碰别人的隐私部位；三是与家长正确沟通，家园共育做好性教育。不宜随便打电话向家长告状，家长会反感或者采取过激的方式教育洋洋，这样反而会在洋洋的心目中强化这种行为，使他后面还会不知不觉地去做，也给洋洋造成不好的影响，让大家觉得他是个坏孩子。要与家长真诚地沟通，让家长配合园所在日常生活中用合适的方式进行性教育，比如在洗澡的时候引导孩子认识人的身体，告诉孩子哪些是隐私部位，不能让别人触碰，同时自己也不能触碰别人的隐私部位。"

园长和当事教师交流完，就当面找洋洋妈妈沟通并致歉，说柳柳老师是新教师，没有经验，方法不妥，请她谅解；同时和家长们讨论了这件事的解决办法，特别是从幼儿心理发展和行为特征的专业角度进行分析，将园所与班级的教育计划告知家长们，也建议他们配合幼儿园对孩子开展性教育。最后，这件事得到妥善解决，孩子们继续在班级里愉快地游戏和生活，洋洋也没有再出现此类行为。

这件事也提醒了园长，在一次教研会议上，她组织骨干教师将此事作为案例专门进行研讨，在集体智慧的基础上开发"儿童性教育"视频课程，利用网络对家长和教师进行培训，因此得到了上级教研部门的表彰。

（案例提供：湖南省娄底市双峰县教育局民教股　王琼锋）

案例评析

意大利著名教育家玛丽娅·蒙台梭利（Maria Montessori）最伟大的贡献之一，就是发现了人的发展存在敏感期。她通过对幼儿自然行为进行细致、耐心、系统的观察后指出：儿童在每一个特定的时期都有一种特殊的感受能力，这种感受能力促使他对环境中的某些事物很敏感，对有关事物的注意力很集中，很有耐心，在连续一段时间里会有某种强烈的自然行为。上述案例中对异性有好奇心，就是洋洋处在性别敏感期的表现。

柳柳老师面对打电话告状的家长，不假思索地向当事人洋洋的家长寻求解决办法，请家长问询事实并教育孩子，以致家长怒气冲冲地打电话向园长告状。在这场由于教师应对草率而产生的家园矛盾危机中，园长表现出良好的危机管理能力，冷静分析，循循善诱，采取了适当的策略，积极有效地应对了危机，并能抓住机会，组织教师研发"儿童性教育"视频课程，转危为机。

管理建议

1. 危机应对

纵观上述案例中园长和教师处理危机的全过程，建议进一步细致观察幼儿的行为，避免犯主观错误。

（1）*教师和家长先观察，反应不宜过于强烈*。洋洋的行为仅仅出自同班女孩童童的口述，未经成人耐心的自然观察，成人便进行"判断""告状"和"争吵"。即使洋洋确实有摸童童大腿的行为，如果不了解幼儿的发展规律，就站在成人视角随便下结论、贴标签，然后贸然批评、说教甚至惩罚，会让幼儿不知所措，产生羞愧感，在心理留下阴影，阻碍健康的人格和心理的发展。

（2）*管理者走近幼儿，聚焦班级观察*。这位园长的管理经验较为丰富，她给柳柳老师提出了解决问题的三点策略，专业、科学、有效，因此及时化解了危机。但是，园长听了教师的描述就判断"洋洋摸童童大腿"的事实成立，还是犯了主观错误。管理者一定要避免犯经验主义错误，坚持实事求是的原则，走进班级，观察幼儿，防止出现误判。

2. 危机预防

教师和家长在幼儿性教育的问题上必须达成共识，预防因认知偏差、育人方法错误而产生矛盾，闹出纠纷。

（1）*提高教师的专业水平，引导家长正确看待幼儿的行为*。四五岁的儿童非常关注对性别的认识，想弄清楚谁是男孩、谁是女孩，甚至如果有人去洗手间，他们一定也要跟着去，原因是想观察对方到底是男孩还是女孩。成人在给幼儿解释时，态度必须客观和科学，如同让幼儿认识自己的眼睛、鼻子和嘴一样。在现实中，幼儿园和家庭的性教育严重缺失，成人往往"谈性色变""谈性回避"，园所可以通过专题培训提升教师和家长这方面的专业能力，转变观念，科学认知幼儿。

（2）*家园合力，对幼儿开展性教育*。幼儿阶段性教育课程的开设，可以引导幼儿科学认知自己的身体，区分男孩和女孩的不同，知道自己身上的哪些地方是隐私部位，增强自我保护意识，懂得身体不能随便让他人触摸和亲吻，也不能随便暴露自己的隐私部位，更不能去摸别人的隐私部位。可以通过幼儿喜闻乐见的方式，如讲故事、绘本阅读、图片展示、情景模拟等形式，发展幼儿的认知能力，让他们掌握保护自己和他人的技能。在开展性教育课程中，父母是不能缺位的。

幼儿是发展中的人。秉承接纳、包容、尊重和理解的态度为幼儿的成长提供物质与精神方面的帮助，是成人的义务与责任。

案例 73
猪肉风波

案例呈现

6月,南方小县城的天气已经很热了。上午9时,太阳火辣辣的,家长A带着他的孩子慢慢走向某民办幼儿园。在距离幼儿园大约20米的地方,一个小贩推着一辆人力三轮车从他们身边走过,家长A仔细一看:这不是街上卖肉的戴某吗?难道他就是幼儿园的猪肉供货商?戴某卖猪肉,在县城的口碑不怎么好,因为他以前有过卖死猪肉和母猪肉的行为,被居民举报并被罚过,幼儿园采购他的猪肉怎么行?难怪孩子经常感冒!家长A越想越恐慌,立刻尾随跟上并掏出手机拍照。随即,家长A拨打了自己认识的幼儿家长的电话,说幼儿园给孩子们吃问题猪肉被他抓个正着。

不到5分钟,家长们一传十,十传百,校门口聚集了一大群家长,闹哄哄地向园长办公室涌去。面对激愤的家长们,戴某和园长如何解释都无济于事。家长们一边要求园长做出处理和解释,一边拨打县教育局和卫生监督局的举报电话,还有的家长说要到电视台、报纸上曝光此事,现场无法掌控,越来越多的家长闻讯向幼儿园赶来。园长见现场无法控制,便只能拨打报警电话110求助。

30分钟后,县教育局和卫生监督局的分管领导陆续赶到幼儿园,幼儿园的投资人也立刻从外地赶回。教育局和卫生监督局的领导现场了解事情的缘由,幼儿园投资人当众承诺:园所愿意承担幼儿去省儿童医院进行健康检查的一切费用,全力配合主管部门的调查。后来,在有关部门与干警的协调下,家长委员会成员留下一起调查此事。卫生监督局立即把幼儿园购买的猪肉与戴某摊上的猪肉送到质检部门查验,也有小部分家长带着孩子前往省儿童医院做检查。

事发当晚,某日报和某晨报的记者闻讯赶来,要求采访和报道此事。

在县教育局和县委宣传部的协调下，记者同意等猪肉的质检结果与幼儿身体检查的结论出来再做计划。一时，小县城里谣言四起，到处议论纷纷。

第二天，送检猪肉的质检结果出来了，正常；第三天，孩子们健康体检的结果也出来了，正常；很快，家长们的情绪稳定了，记者也没有报道此事。县教育局和卫生监督局对幼儿园提出加强内部管理、完善并落实采购制度的要求。园所也以此事为契机，进一步规范了后勤管理。

（案例提供：湖南省娄底市双峰县小太阳幼教集团　向泽志）

案例评析

上述案例中幼儿园公共关系危机的发生有两点原因。一是早些年市场上存在较多的流动摊贩，监管难到位，有些小贩被利益驱动出售一些不合质量标准的劣质物资。"有前科"的戴某让家长产生了焦虑的情绪，暴发对园所的信任危机。二是园所内部管理的不规范，没有按照规定实行定点采购，与合格供应商签订供货合同，索要凭证建立台账。园所举办者采购师幼在园就餐所需的米、面、油、蔬菜、瓜果和肉类等食材的随意性较大。

幼儿园在面对家长的群体性上访、来园质疑食材不合格的聚众闹事危机时，做到了积极应对，努力澄清误会，并主动承担责任，提出愿意带孩子们去省儿童医院做检查。最后，在肉质检验与孩子身体健康检查结果的佐证下，幼儿园逐渐恢复公信力，打消家长的顾虑，也避免了媒体参与报道后可能带来的更大危机。

管理建议

1. 危机应对

园所在面临家长的群体性质疑、信誉受损的公共关系危机时，如何有效应对呢？

（1）态度诚恳，承担责任。幼儿园公共关系危机产生的根源往往是家园之间存在误会或矛盾，破坏了信任链。解决危机的关键在于园方和当事人要态度诚恳、不推卸责任，坚持以人为本的原则，将幼儿的生命安全与身体健康放在第一位。

（2）*主动寻求行政部门的帮助*。教育、食品监督、消防和公安等部门承担着政府对幼儿园规范办教育的指导、监督、帮扶等管理责任。园所平时要服从管理、接受监督，在遇到不能解决的难题时要主动报告，寻求帮助，借助行政部门的权威性尽快澄清误会，不要等到事态失控、舆情危机产生时再寻找依靠。

（3）*优化内部管理*。幼儿园要按照《幼儿园办园行为督导评估办法》中"安全卫生"等标准查漏补缺，不断加强膳食管理，做好幼儿饮用水、膳食营养结构、采购食品渠道与票证提供、食品留样和食品保存等工作，也可以利用互联网技术完善物品采购渠道的建立与监督，还可以充分发挥家长委员会的作用，让家长真正参与膳食管理，做到透明、公开。

2. 危机预防

优秀的幼儿园一定会特别注重幼儿的饮食安全，也会通过严谨、高效的管理措施赢得家长的信任，预防危机。

（1）*从管理上防范，把好"入园关"*。园所要按照上级有关办园行为规范性文件中的要求做到定点采购，索要凭证，建立台账。所购买的食品必须是经园所考察后签有协议的供应商提供的，且做到有计划、不浪费、不积压，保证食品的新鲜、无变质、无污染，杜绝"三无"（无商标、无厂家、无生产日期）食品进厨房。同时，园所要逐步建立和完善采购、验收、保管各司其职的长效机制，做到分工明确，职责清晰。

（2）*从技术上监督，把好"入口关"*。食材进入幼儿园后，食堂是加工要地，食堂工作人员健康的身体、负责的态度、合格整洁的穿戴和规范的操作都直接影响餐饮安全。各地实施的"明厨亮灶"工程，就是在互联网时代利用信息技术监测这一重要的"入口前"环节，幼儿园可以利用这一现代化技术加强管理、预防危机。

（3）*以活动为载体，系好"信任扣"*。园所要有开放办园的理念，主动邀请家长入园参加亲子活动，可以在元宵节、端午节和中秋节等传统节日开展做汤圆、包饺子、包粽子等传统美食活动，在丰富、有趣的活动中营造良好的氛围,为建立彼此信任、支持和理解的家园关系奠定基础。

"民以食为天"。面对幼小的孩子,园所提供安全卫生、营养均衡的膳食是头等大事,也是管理的重中之重。

案例 74
被告上法庭的 C 园长

案例呈现

C 园长最近碰到了一件事,让她不得不分出许多精力来应对。前几天,她收到中班聪聪小朋友家长状告幼儿园的法院传票,这让她有些恼火。

事情是这样的:午休起床时,聪聪在床上站着穿衣服,一个叫丁丁的男孩跑过来将他推倒在地。聪聪告诉值班教师自己手疼,值班教师带他去了医务室,保健医生检查后说没有什么事,于是教师带聪聪又回到了班上。下午,聪聪虽然还是照样参加班级活动,但是一改平时的活泼好动,而是情绪低落、坐着不动。快到离园环节时,聪聪通过电话手表打给接送他的爷爷,告诉爷爷自己的胳膊疼。爷爷闻讯赶来幼儿园接他,也通知了聪聪妈妈一起带孩子去医院。经医院诊断,聪聪左手骨折。当晚,聪聪妈妈通过电话和微信向教师和同学询问事故原因,有同学告诉聪聪妈妈,是丁丁跑过来推搡所致,和聪聪自己陈述的一样。虽然聪聪的骨折不是很严重,治愈全程医药费也只需花费一千多元,但是聪聪不能上幼儿园,需要居家治疗,白天的生活照料全靠爷爷奶奶。

事情发展到聪聪家长状告幼儿园和丁丁家长,是因为在事故发生后的处理过程中产生了纠纷:虽然在聪聪居家治疗期间,幼儿园派教师和丁丁家长一起去看望了聪聪,丁丁家长也愿意赔偿聪聪的治疗费,但是聪聪家长说园长总躲着不见人,由副园长出面协调,感觉园方总是帮丁丁家长说话。最不能接受的是,在丁丁家长愿意按照双方沟通协商的要求赔偿聪聪治疗费、营养费和护理费后,园方通知聪聪家长去幼儿园签订协议,要聪聪家长承诺今后不再就此事找幼儿园和对方家长的麻烦。

被园所一纸协议"硬伤"的聪聪家长一怒之下离园而去,将幼儿园与丁丁家长都告上了法庭。后来经法院判决,幼儿园与丁丁家长共同赔偿,丁丁家长负主要责任,幼儿园负次要责任。三方都聘请了专业律师,支付的律师费超过了当初双方协商的赔偿费用,且三方都因为官司耗费了大量的时间与精力。

(案例提供:湖南省娄底市教育科学研究所 王立群)

案例评析

这些年,因幼儿在园发生骨折、挫伤、烫伤等事故,家园双方围绕责任划分、经济赔偿和后续治疗等问题闹上法庭、园长成被告的事情不少见。上述案例就是因为幼儿在午休起床环节被同伴推搡致伤衍生的幼儿园公共关系危机事件,幼儿园在应对这场危机中存在以下不足。

- 危机意识淡薄。幼儿被同伴从床铺上推下,暴露出保教人员在幼儿午休环节管理松懈,没有建立良好的班级秩序,没有及时关注幼儿起床环节的安全隐患,而且聪聪站在床铺上穿衣服,为倒地受伤埋下隐患。受伤后的幼儿因疼痛被教师送去医务室,但保健医生没有检查出骨折,也没有引起警惕。幼儿受伤后的几小时内,保教人员没有意识到幼儿情绪低落是身体不适的反应,可见保教、保健队伍危机意识薄弱。
- 危机管理策略不当。聪聪的胳膊受伤是他自己告知家长的,后由家长带去医院、陪同治疗,接着家长询问并核实孩子受伤的具体原因,与家长的主动形成鲜明对比的是园所的被动。保健医生没有仔细检查幼儿受伤的情况或陪护送医就诊,教师也没有在当天晚上登门探望幼儿、安抚家长和幼儿。后期谈赔偿的时候,没有让受伤幼儿的家长感觉到被公平对待,没有在情感态度上为顺利解决事端做铺垫。在当事双方已经协商好赔偿金以后,园所又急着催促家长去幼儿园签订"承诺不找麻烦"的协议,急着撇清责任的做法激怒了家长,导致危机更危,直到三方对簿公堂,劳神伤财。

管理建议

1. 危机应对

公共关系危机往往是逐渐凸显、分阶段呈现的,园所在各个阶段都要积极主动。

（1）*启动危机管理应急机制*。园所要迅速启动危机应急机制，在思想上高度重视。上述案例中的幼儿园从保教人员到保健医生，对于幼儿从高处摔倒这一极具危险的安全事件不够重视，危机意识非常淡薄。科学的危机应对做法应该是：教师高度重视倒地的幼儿，尽快送幼儿就诊，即使保健医生没有诊断出，也要高度关注幼儿的情绪与行为，加强对话交流，嘘寒问暖，发现幼儿身体的异样，立即告知家长并与保健医生将其送往医院诊断。

（2）*坚持以人为本、真诚至上的原则*。园所要以关心幼儿的身体健康为首要，园长可以和班级教师一起登门看望幼儿，安抚幼儿和家长的情绪。在联系责任方幼儿家长来处理时，园长作为法人要出面积极接待，运用与家长共情、和平化解矛盾的策略，妥善做好解释、沟通事项。在幼儿未完全康复时，不要急着签订赔偿协议，待治疗结束后，再秉承公平公正的态度与当事方谈妥赔偿事项。如果调解未果，家长坚持要走法律途径，那么园所也要表现得真诚、友善，尽力维护园所有爱心、有责任心的外部公众形象。

（3）*整顿内部管理，查漏补缺*。园方要迅速针对此事开展内部管理的整顿工作，加强安全隐患排查，加强队伍危机意识的培养，增强保教人员的责任心，完善并检查园所各项安全制度的落实，避免再次发生危机。

2. 危机预防

园所在依法依规办学的同时，如何采取措施预防法律纠纷？

（1）*尽职履责，安全保教*。2006年，教育部等多部委联合发布的《中小学幼儿园安全管理办法》规定："健全学校安全预警机制，制定突发事件应急预案，完善事故预防措施，及时排除安全隐患，不断提高学校安全工作管理水平。""加强安全宣传教育培训，提高师生安全意识和防护能力。"保教人员作为受委托的在园监护人，除了对幼儿加强安全教育与强化规则意识培养外，还要密切关注幼儿的行为举止，最大限度地消除可能发生的风险；家长也有配合园所教育孩子遵守纪律、不做伤害别人的事情和避免自己被别人伤害的责任和义务。

（2）*学法、知法、用法*。《学生伤害事故处理办法》的第十五条规定："发生学生伤害事故，学校应当及时救助受伤害学生，并应当及时告知未成年学生的监护人。"第十八条规定:"发生学生伤害事故,学校与受伤害学生或者学生家长可以通过协商方式解决;双方自愿,可以书面请求主管教育行政部门进行调解。成年学生或者未成年学生的监护人也可以依法直接提起诉讼。"法治社会,幼儿园管理者更要加强法律知识的学习,具备一定的法律知识储备,以不变应万变。

总之,幼儿成长中的安全保障不是靠单方面的努力就能完成的,园方、保教人员、幼儿、家长、社区等都不可或缺,但是,幼儿园危机管理中的核心人物还是园长。

案例 75
朋友圈里的"烫伤图"

案例呈现

一天中午,某幼儿园正在进行一场主题教研活动。突然,小一班的李老师接了个电话便匆匆请假离开了活动现场。5分钟后,李老师回到座位,神色不安,园长询问其原因,她回应说有家长将幼儿的受伤图发到班级群及朋友圈里,说孩子在幼儿园被烫伤了,还称幼儿爸爸及爷爷正在从外地赶回来的路上,现在班级群里也已经有别的家长询问情况。

园长听闻后立即调查此事的经过。原来,孩子受伤的时间为餐后的洗脸环节,当时班上的三名教师均在场:一名教师组织幼儿排队,一名教师协助幼儿清洗毛巾,一名教师在消毒整理。突然,明明似乎没站稳,不小心一屁股坐进盛有半桶温水的塑料桶内,教师立即伸手拉他出来,但桶口有点小,拉的过程中,明明腰部擦破了皮。事发后,班主任老师立即通知明明妈妈来园,提出一同带明明去医院检查。明明妈妈来到班级后,见伤势不重,便拒绝了教师的陪同,自己带明明去了医院。可是家长在去医院的途中,再次查看幼儿的伤口,见伤口出现红肿,以为是烫伤,就拍了幼儿受伤的图片发到班级群及朋友圈里,并告诉明明的爸爸及爷爷,于是出现了开头一幕。

一场公共关系危机出现了,幼儿园需要积极应对,刻不容缓。园方通过询问供水人员、领水人员及同年龄段别的班级,查证了所用水确实为温水,也现场查看了致幼儿受伤的水桶材质为塑料桶,并再次和当班教师确认幼儿为擦伤。在事实清楚后,幼儿园是这么做的:一是要求班主任在班级群里如实阐述事情原委,避免其他家长在情况不明、信息不完整的情况下主观猜测,以讹传讹。二是立即安排分管安全的副园长和班主任老师一起去明明家探望,与家长心平气和地沟通,还原事实,同时表示教师会和家长共同观察孩子伤口的发展,也会在班级一日生活中照顾好明明。

　　班级群里很快恢复了平静，家长也因园方态度诚恳，见明明伤口部位在涂了擦伤药膏后红肿消退而气消了，于是删掉了朋友圈中的"烫伤图"。

（案例提供：湖南省娄底市教育科学研究所　王立群）

案例评析

　　这是一起因幼儿受伤致家长信任危机而引发的幼儿园公共关系危机事件，在幼儿园存在一定的普遍性。究其原因，是家长对教师的信任度不够，而且幼儿自护能力弱，容易受伤，家园信息沟通不到位等。在互联网时代，人人都是自媒体，人与人之间沟通方便，信息获取快捷，但也给家园公共关系危机的负面信息扩散提供了机会。上述案例中，家长发在班级群及朋友圈里的"烫伤图"对园所的声誉破坏力极大，好在园方积极应对，处置及时，迅速澄清事实，消除误会，家长也主动删除了朋友圈里的图片，没有让事件发酵升级，是一个应对比较成功的危机管理案例。

管理建议

1. 危机应对

　　面对家长因一时愤怒发朋友圈破坏园所形象的危机，幼儿园的应对迫在眉睫。

　　（1）快。在危机处置的过程中，速度快是第一要素。信息时代，如果错过危机应对的黄金时间，就会因为多人关注，出现大量的信息被转发的情况。如果事件被网络上具有一定影响力的人关注，负面影响就会被更快地扩大，为应对与恢复带来不利。案例中，园所应对速度快，掌握了管理中的主动权。

　　（2）明。面对网络上出现的对园所声誉与教师形象不良的信息，园所在第一时间就是让事情明了。危机中，要及时、准确、全面、客观地发布有关信息，坚持实事求是的原则，保障家长、公众的知情权，尽早切断流言或谣言的传播，避免危机发酵、扩大化。案例中的园方通过询问工作人员、查看现场水温与设备，在把事实弄清楚后，要求班主任在班级群里如实阐述事情原委，避免其他家长在情况不明、信息不完整的情况下主观猜测，以讹传讹。

（3）诚。真诚至上，金石为开。真诚是公共关系危机预防、应对的法宝。真心实意，坦诚相待，要从心底感化别人，最终获得他人的信任。家长与幼儿园之间最重要的是彼此真诚沟通，当危机来临时，园所主动联系家长，相关教师尽快赶到受伤幼儿的身边，用实际行动获得家长的信任，为解决问题做好心理铺垫。当然，真诚不是一味地奉承与迎合，而是建立在人格平等基础上的坦诚合作，更是靠长时间相处、日积月累建立起来的信任与友好。案例中的家长正是见到园方抱着诚恳的态度家访，以及念在自己与教师平日和谐相处而形成的对园所形成的信任，及时删除了信息。

2. 危机预防

在微信等网络平台方便我们联系外部公众的同时，做好公共关系危机预防，是当代园所管理的重要命题。

（1）规范一日生活各环节。上述案例中幼儿受伤发生在生活环节，因为幼儿是在餐后洗脸时跌倒在水桶中受伤的。班级保教人员的组织策略还可以进一步优化，园所更要指导班级教师加强一日生活中各环节的组织策略的学习，加强监管，消除安全隐患。

（2）树立全员公共关系危机的防范意识。新媒体时代，全民皆网络，一条小小的微信、一段短短的语音、一张小小的图片都可能产生难以预测的"蝴蝶效应"。要警惕和重视信息传播，及时采取措施，有效控制事态发展，否则辛辛苦苦建立的良好的园所形象有可能被一场突如其来的公共关系危机冲垮。

（3）筑牢家园关系基础墙。友好的家园关系的建立非一日功夫，园所要引导全体教职工在与家长打交道时，坚持真诚原则，重视家园沟通，建立良好的家长信任度。避免危机中家长因情况不明朗、信息不完整而主观猜测，传播错误的信息，失去对园所的信任。

只有建立健全幼儿园公共关系危机管理机制，树立从园长到教职工的全员公共关系危机防范意识，规范、合理地利用好互联网平台，掌握科学、适宜的预防和应对策略，才能提高园所的公共关系危机管理水平。

参考文献

图书

［1］北京师范大学实验幼儿园．幼儿园后勤精细化管理［M］．北京：北京师范大学出版社，2015．

［2］陈琴，伍香平．幼儿园安全教育活动手册［M］．北京：北京师范大学出版社，2022．

［3］雷思明．给教师的60条法律建议［M］．上海：华东师范大学出版社，2010．

［4］雷思明．幼儿园安全策略50条［M］．上海：华东师范大学出版社，2013．

［5］刘晓红，秦广宁，王贵玲．幼儿安全教育——教师锦囊（给幼儿教师的98个安全锦囊）［M］．上海：华东师范大学出版社，2020．

［6］马红霞，陈爱玲，任金素．幼儿园安全管理指南［M］．北京：世界图书出版公司，2019．

［7］申桂红．安全无小事——园长安全管理能力的提升［M］．北京：北京师范大学出版社，2017．

［8］王贵水．危机管控全面应对——园长危机应对的100个建议［M］．北京：华夏教育出版社，2013．

［9］于渊莘，邹平．沟通的力量——园长公共关系协调能力的提升［M］．北京：北京师范大学出版社，2017．

［10］张春炬，李芳．幼儿园安全管理策略［M］．北京：中国轻工业出版社，2017．

［11］张践．公共关系学［M］．北京：中央广播电视大学出版社，2010．

［12］张燕．幼儿园管理［M］．北京：北京师范大学出版社，2005．

［13］张燕，邢利娅．幼儿园管理案例及评析［M］．北京：北京师范大学出版社，2002．

［14］中国营养学会．中国居民膳食指南2016［M］．北京：人民卫生出版社，2016．

［15］周丛笑，等．幼儿园危机管理策略与实例［M］．北京：中国轻工业出版社，2018．

［16］朱继文．绽放幕后精彩——园长指导后勤工作能力的提升［M］．北京：北京师范大学出版社，2017．

期刊

［1］陈华忠．教师专业成长的四个有效途径［J］．辽宁教育，2012（10）：84-85．

［2］陈黎冰．优化研训路径，激活教师成长内驱力［J］．好家长，2021（87）：44-45．

［3］陈小红．谈谈幼儿园管理中怎样为教师提供创新的空间［J］．学前教育研究，

2002（06）：50.

［4］陈秀玲. 浅谈幼儿园门卫安全管理的重要性［J］. 读与写（教师），2019（6）：1.

［5］杜芳芳，孙晶. 韧性：新手教师成功的关键品质［J］. 教育理论与实践，2022，42（19）：35-40.

［6］冯宝安. 论幼儿园突发事件管理的四个阶段——基于希斯4R危机管理理论的视角［J］. 早期教育（教科研版），2014（12）：50-53.

［7］冯宝安. 论幼儿园危机管理中的若干关键变量［J］. 求知导刊，2015（18）：116-117.

［8］冯宝安. 幼儿园危机管理机制构成体系与实例分析［J］. 早期教育（教科研版），2015（11）：23-28.

［9］韩仁玲. 防溺水教育中存在的问题与对策［J］. 山西教育（幼教），2014（08）：52-53.

［10］侯仁平. 园长如何处理好教师与家长之间的矛盾［J］. 科学咨询（教育科研），2009（11）：79.

［11］蒋盈，邱锦洋. 女性管理者视野下的幼儿园危机管理策略研究［J］. 宁德师范学院学报（哲学社会科学版），2018（02）：125-128.

［12］黎晓明. 家园合作促进幼儿园危机管理有效性的策略研究［J］. 求知导刊，2022（05）：116-118.

［13］林文琼. 浅谈幼儿园意外伤害事故的有效预防和理性处理［J］. 新课程（综合版），2018（01）：164.

［14］刘佩娟. 幼儿教师与家长沟通存在的障碍及其化解［J］. 教育导刊（下半月），2016（02）：56-59.

［15］刘晓霞. 幼儿园中班午休意外事故的预防与处理［J］. 科幻画报，2020（03）：137.

［16］龙美元. 337例儿童异物统计分析［J］. 医学信息（上旬刊），2010，23（10）：3692-3693.

［17］马桂兰. "互联网+"视域下学前教育课程的信息化建设［J］. 读写算，2021（02）：77-78.

［18］钱佳莹. 教育信息化2.0背景下家园共育的实践研究［J］. 新课程教学（电子版），2020（13）：117-118.

［19］秦旭芳，黄思芸. 教师如何与家长携手为幼儿服药安全护航［J］. 今日教育（幼教金刊），2020（05）：62-64.

［20］秦旭芳，孙丹. 幼儿园危机事件的管理现状研究［J］. 早期教育（教科研），2020（10）：11-16.

［21］邱家俐，陶蕾，郭乐，等. 基于4R理论的幼儿园常见传染病危机管理策略探究［J］. 幼儿教育，2020（18）：20-23.

［22］商车.《校车安全管理条例》十周年宇通联合各界发布《"零"的宣言》［J］.商用汽车新闻，2022（07）：6-7.

［23］史贝贝，黄爽.探析新时期幼儿园新手教师职后培训的途径［J］.幼儿教育，2020（Z4）：69-73.

［24］孙丹.新媒体环境下幼儿园网络舆情危机的应对策略研究［J］.教育观察，2020，9（04）：105-107.

［25］孙涛，刘虹嘉.幼儿园加强家园合作的策略［J］.四川教育学院学报，2006（6）：16-17+31.

［26］谭丽碧.浅谈幼儿园日常安全工作管理［J］.教师，2013（33）：20-21.

［27］王昉.谈幼儿教师的职业倦怠及其对策［J］.中国校外教育，2019（31）：35+37.

［28］王丽，夏静.幼儿园预防食物中毒的干预［J］.当代医学，2010，16（27）：91.

［29］汪永红.从"市民网站的一篇帖子"谈幼儿园传染病防控管理［J］.家教世界，2017（30）：60-61.

［30］王雨竹.基于危机管理理论的幼儿园安全管理研究［J］.家长，2021（02）：90-91.

［31］魏桂翠.广西贺州：开展中小学及幼儿园防溺水安全演练［J］.中国减灾，2013（15）：59.

［32］文景爱，陈宏.小儿气管异物的预防与护理［J］.牡丹江医学院学报，2009，30（03）：100-101.

［33］徐兆盛，杨国军.幼儿园幼儿人身意外伤害事故原因及预防对策的分析［J］.科教文汇（下旬刊），2018（03）：92-94.

［34］闫振国.幼儿园开展自然灾害教育的意义［J］.现代教育科学（小学教师），2013（04）：90.

［35］余雅洋，尤娜.幼儿园新入职教师专业发展的思考——基于《幼儿园新入职教师规范化培训实施指南》的解读［J］.教育观察，2020，9（16）：82-83.

［36］张欣."互联网＋学前教育"筑梦孩子美好未来——银川市第一幼儿园积极探索"互联网＋学前教育"新路径［J］.宁夏教育，2020（11）：41-44.

［37］赵丹，刘媛媛，王依柔，等."互联网＋教育"背景下的学前教育智能服务平台的探索研究［J］.电脑知识与技术，2020，16（35）：41-42.

学位论文

［1］王文.幼儿教师职业生涯自我规划调查研究［D］.上海：上海师范大学，2020.

［2］辛帅.幼儿园危机管理的现状与提升策略研究——以山东省W市为例［D］.济南：山东师范大学，2020.

［3］胥萍. 家庭式民办幼儿园政府监管研究——以南宁市为例［D］. 南宁：广西大学，2019.

［4］喻萌. 移动互联网背景下家园交流系统设计研究［D］. 天水：天水师范学院，2019.

［5］张晓芳. 新媒体环境下幼儿园危机管理——以上海市松江区为例［D］. 上海：华东政法大学，2017.